七彩教育同盟系列丛书

伯雍传奇

周文清 等◎著

中国人民大学出版社
· 北京 ·

2010年9月10日，许景昌（中）、张淑敏（右）、周文清三代校长齐聚伯雍小学最初校舍。

2010年的全家福——迁入伯雍小学现校址前的最后一个教师节。

2011年1月20日，学校搬迁庆典，玉田县政府特聘中国人民大学附属小学郑瑞芳校长（左一）为伯雍小学名誉校长。

2011年10月16日，七彩教育同盟启动仪式。

△ 2011年10月16日，七彩教育同盟启动仪式上聘请中国人民大学附属中学刘彭芝校长（中）和中国关心下一代教育研究院夏秋荣副院长（左）为同盟校的指导顾问。

△ 2014年暑假，东北师范大学教育科学学院马云鹏院长（左）与周文清校长交流课改工作。

2014年6月6日，七彩教育同盟在伯雍小学举办学术交流活动。

2013年1月，伯雍小学核心领导团队。

▲ 2011年5月，中国文化管理学会文化经济首席专家程云瑞（右）和玉田县教育局局长孙桂生指导学校文化工作。

▲ 2014年10月中旬，玉田县教育局副局长黄东辉（右）和文化办主任王宏远（左）指导学校工作。

▲ 2012年11月，玉田县教育局副局长郭玉红指导学校文化建设工作。

▲ 2011年5月，玉田县小学教研室主任陈长胜（右二）指导课堂研讨。

▲ 2012年6月，科学实验课堂。

▲ 2012年6月，外教与伯雍小学英语教师共同为学生上英语课。

2013年4月，美国休斯敦市副市长（左四）接见七彩教育同盟访问团。

2014年5月，周文清校长与浙江著名校长访问团交流课改经验。

郑瑞芳序

献给了不起的伯雍人

拿起笔，为这本书写序，心中充满无尽的感动……

伯雍小学是河北省唐山市玉田县的一所城镇小学，是七彩教育同盟成员之一。七彩教育同盟是由我校发起，牵手河北、四川、湖北和北京“三省一市”的六所学校组建的教育组织，同盟中既有山区小学、农村小学，也有私立的农民工小学和城乡接合部小学，这些校况差别很大的学校组成同盟，旨在为教育均衡发展提供创新型的模式。通过“手牵手”的形式，将优势资源辐射，实现七所学校资源共享，让每所学校都找到自己的生长点，让每所学校都有自己的特色，从而让每所学校实现不同的发展。伯雍小学就是在这样的背景下迅速发展起来的一所学校。

“伯雍传奇”这个名字十分贴切，因为它是伯雍小学发展的诠释。伯雍小学力图通过这本书，把参加同盟三年来的发展成果做以小结。之所以把书名定为“伯雍传奇”，我想有以下三点理由：

一是学校的校名来自传奇的故事。

伯雍小学的校名源自东晋干宝的《搜神记》。这是一部志怪小说集，多描写灵异和传奇色彩故事，伯雍种玉的传奇故事就是其中之一。伯雍能够种下石子，收获美玉，听起来就很神奇。然而就是这样的一个传奇故事，既孕育了一个县名“玉田县”，又衍生了一个校名“伯雍小学”。这既说明了地域文化对地方的影响力，也注定了这个区域的这所学校将创造新的教育传奇。

二是学校的发展可以说是一个传奇。

2011 年 1 月 20 日，伯雍小学新校址搬迁庆典之际，玉田县县委和县政府邀请我参加了庆典，政府还聘请我为伯雍小学的名誉校长。当年伯雍小学正式加入七彩教育同盟。初入同盟校时，伯雍小学在硬件方面，除了新建的大楼漂亮壮观，教室安有电子白板，其余内部设施还很不完善，连最基本的操场都没有修整好，45 名教师只有几台办公电脑；在软件方面，师资队伍尽管有激情，有和谐的氛围，但是没有名师和业务骨干，甚至没有专业的音乐和体育教师，不足 1 000 名的学生中有将近 1/3 是农民工子女。

伯雍小学 3 年来发生了巨大的变化，社会声誉越来越好，学生总数已经增至 2 000 多人，这不能不说是一个传奇。周校长注重教师团队成长，师资整体水平明显提高，并挖掘整理形成了独特的伯雍文化，创造性地开展工作，这也是一个传奇。3 年来教学设备从无到有，一应俱全，政府和教育部门对硬件的投入，也是了不起的传奇。伯雍小学敢于贯彻新课改思想，一系列的创新举措、一系列的教改成果，得到了各界的好评，这种执着和探索的精神更是一个传奇！

三是学校的校长可以说是更大的传奇。

伯雍小学可以说是我们同盟校中发展最快的学校之一，伯雍小学 3 年来发展如此之快，离不开上级领导的支持和关怀，离不开同盟校之间的资源共享，离不开一支创业、团结的教师团队，更离不开一位有着教育情怀与教育梦想的领路人。

我常说，一个校长走不远，这所学校就走不远。周文清校长是一位有着执着教育梦想、想干事能干事的好校长，是我所见过的少有的有思想、有境界、有水平、有能力的好校长，他的敬业奉献、他的无私忘我、他的执着追求……所有的一切都让我那么的感动！他是玉田教育的旗帜，他是伯雍人梦想的缔造者和实现者，他是七彩教育同盟忠实的践行者，他是我心中永远的骄傲与自豪！

在加入七彩教育同盟 3 年后，在阶段性成果总结汇报之时，我建议周校长写一本书，把伯雍小学的办学经验总结出来，把伯雍小学的文化梳理出来，这是伯雍人的财富，更是七彩教育同盟的硕果。

我衷心祝愿并坚信，不久的将来，伯雍小学在周校长的带领下，一定会创造教育的新的传奇！

七彩教育同盟发起者
中国人民大学附属小学校长

2014 年国庆节

马云鹏序

深厚文化底蕴与现代教育理念交融的传奇

文清校长请我为这本体现伯雍小学发展的书写个序。看到“伯雍”这个校名，我马上想到它一定有背后的故事，而将这个故事中蕴含的精神作为学校的理念和学校文化，反映了教育者用心挖掘、提炼学校文化价值追求。

文清校长14年前作为首批国家级骨干教师培训班的学员，在东北师范大学参加了为期1年的新课程培训。1年的培训特别是3个月的集中培训中，我们结下了深厚的友谊。与其说有深厚的师生情谊，不如说更多的是一种教学相长的关系。从他和他所领导的学校的发展经历中，我看到了教育改革者对教育事业的执着追求。

本书向我们展示了伯雍小学发展的历程和学校的建设者们探索与创新的足迹，使我们感受到这所学校的独特价值和对教育事业发展的示范作用。

一所学校要有自己的文化。学校的文化往往是经过多年的积淀和不断的提炼、传承形成的。学校文化也会反映所在区域的传统与特征。伯雍小学正是由其所处的玉田县流传的“种石得玉”的美丽传说的主人公伯雍而得名。其本身既是一种地域文化的传承，又是这个美丽故事所蕴含的精神的体现。这种精神集中表现为大爱、大气、大智、大勇。

一所学校要有自己的故事。这故事可以是历史的故事，也可以是现实的故事。伯雍的“种石得玉”是一个美丽的故事，这个故事演变成一个地域的文化，一所学校的精神与追求。伯雍小学以及它的前身玉田二小的教育者们也有许多现实的故事，有他们在体现伯雍精神、创建现代社会环境下的优质教育的一个个真实的故事。在本书中，我们看到学校的教师们用自己的智慧和不懈的努力，创造的一系列大爱、大气、大智、大勇的故事。这些故事与其说是伯雍精神的体现，不如说是一批新时期的教育者对崇高教育理想的追求。

一所学校要有自己的特色。伯雍小学是玉田县的一所小学，在某种意义上具有很强的典型性和代表性。我国大约有 2 800 个县区，广大的县及县以下地区的中小学质量的提升是国家的教育发展的重要指标。伯雍小学从学校管理和课堂教学入手，逐步形成自己的办学特色，确立学校发展的自主性生长点，挖掘学校可持续发展的文化定位，在不断提升自身办学质量的同时，树立大教育观，积极发挥辐射作用，为农村义务教育的快速发展、为促进义务教育均衡发展作出了自己的贡献。

一所学校要建立发展的平台。一所学校的发展需要学校内部管理者和教职工的共同努力，更需要来自学校外部的支持与交流。伯雍小学同京冀川鄂的六所学校结成的七彩教育同盟，为学校发展注入了活力，形成了学校之间交流与发展的可贵平台。这样一个平台会使伯雍小学以开阔的视野、不竭的动力进入快速发展的轨道，不断探索和实践小学教育改革的创新之路。

相信伯雍小学将在这样一个具有创新精神、实践智慧的群体中，在大爱、大气、大智、大勇的伯雍精神的感召下，不断谱写出教育改革的新篇章。

东北师范大学教育科学学院院长
国家基础教育实验中心常务副主任
2014 年中秋节于东北师范大学

自序

谁持彩练当空舞？

——讲述伯雍自己的故事

从 1998 年至今，做了整整 16 年校长，还是平平庸庸，自感惭愧。好在还有领导的指引，老师们的支持，自知不足而不断求学，先后分别师从于东北师范大学的马云鹏教授和人民教育出版社的曹飞宇教授等，我的学术也只是稍有长进，从 2011 年始，又得到了七彩教育同盟的“盟主”郑瑞芳校长的言传身教，对学校管理才算略知一二。

一个学校的发展，至少要做好四件事。一是要有“思想”，这是学校的灵魂，建立自己的文化系统，学校发展才有思想保证；二是要有“团队”，有团队大家才能做“共同”的事，学校发展才有人力资源保证；三是要有“特色”，教育工作者做的事是一样的，都是国家规定的，但是做法千差万别，效益也就有所不同，这就离不开创新实践，创新的目的不应该是“为特色而特色”，而应该是“为效益而效益”；四是要有“平台”，有发展平台，才能登上“台阶”，登高望远，才能知己知彼，兼收并蓄。四者不可缺其一。

本书就是按照这四个方面，总结和回顾了伯雍小学近 3 年来在七彩教育同盟引领下取得的成就，这些成就对于其他兄弟学校来说，也许微不足道，但是对于家底薄、起点低、困难多的伯雍小学而言，不仅可以说是巨大的进步，而且是名副其实的“传奇”。因此，我们的“传奇”只是相对自身的“传奇”。

《伯雍传奇》主要讲述了学校发展的“痛”与“喜”。说到“痛”，有“巧妇难为无米之炊”的“掣肘之痛”，不仅教师严重缺编 40 余人，而且学校除了国家财政拨给之外，无任何自身“造血功能”；有“眼高手低”的“雕琢之痛”，不仅缺少教师，更缺少名师和骨干，教师整体素质与“名校”的差距很大，教师进修培训任重道远；有“曲高和寡”的“孤独之痛”，我们率先推进新课程改革和落实《国家中长期教育改革和发展规划纲要（2010—2020年）》，教师的理念尚需更新，家长和社会的固有认识有待改变；有“破茧而出”的“挣脱之痛”，现有的评价体制滞后于学校的创新发展；有“全纳教育”带来的“誉损之痛”，学校无条件接收农民工子女入学，农民工子女已占学生总数的1/3，大大增加了工作难度……“痛”了，我们没有哭泣，没有埋怨，反之，我们用比别人多出一倍到几倍的力量去“化险为夷”，进而“逢凶化吉”；“痛”了，才会思变，“痛”久了，才会发生质变， “痛”过了，才会发生巨变，才能化“痛”为“喜”！

说到“痛”后之“喜”，我们有“借鸡生蛋”的“意外之喜”，学校成立了学生、家长、教师、核心教师和社会五个团队，不仅弥补了师资不足，而且携手统筹联动；我们有七彩教育同盟的“共进之喜”，人大附小的所有资源都无偿为我校教师提供服务，教师团队整体素质日新月异；我们有“独树一帜”的“发展之喜”，教育局把我校划为“特区”，可以不受县内学校评价的限制，我们的创新得以施展拳脚，在校生数量由建校的700人增加到2 000人；我们还有“声名鹊起”的“辐射之喜”，唐山市电视台多次宣传报道我们的创新成果，从乡镇学校到市县级别的学校，与我们的交流活动与日俱增……“痛”都被我们转化为了“喜”，这种转化过程，就是一个又一个的“伯雍传奇”。

《伯雍传奇》看起来像小说，确实，整本书都在用故事讲述学校发展的成果。因为我们做的工作是教育，教育的最终目标是实现人的发展，施教的过程是“人在做”，受教育的过程是“在做人”，教育的社会贡献是要培养“合格公民”，这些无不涉及人的“共同发展”，“人”贯穿教育工作的始终，人是有生命的，教育工作也是有生命的工作，我们教育工作的点点滴滴，无一不是鲜活的、有生命气息的和酸甜苦辣的动人故事，用讲故事的方式来描述自己的成果，也是最接地气的、最本源的、最能引起教育者共鸣的表现方式之一。因此，我们一改总结式、学术式的写作方式，力图通过真实故事，来诠释和融合教育中的严谨、科学和艺术。

本书能够完成，首先要感谢中国人民大学附属小学郑瑞芳校长的大力支持，还要感谢东北师范大学马云鹏院长的悉心指导，更要感谢中国人民大学出版社张宗芳、王雪颖等编辑的辛勤劳动。

尽管有各界的大力支持，但是，由于初次写作成书，水平有限，又想尝试新的写作方式，虽殚精竭虑、小心翼翼，竭尽全力，还是瑜瑕相间，但是我们是在用心来诉说，用情来传递，恳请广大读者不吝赐教。

谨向帮助关心我和伯雍小学发展的各界友人致谢！

伯雍小学校长 周新秀

2014 年国庆节前夕

导言

伯雍传奇　薪火相传

有这样一座山，叫做麻山，山上有一块田，叫做种玉之田，还有一个人，叫做阳伯雍，是他创造了一个奇迹，就是伯雍传奇。依据东晋干宝《搜神记》[1]的记载，传奇故事大意是这样的：

春秋末期，玉田县[2]城东北部的麻山[3]一带，连续几年大旱，庄稼枯萎，由于麻山附近山路崎岖，人烟稀少，走在路上，最担心的就是找不到水喝。

麻山脚下，有一个坟头，守坟人正是阳伯雍。他在守坟期间，经常发现过路行人没有水喝，有的甚至晕倒在路旁。伯雍看在眼里、急在心上，他决定亲自挖一口深井，专门给行人送水解渴。井挖成了，水桶也做好了，伯雍品尝自己提上的水，自言自语道，这下行人算有救命水了。

伯雍观察每个行人，一看见有口渴的，就主动拎起水桶，从深井里提出水来，送给路人解渴。天长日久，喝过伯雍水的人不计其数。多数饮水者对伯雍表示谢意，只有极少数人说三道四，但是伯雍没有和他们争辩。也有个别富家人，想送金银财宝表示对伯雍的回报，但是他从没有接受。

日复一日，年复一年，伯雍的义举在民间广为流传：

伯雍井，在麻山，

伯雍桶，赛饭碗，

伯雍水，生命源。

有一天，一个道士模样的人路过伯雍井，喝了伯雍水之后，从口袋里拿出一把石子，递给伯雍。

伯雍说："麻山上到处都是石子，您送我石子有什么新鲜的?"

道士凑近伯雍耳边，轻声说："这不是一般的石子，把它们种在特殊的地里，就能长出美玉来，也算是对你常年给人送水的奖赏。"

伯雍说："石子种在什么样的地里，才能长出玉呢?"

道士说："又高又平，有土又有石。"

道士又神秘地说："以后你还能娶个贤淑的妻子，还能为官造福百姓呢!"

道士说完，转身就不见了。伯雍揉揉眼睛，愣了半天，才缓过神来。伯雍想：高处一般没有平地，有石头的地里一般土质不好。伯雍苦思冥想，又望望道士飞走的方向，他突然明白了，那不正是麻山方向吗？

伯雍按照道士的指点，来到了麻山顶，这里果然又高又平，有土有石。他抡起锄头，除去野草，抄起铁锹，挖了个小土坑，把石子小心翼翼地取出，种在小土坑里，从麻山到伯雍井往返数十次，提水，浇水。

在接下来的日子里，伯雍白天继续给路人送水喝，晚上则来到麻山顶给石子浇水，过了数年，也不见有什么玉长出来。

也不记得是什么时候，伯雍像往常一样来到麻山上，突然看到玉光闪闪，满地是七彩的玉：红的似火，白的胜雪，黄的赛金，粉的如霞……伯雍激动地把每块玉都轻轻捧起来，一会儿放在胸口上，一会儿贴在脸上，一会儿轻吻……

伯雍静了静神，这些美玉做什么用呢？他又回忆起道士的话，娶妻？为官？还是……过了不到 3 年，他不仅娶到了娇妻，还被天子拜为大夫，真可谓家庭事业双丰收！

天子为了鼓励更多的人像伯雍那样行小善积厚德，命令手下人在种玉处四角立起四根高达一丈的大石柱，中间那块宝地就叫“玉田”了。

2 000 多年后的今天，玉田已经发展成为总面积 1 165 平方公里的河北京东第一县，有耕地 107.3 万亩，总人口 69.2 万。座座高楼拔地起，园林景观尽展新颜，交通运输网四通八达。玉田经济在飞速发展，与之相得益彰的玉田文化建设也是如火如荼。为打造和谐发展和科学发展的美丽玉田，县委和县政府打出三张名片——“种玉的田”、“泥腿的人”和“蔚蓝的天”，由此可见，玉田的文化特色源于玉田的文化底蕴——伯雍美德。

玉田文化需要传承和发展，为了保证其系统性和连续性，教育系统需要担当重任。于是，2011 年 1 月，县委、县政府将古老传说“种石得玉”中主人公的名字直接赋予一所小学——伯雍小学（该校始建于 1988 年，原名为“玉田实验小学北分校”，1993 年更名为“玉田城内第二小学”）。传承和光大玉田文化，是伯雍小学必须担当的历史责任。

“伯雍”古已有之，现仍有之，未来更需之，“伯雍”应世世皆出，传奇不断。所以，“种石得玉，英才辈出”就是伯雍小学的办学宗旨。

注　释

[1]《搜神记》：作者是东晋史学家干宝。这是一部记录古代民间传说和神奇怪异故事的小说集，是集我国古代神话传说之大成的著作，开创了

我国古代神话小说的先河。后来的四大名著均从中汲取文化营养。伯雍“种石得玉”的美丽传说出自《搜神记》卷十一，原文如下：

阳公伯雍，洛阳人也。本以侩卖为业，性笃孝。父母亡，葬无终山，遂家焉。山高八十里，上无水，公汲水，做义浆于坂头，行者皆饮之。三年，有一人就饮，以一斗石子与之，使至高平好地有石处种之，云：“玉当生其中。”阳公未娶，又语云：“汝后当得好妇。”语毕，不见。乃种其石。数岁，时时往视，见玉子生石上，人莫知也。有徐氏者，右北平著姓，女甚有行，时人求，多不许。公乃试求徐氏，徐氏笑以为狂，因戏云：“得白璧一双来，当听为婚。”公至所种玉田中，得白璧五双，以聘。徐氏大惊，遂以女妻公。天子闻而异之，拜为大夫。乃于种玉处，四角作大石柱，各一丈，当中一顷地名曰“玉田”。

[2] 玉田县：古名“无终”，现名“玉田”，源自“阳伯雍无终山种玉”的故事。地处河北省东北部，唐山市最西端，处于环渤海经济区重要地带。西部、西南部与天津市蓟县、宝坻区、宁河县相邻，东部与唐山市丰润区毗邻，北部与遵化市接壤。玉田大部分地区处于华北平原东北部的冀东平原，地势北高南低，北部为燕山余脉南麓，南为平原、洼地。河流有蓟运河、还乡河。矿藏有煤、石灰石、白云石等。京秦铁路与102国道横贯东西，大秦铁路沿西北山地过境。古迹有始建于唐朝的净觉寺，该寺有“京东第一庙”之称。

[3] 麻山：又称古溪山，位于玉田县城北5.5公里处，为燕山余脉。海拔115米。山顶地势平缓，面积300多平方米，并立有一块刻有“古人种玉处”的石碑。麻山上建有麻山寺，至今还保留着明代的碑座和碑头，该寺已成为玉田县居民出游踏青的主要游览地。

□ 玉田麻山风光

目　录

第一篇　伯雍文化

第二篇　团队建设

第三篇　创新实践

第一篇　伯雍文化

伯雍的传奇故事，从春秋末期流传至今，可谓历史久远，尽管世殊事异，但伯雍之魂今犹在，且历久弥新。

伯雍传奇之所以脍炙人口，是因为它寄托了我们普通人的美好梦想——幸福，伯雍的幸福就体现为他家庭和事业双丰收。

“小、善、久”是伯雍成功的秘诀。伯雍的传奇故事之所以在民间久传，一个重要原因就是伯雍所做的事情难度“小”，每个普通人都能够做到，送水，小事一桩；其所作所为，并非惊天动地，但是却能救人一命，是“善”事；难能可贵的是他一做就是数载，可谓“久”矣。

第一章　伯雍之魂

“伯雍评书”春节专场

将伯雍传奇故事讲给玉田以外的朋友听，大家感觉很新鲜，可是，要讲给玉田人，还会有人听吗？这个故事在玉田可谓流传千载、家喻户晓，人们听得耳朵都快磨出茧子了。那就让我们一起回到 2011 年正月的那一幕吧！

那是伯雍小学搬入新学校的第一个正月初九，鞭炮声不绝于耳，人们还沉浸在春节的喜庆之中，而伯雍学校的老师和家长，踏着春雪来到了学校的多功能报告厅。他们来做什么呢？他们是来听“伯雍种玉”的故事的。

讲故事的是玉田文史研究专家张树云先生，他从事文化教育工作 40 余年，对家乡历史有精深的研究。听故事的不仅有老师，还有家长，百余人坐满了报告厅。

这个在玉田已经老掉牙的故事会吸引人吗？故事开始了，报告厅里也安静下来。随着张树云先生神采飞扬的讲述，一袭布衣的阳伯雍穿越时空来了！他肩挑扁担风尘仆仆来到麻山脚下。大家听得聚精会神，随着故事情节的变化，人们时而捧腹大笑，时而凝神沉思，时而点头赞许，时而议论纷纷……

□ 玉田著名学者张树云先生讲解《搜神记》中的伯雍传说

近中午 11 点，精彩的故事正扣人心弦，人群后面挤进一位大妈，她拽拽一位侧耳凝听的大爷，“你咋还不回家？都等着你吃饭呢!”大爷像没听见似的，头也不回，只说：“讲得真好!”大妈见喊不走老伴，踮脚寻声而望，见前面一人正讲得眉飞色舞。听听，还真是挺有意思的。于是大妈也留下听故事。如此，到了 12 点半，两排坐椅中间的过道都站满了人。这个故事太吸引人了。

故事在大家的掌声中结束，每个人手里都拿着一张表格，兴致勃勃地带着“思考题”回家了。

“合并同类项”

几天后，调查表如雪花般飘回了伯雍小学，老师们忙碌着将问卷信息归类汇总。

伯雍精神	具体表现
开放的伯雍 大气的伯雍	阳公伯雍，洛阳人也。（洛阳的别称是“神州”，神州是中国的代称，可见伯雍是中华文明的使者。）
智慧的伯雍 沟通的伯雍 诚信的伯雍	本以侩卖为业。（在春秋末期就能够想到做“经纪人”，帮助和促使买卖成功，应具有较高的智慧、善于沟通的能力及诚实守信的态度。）
孝敬的伯雍 感恩的伯雍	性笃孝。父母亡，葬无终山，遂家焉。
博爱的伯雍 奉献的伯雍	山高八十里，上无水，公汲水，做义浆于坂头，行者皆饮之。
包容的伯雍 利他的伯雍	公汲水，做义浆于坂头，行者皆饮之。
勇敢的伯雍	公乃试求徐氏。
探索的伯雍 创新的伯雍	三年，有一人就饮，以一斗石子与之，使至高平好地有石处种之，云：“玉当生其中。”
执着的伯雍 务实的伯雍	数岁，时时往视，见玉子生石上，人莫知也。
梦想的伯雍 自信的伯雍	有徐氏者，右北平著姓，女甚有行，时人求，多不许。公乃试求徐氏，徐氏笑以为狂，因戏云：“得白璧一双来，当听为婚。”
成功的伯雍	公至所种玉田中，得白璧五双，以聘。徐氏大惊，遂以女妻公。天子闻而异之，拜为大夫。

“统计结果，大家认为伯雍一共有19种精神！”负责整理的陈艳凤老师欣喜地对大家宣布，会议室里顿时一片沸腾。“这19种伯雍精神也太多了，能不能精练一下，变成好记的句式？”李爱艳老师说。于是，大家决定集体研究。

不久，“学校文化发展规划小组”应运而生。小组成员包括教工代表、家长代表、教育局领导等，共计 22 人，对 19 种伯雍精神进行归纳、概括，又聘请东北师范大学马云鹏教授、北京师范大学于凯博士、唐山市政协程云瑞副秘书长具体指导，对我校文化及实施方案进行反复论证。最后达成共识，将伯雍精神概括为以下四个方面：

大爱	孝敬的伯雍、博爱的伯雍、利他的伯雍、奉献的伯雍、感恩的伯雍
大气	开放的伯雍、包容的伯雍、大气的伯雍、梦想的伯雍、自信的伯雍
大智	智慧的伯雍、沟通的伯雍、诚信的伯雍
大勇	勇敢的伯雍、探索的伯雍、执着的伯雍、务实的伯雍、创新的伯雍、成功的伯雍

伯雍精神四要素如何排序？大家又经过了仔细分析，根据古语“狭路相逢勇者胜，两勇相逢智者胜，两智相逢仁者胜”，将伯雍精神四要素的排序确定为：大爱、大气、大智、大勇。

伯雍精神有四个要素，在实际工作和生活中的体现，有时是独立的，有时又是交融的，比如，大爱有大智相伴，就会恰到好处，容易被对方接受；大爱与大勇相融，就会勇敢地去爱；大爱与大气相通，就会爱得有境界、有内涵……还是让我们听几则故事吧。

分苹果

十几年的班主任工作，十几年的教育教学，使我深切地体会到对学困生的教育转化是班级管理中最棘手的问题，班主任往往对他们恨铁不成钢。其实对于学困生而言，教师除了付出更多的关爱之外，更需要教育的智慧。

记得那是2012年的圣诞节，一个特别的圣诞苹果让我终生难忘。圣诞节前夕，我郑重地向全班学生宣布："今年的圣诞节，谁也不许送老师圣诞苹果。老师在乎的是你们的学习和健康，你们在学校和家庭里的出色表现就是送给老师最好的圣诞礼物。"

两天之后，孩子们翘首以盼的圣诞节终于到来了。校园内，孩子们手捧着苹果，欢喜地边走边谈论着自己的苹果要送给哪位老师。"幸好我早有准备，告诉孩子们不许送苹果。今年，再不用为了大堆的苹果而发愁了。"我心里窃喜道。

走进教室，孩子们还没到齐，我布置完早读任务，开始整理教室的杂物。忽然发现讲桌上多了一个小纸盒，上面歪歪扭扭写着几个字："开盖有宝。"好奇心让我打开了盒子，一个圆圆的东西，被层层的白绢纸包裹着。我一层一层小心翼翼地剥着，到底是什么呢？终于，最后一层剥开了，露出了一个鲜亮红润的大苹果，上面贴着一张小纸条：小辉爱老师。我的眼睛顿时湿润了，抬眼望向小辉的座位，只见他红着脸，正用渴求而期待的目光望着我。接触到我的目光，他很不自然地把头埋向了桌斗。

小辉是我们班的特殊学生，由于智力比同龄人发展得慢，他学习困难，平时习惯也不太好，是个出了名的"捣蛋大王"。他曾踢坏了学校厕所的门，打碎过学校消火栓门的玻璃，甚至用石块砸伤同学的脸……这个"特殊"的学生曾让我费尽了心思。

我捧着这个特别的苹果，走向小辉，一种师生间爱的碰撞让我们相拥在一起。

"老师，我也给您带圣诞苹果来了！""我也有！"我闻声扭过头，见学生们纷纷从桌斗里、书包里取出用包装纸裹饰着的圣诞苹果，举在手里给我看。“因为您说不让我们送苹果，所以我们大家都没敢拿出来。”孩子们委屈地说。被这真挚的爱包围着，我的眼泪再也忍不住了。

望着这么多苹果，我心想，孩子们的爱是多么纯真而热切啊，何不趁此上节德育课，让他们的爱传遍身边的每个人呢？于是，一节别样的分苹果课就这样开始了。

我拿着小辉的圣诞苹果说：“小辉，这是你送给老师的圣诞苹果，现在老师从中切下一小块，送给你，因为你这学期没让老师操心，还帮老师关灯、关门、捡废纸，老师真的很谢谢你！”那种兴奋、激动、难以言表的感情全写在了他的那张脸上。我接着说：“现在老师再切下来一块，你打算把它送给谁呢？”小辉想了想，说：“送给姥姥。”“为什么？”“姥姥每天送我上学很辛苦。”我高兴地在大家面前肯定着他，又顺势切下来一块。“现在这块，你最想送给谁？”“送给我的同桌小丽，她经常帮助我。”……

就这样，苹果一块一块地分着，小辉也在老师的引导下，随着一块一块的苹果向不同的人表达着感激。同时他也感受到了原来有这么多人在爱着他。

“现在我们大家都来分自己手中的苹果，像刚才小辉分苹果那样，把苹果一块一块切开来，送给我们自己需要感激的人。”

“我需要的感激的人太多了，分不过来怎么办？”

“我要分给奶奶的这块一定留好，放学回家再给她。”

…………

孩子们七嘴八舌，分苹果的课堂热闹极了。

几天后，小辉的姥姥把刚煮熟的冒着热气的玉米送到了我家里，握着我的手说：“李老师，你没有看不起小辉，他在家里常念叨着你对他有多好。他现在能写 100 多个字了……”说着，这位 60 多岁的老太太流泪了。

其实，特殊学生就像一个个别样的苹果，更需要我们用爱与智慧来教育和感化，不是吗？

用爱心对话

一股无名火冲上心头，我脱口而出："你怎么还是以志愿军的口吻来描写?""啪！啪!"随着两声清脆的摔课本的声响，教室内鸦雀无声，空气似乎凝固了！学生们神态各异：有的低着头窥视，好像在想，她竟敢在课堂上如此。有的扭身瞪大眼睛，嗬！李思齐今天怎么了？有的仰头注视着老师，看老师怎么办，这就是您天天表扬的学生。有的互视，仿佛在说，老师多么喜欢她，她今天怎么这么对待老师。在这突如其来的一瞬间，我静静地直立着，告诫自己冷静！我认为李思齐的笔功强劲，在三次指导仿写《再见了，亲人》第一自然段"以朝鲜人民的口吻，回忆志愿军为朝鲜人民做的事，表达中朝两国人民的深情厚谊"后，让她读自己的创作，以升华情感，烘托气氛。可是她的作品却连最基本的要求都没达到，还是以志愿军的口吻来描写的，为什么？在仿写之前，我还特意请学生审题两次，并重点强调，显然她没有听讲。可我只不过说："你怎么还是以志愿军的口吻来描写?"她竟如此举动！我看着她，她低着头，坐得笔直，两手搭在一起，合拢的课本躺在一边，告诉我及同学们她不听讲了，生气了！我环视课堂，保持微笑，继续上课，可那一幕犹如阴云笼罩，久久不能挥去。

傍晚，我静静地站在卧室窗前，院中的孩子们嬉戏着、逗闹着，好不快乐！怎样才能让我的学生快乐并健康地成长，让自己释然呢？回想将近一年的相处，李思齐，一个各方面优秀的学生，对她的赞扬声不绝于耳，批评的话语寥寥，也许我在课堂上冲动的一句话，她难以接受，怕同学们笑话，损害了她强烈的自尊心？也许是孩子未能理解老师说话的意图，一时冲动，需要发泄，才会做出如此举动？是不是我的话有些刺耳？我当时若像《我的伯父鲁迅先生》一文中鲁迅先生那样幽默、委婉地教育，也许就会是截然不同的结果，渐渐地，我心底豁然了，犹如此时的圆月，缓缓移出浮云。怎样既使其认识错误，不损害她在同学心目中的形象，又让全班同学受到教育，茁壮成长呢？谈心沟通？检查反思？

第二天下午第一节品社课，内容之一是走出自己的烦恼，同学们小组合作共同讨论怎样走出烦恼后，各小组代表积极踊跃争先恐后地提出办法，如向朋友倾诉寻求理解安慰；站在对方的角度思考，理解他人；唱歌跳舞，做自己喜欢的事情；想办法尽量完美地解决问题。课堂气氛异常活跃。“还有一种方法，昨天语文课上李思齐已教给我们了。同学们还记得她的表现吗?”我扬起胳膊，连续甩了两下，边甩边说：“啪！啪!”同学们疑惑不解，我顺势而导：“自我宣泄法。”李思齐看着我，脸上绽开灿烂的笑容！同学们豁然地注视着我。我抓住时机说：“同学们有了烦恼自我宣泄时，要注意宣泄的场合，心中要想着他人。”我边说边凝视同学们，又看了看李思齐，她收拢了灿烂的笑容，缓缓低下了头，脸红了。课继续进行，她与同学们一道认真听讲，讨论。我释然了。

爱，要讲究艺术，孩子性格迥异，要因材施教；爱，要注意细节，分析孩子的微妙变化，寻求巧计；爱，要悉心呵护，孩子心灵脆弱，需要教育者尽心雕琢，耐心等待；爱，需要反思，站在对面看自己、看他人，思路且明朗，且开阔。用爱心对话，让美驻留在每个孩子一生的生命历程中，奏响爱的变奏曲，高唱和谐赞歌，这是值得我们每位教师在教育教学中永远探寻的！

放下面子

“老师，小佟同学没带作业。”随着小组长的一声报告，教室里顿时安静下来，大家的目光齐刷刷地看向小佟的座位——空的。我还没来得及说话，只听门外一声“报告”，推门进来的正是小佟。他皱着眉头，捂着肚子，一副很难受的样子，见到我马上就说：“老师，我早上起来就肚子疼，去诊所打了一针才来上学……”没等他说完，我劈头盖脸地问：“你的作业呢?”“早上我怕迟到，一着急就忘带了。”我一听就生气了：“小佟，你的病来得可真是时候，这是第几次在收作业时生病了？谁知道你是真有病还是假有病，作业没写倒是真的……”我连珠炮似的狠狠“损”了他一顿。此时其他同学，被我突如其来的怒火吓得噤若寒蝉，再看小佟一双本来就大的眼睛如牛眼般瞪着我，脸涨得通红，突然火山爆发般对我大嚷：“我就是写了！我就是生病了!”说完，“啪”的一声摔门而去。

同学们被彻底吓傻了，我也不知所措。哪还有心情上课，我让同学们写下今天发生的这件事，想看一看大家的想法。布置好任务，急急忙忙出去追小佟。推开门的一刹那，我一下子愣住了——小佟正端端正正地站在墙边，一看见我立刻低下了头。我告诫自己冷静，让小佟先上课，等放学后再解决这件事。

回到办公室，我翻看学生写的作文，发现有一部分同学把矛头指向了我：老师不应该不问青红皂白训小佟。我和家长取得联系，调查之后，发现自己真的错怪了小佟，他昨天放学后一直发烧，还坚持边输液边写作业，一没留神，输液的针把手都扎出血了……

又是一节语文课，我郑重地站在讲台上，真诚地向小佟和全班同学道歉。小佟站得笔直，向我深深鞠了一躬，向全班同学深深鞠了一躬。我放下了面子，赢得了掌声。

两双鞋　一颗心

5月的阳光温暖而柔和，不管它洒向窗台还是照到身上，都如同慈母般的爱抚，让人感觉踏实、舒畅。

这是2012年5月的第一个周五，行政楼交流会议中心里，周文清校长正在为领导班子布置工作："后天就是母亲节了，我们一定要抓住这个节日开展好师生的德育活动。我们伯雍有大爱的精神，爱是可以传递和扩展的，这次我们就把'母亲节'变成'祖父母节'，让学生们在这一天都为自己的祖父母做一件有意义的事。"

布置完工作，大家散去，窗外柔和的阳光透过玻璃洒在身上，暖暖的。周校长舒了一口气，闭上了眼睛，心想：又是母亲节了，我当校长十多年了，为了干出点成绩，放弃了节假日，每天疲于奔波、忙于琐事，很少有时间陪伴父母。如今母亲已经70多岁了，事业成功不能等，行孝更不能等啊！他微微抬起颤抖的眼皮，眼泪扑簌簌滚过脸颊，滴在桌上的会议稿上。

为了表达对老人的爱意与愧疚，他决定亲自为母亲挑选一件母亲节礼物。人的脚底分布着全身大部分重要穴位，对老年人来说，保护好脚对身体健康非常有好处，母亲整天忙忙碌碌，最需要的就是一双舒适的鞋。一番思虑后，他觉得一双舒适、合脚又透气的皮鞋是送给母亲最好的礼物。

星期天上午，这位身为校长的儿子忙完工作、推掉应酬，独自来到供销大厦鞋专卖区。他慢慢地踱着步子，眼睛搜寻着心目中理想的鞋子。一番精挑细选后，终于以200元的价格买下了一双称心的老年皮鞋。

"妈，今天是母亲节，我特意从供销大厦给您买了双皮鞋。"儿子兴冲冲走进屋子，迫不及待拿出鞋子，"过来坐下，我给您穿上看看合不合脚。"

母亲高兴地坐下穿上鞋子，站起身来在屋里踱着步子体验着新皮鞋。"真挺舒服，样子也好看，国青（周校长小名），这鞋多少钱啊?"母亲边试鞋子边问。

"200块。"

“什么？200块？太贵了！”听到价钱，母亲一直上翘的嘴角忽地拉了下来。

“这鞋太贵了，就是皮鞋吧，也不能这么贵啊！再说你也不是大款，妈不能穿这么贵的鞋，200块，太不值了，赶紧给人退回去！”母亲一边说着一边坐下，脱下了鞋子。

儿子见状连忙解释道：“妈，现在物价上涨了，这是商场里最便宜的鞋了。再说我都快50岁的人了，虽不是大富大贵，200块给您买双鞋还是负担得起的啊！”

“那也不行！200块钱够我一个月的菜钱了。快点退回去！”母亲提高了声音，把鞋迅速装进袋子，递给了儿子。

“我不去，这是特价鞋，商场规定不能退。您都70多岁了，苦了大半辈子了，穿双200块的鞋能怎么着啊！”儿子皱着眉头，也放开了嗓门。

“那我也不穿，说什么你也得给我退回去。”

执拗不过老妈，儿子一把提上鞋子，气冲冲地走出了家门。

大约过了一个小时，儿子又拎着鞋回来了。

“不说让你退了吗，怎么，不给退啊？”老妈见拎着鞋回来的儿子，问道。

“妈，我到商场好说歹说，终于把鞋给退了。然后他们给我拿出个清仓甩货的鞋，说就剩这一双了，赔钱处理，才30块钱，您赶紧试试，合适不？”儿子眉飞色舞地解释着，亲手把鞋给母亲穿上。

“这么巧，正和我的脚。唉，感觉比刚才那双还舒服。这才是货真价实。”母亲高兴得合不拢嘴，在屋里扭起了大秧歌。

“不脱了，我穿着它买菜去啦，今天妈给你做点好吃的。”母亲拎上菜篮子，哼着小曲，高兴地走了。

女儿见状疑惑地走过来，压着声音说：“老爸，看这双鞋质量比上一双还好，真这么便宜啊，才30块？”

“哪有那便宜事啊，这双鞋比那双还贵呢，300多块，为了让她高兴地穿上鞋，我撒了一个谎。”

“爸，您太会爱奶奶了。看来以后我也要像您孝顺奶奶这样孝顺您喽！”女儿边说边端过一杯温热的茶水。

“爱是人世间最美好最珍贵的情感，但要让被爱的人领会和感受到爱，也是需要变通和智慧的啊。”两双鞋让这位身为儿子的校长发出了由衷的感慨。

通过这件事，周校长对伯雍精神有了更为深刻的理解：讲大爱，爱的方式不对，会弄巧成拙；讲大勇，缺乏智慧的勇，是谓“匹夫之勇”，难成大事；讲大智，凡事以智取巧，没有爱的护航，会误入歧途；讲大气，无条件的包容，会让错误肆意泛滥，终成祸患……

所以，作为伯雍精神内核的四元素，不是孤立的，而是相辅相成、融会贯通的，这样才能够创造更多的奇迹。

第二章　伯雍其人

（一）发展目标——名校之梦　幸福人生（育人目标）

三梦相通

区域知名学校、全国知名学校和世界知名学校，是我们伯雍人追逐的三个梦想，合称伯雍梦。我们的梦想最终要实现的是什么？不是为了虚名，而是实实在在的人生幸福。我们希望孩子们都能够像伯雍那样，有一个幸福的人生。伯雍梦与中国梦、世界梦有怎样的关系呢？

中国梦，需要我们一代又一代人不断追梦和圆梦。我们教育工作者渴望孩子们都成为栋梁之才，栋梁之才的历史使命就是实现中国梦，中国梦就是民族复兴梦，民族复兴，则国强民富、人民幸福。

关于教育的世界梦，联合国教科文组织提出并倡导四个“学会”：

学会求知（learning to know）

学会合作（learning to co-operate）

学会处事（learning to do）

学会生存（learning to be）

在四个“学会”中，学会生存是最后的落脚点。学会生存不就是让人能够独立生活，而且还要生活得更好一些吗？生活得更好一些，不就是幸福吗？

由此可见，伯雍梦、中国梦和世界梦三梦相通，都是幸福梦。

北雁南飞迟　他乡种玉早

2012 年 1 月 4 日，伴着岁首的晨钟，在玉田县教育局局长孙桂生的带领下，全县 55 名校长排着长队，意气风发地踏上了南方名校考察之旅。

正所谓创业路上多崎岖，此次出行恰逢 40 年来最冷的一个寒冬。看不清彼此的脸，乌黑混沌中，大家瑟瑟地蜷缩在大巴车里，昏昏欲睡。乌黑的夜空，星光隐匿，使大巴车内寒意倍增。

不知睡了多久，周校长睁开眼睛，哆哆嗦嗦地掏出手机，打开学校教师生日表，原来今天是马红艳老师的生日，于是，他给马红艳老师发出了生日祝福：

马不停蹄赴南方，红艳辰日记心上，
冬月寒日冰雪季，正是磨砺好时光。

学校、老师、学生，课程、课堂、活动……伯雍小学的点点滴滴都萦绕在周校长的心头。也许就是这份对伯雍小学的责任感，给他带来丝丝暖意，让他体验着车厢内的“微幸福”!

“北京，到了!”大家一股脑涌进车站。车站大厅内融融的暖意和来京路上的寒冷形成了鲜明的反差。

“55 人分成 4 组，中学和小学各两组。考察人选都是局务会上一个一个仔细斟酌审定过的，目的是让想做事的校长做成事。今天局长就是带大家拓宽眼界来了……”组织者郑重地向大家介绍行程意图。日程表上的行程安排很紧凑，除了 4 日和 8 日是往返时间，其余三天早、午、晚都安排了活动，足以体现局领导是多么渴望校长团队实力的提升。

5 日凌晨，我们首先来到上海的建青学校。建青学校是幼儿、小学、初中和高中一体化的学校，坚持课改已经有 10 多年了。走进建青，优美的学校环境、立体的墙壁文化、先进的教育理念、智慧的教育管理、活跃的课堂气氛……林林总总，不管是大战略还是小细节，都令校长们赞叹不已，对教改的成果感慨万分。

“你们看，这里的文化墙真有创意，我们幼儿园就需要这样的立体文化布置，激发幼儿的想象力。把这些都拍下来，回去让我们的老师也借鉴学习一下。”玉田县第一幼儿园的园长张健一脸严肃，一边说一边不停地按动着相机的快门。

“老师，你们是哪来的?”

“河北唐山玉田县。”

“我们这经常来许多客人。”

“那肯定的，你们学校很有名气。”

“您知道我为什么不跟他们讨论吗?那是因为老师今天讲的内容我都会。不信我给您讲讲，这个问题其实就是这么回事……”

数学课上，一个小男孩儿主动凑过来，压低声音，和邻近听课的校长攀谈起来。言谈举止活泼而不失规矩，“调皮”而不失礼貌。那双大眼睛一眨一眨的，闪烁着灵光，告诉校长们他有多么的自信与快活。

接下来的两天，校长们参观了南京和上海的几所著名学校。

几天的考察活动丰富多彩、紧凑有序，对南方教改成果的感慨冲淡了疲惫。俗话说打铁要趁热，返程前一天，局长利用晚上休息时间组织大家召开了教育考察分享会。

“接连几天紧凑的考察活动，我知道大家一定都很累，但我更相信大家都有一份教育的情怀与梦想。今晚我们利用最后一晚，把这次考察的感受交流一下，请大家针对实际问题畅所欲言。”局长的话刚说完，校长们便纷纷举手示意，积极要求发言。玉田三中齐国东校长首先开了腔：“就这样的教育咱们也能做到。10多年前，玉田以文清校长为先锋开始搞课改，当时我们大家都不认同，坚决反对。上海就是敢做，这十几年坚持了下来，现在我们来这里学习我们早就知道的东西，真是惭愧啊。”教研室主任陈长胜感慨地说：“此行真的让我看到了教育改革的累累硕果，我们回去必须反思一下我们的教育。”

“我们是该好好反思啦。”周文清校长接着说，“早在2000年，我作为唐山市仅有的5位小学数学国家级骨干教师，参加了历时一年半的新课程培训。从2001年，就开始尝试新课程理念。那时，由于很少有人了解新课程标准的思想和理念，我们的课程改革举步维艰，断断续续地坚持到今天，也是收获甚微。然而南方的先进学校，这十几年来将课改坚持了下来，就取得这样显著的成效。这真是‘北雁南飞迟，他乡种玉早’啊!”

“可不，我们前几年曾经到北京和广州参观著名的学校，其中的两所，不就是在咱们玉田县的梅连生校长和职中的张之俊校长的带领下发展起来的吗?咱们玉田教育界人才济济，就是都把这‘玉’种在了别人的‘田’里，没种在咱自家‘田’里。”“讲得对!墙里开花墙外香!”局长一席话，说到了在座所有人的心坎上，大家纷纷鼓掌表示赞同。

一石激起千层浪，听完局长的话，大家更是热情高涨，怎么更新观念，怎样实施评价，怎样推进课改，怎么普及推广……你一言我一语，忽而拍案而起，忽而语重心长，忽而鸦雀无声，忽而掌声震天……就这样，分享会从晚上 7 点一直持续到 10 点半，从遗憾到感慨，从羡慕到自信，从疑惑到明朗，大家仿佛看到了玉田教育的新曙光。

晚上，周文清校长躺在床上，满脑子都是玉田教育，辗转反侧，彻夜难眠。他想：既然玉田有人才，为什么只能名声在外？为什么不让玉田县也出现几所名校？我们经常到外地参观学习，什么时候也能让别人到我们玉田来参观交流呢？就这样，一颗名校的种子在周校长的心底种下了。

□ 左：河北省玉田县教育局局长孙桂生

踌躇名校梦　志满教师节

南方之行，带给周校长最多的不是感慨，不是遗憾，而是满满的信心、坚定的决心和更多的教育灵感。

回来后的日子，“名校”成了周校长日思夜想的事：我们的学校叫伯雍小学。2 700 年前的春秋末期，就已盛传伯雍“种石得玉”的美丽传说，这个传说成就了我县的县名“玉田”。2 700 年后，县政府和教育局把传说的主人公——伯雍的名字赋予了我们学校，这不仅仅是由二小改名为伯雍小学，其中也蕴含了深刻的意义。《说文解字》中说：“伯”代表第一，“雍”代表大气、高贵之意，“雍”可以组成一个常用词是“辟雍”，“辟雍”是古代皇家贵族子弟读书之所。“伯雍小学”就应该建成天下第一的读书场所。上级领导赋予我校美名，也寄托了县委和县政府对我校的厚望。作为伯雍小学的校长，把古代的动人传说演绎成当代教育的传奇责无旁贷。只有办成一所全国知名的学校，才不辜负领导和百姓的厚望。学校分别组织了教师、学生、家长和社会成员的研讨会，经过讨论、分析和论证，大家达成了要办成全国名校的共识。

2012 年 9 月 10 日，全县教师节表彰会议在县委报告厅举行。会上，周校长作为校长代表发言，第一次郑重地向县领导和社会各界代表作出了庄严的承诺：“我们经常学习外地名校的经验，可却有许多外地名校的校长都是我们玉田人。难道我们玉田人在自己的家乡，就不能办出一所全国名校吗？我作为伯雍小学的校长，一定要让伯雍小学，带着玉田泥土的芳香走向全国。争创全国名校，这样宏伟的目标不是哪个校长都敢提出来的，也不是谁提出来大家就能够相信的。我们伯雍小学之所以有这样的理想，是有充分依据的。首先，有各级领导的关怀和支持。其次，我校的硬件设施设备已经处于全国领先水平，只要我们的软件建设再跟上去，办成名校就不成问题。说到软件建设，县政府为我们聘请了人大附小的郑瑞芳校长做我校的名誉校长，人大附小可是位居全国十大名校之首啊！七彩教育同盟还将分批派同盟校的校长出国进修培训，使校长们具有国际视野；我校所有教师都将到人大附小培训至少一次，教师的整体素质可以飞速提升；七彩教育同盟还将在国内外开展各类教学活动，使我们能够登上更高的平台……”

一席志存高远的话，让所有人的目光都聚焦在周校长身上。坐在第一排的县政协副主席高志新不住地向周校长伸出大拇指。书记和县长也闻声寻人，侧着身子观察、审视着这位有胆识、有魄力的小学校长。

在众人的凝望中，周校长的豪言壮语如春笋一样破土而出：“上级领导为我们打开了开放教育的大门，七彩教育同盟为我们搭建了发展的平台，我们一定要还给玉田父老乡亲一所全国名校!”会场上顿时响起了雷鸣般的掌声，所有人纷纷站立起来，边鼓掌边向周校长投去敬佩与赞赏的目光。

会后，县委书记一把拉住周校长的手，殷切地嘱托：“天时、地利、人和都具备，成为全国名校指日可待！你一定要珍惜这大好的机遇啊!”邦力大银集团董事长也走上前，握住周校长的手说：“你要是在企业发展，一定早就成为大企业家了，因为你有人生的梦想。”原玉田一中董一民校长感慨地说：“我今年 85 岁了，你的发言太振奋人心了，我仿佛回到了年轻时代，你道出了全县几代教育工作者的共同心声!”

不久，“努力把我校建成全国知名学校”的巨大条幅，赫然挂在了伯雍小学正门和会议厅，从此，伯雍人踏上了争创全国名校的征程。

感怀美国行　心系中国梦

2013 年 4 月，一段特别的日子，一次意义深远的行程，七彩教育同盟各校校长在中国人民大学附属小学校长郑瑞芳的组织与带领下飞往美国考察教育。周校长带着他对教育的期待与梦想，随七彩教育同盟来到了美国这个被公认为教育领先的国度。

走进美国的小学课堂，首先映入眼帘的是教室内铺天盖地的学习材料，电子的、纸介的、实物的……比比皆是。一种似曾相识的感觉溢满周校长的脑海：丰富的教学材料，让师生在教学过程中可以信手拈来，让学习方式和教学手段不受物质资源的限制。这种资源库式的教室设置不正是我校一直在努力构建的吗?

带着这份似曾相识的惊喜与兴奋，周校长随同伴们走进了美国休斯敦的小学课堂。当时老师刚布置完课题任务，学生们三五一组，有的在书架旁翻书寻找答案，有的围坐在一起讨论，有的坐在电脑旁查阅资料……"学生这种自由快乐的学习情境不正是我一直在追求的吗? 这就是我想要的教育。我们的硬件设施并不比美国差，我们教育理念也不比美国落后，所以我们想成为世界名校也是很有可能的事。"和美国学生交谈后的周校长自言自语道。

4 月 18 日，中国人民大学附属小学与美国某小学正式签约，成为教育合作伙伴，完成了本次考察最重要的任务，所以日程安排稍微松缓了些。接待人员便带领大家欣赏美国文化。中国人来到美国，很自然地对美国的"中国"元素感兴趣。于是，在接待人员的引领下，大家参观了华盛顿国家艺术博物馆。

周校长穿过油画展厅，迫不及待地来到中国陶瓷展馆。陶瓷展馆在地下一层，一进大厅，果然，琳琅满目的陶瓷布满整个大厅。仔细鉴赏，件件陶瓷精美夺目，从元到明，从明到清，每个朝代的精品都有，而且都是价值连城。四川的夏绍明校长，指着一个大明成化年间的龙盘惋惜地说："看，估计这一个小盘子就得值个几百万元啊。遗憾的是我们国家的文物摆在了美国的艺术馆里。""现在造假技术这么高，这件陶瓷是真的吗?"

树仁小学的赵生洁校长调侃道。周校长义正词严地答道："一定是真的。这估计都是他们在火烧圆明园的时候，从大清帝国顺手牵羊得来的。21 世纪注定是中国的世纪，总有一天会让他们把原本属于我们的东西都乖乖给送回去!""说得好，有志气！我们就朝着这个目标去努力!"郑校长竖起大拇指赞叹道。"不仅如此，我们也要在中国建立一个类似好莱坞星光大道的'北京孔子星光大道'，专门表彰世界上为教育作出杰出贡献的学校和个人。"周校长激动地比画着，眼睛光芒闪烁，仿佛已经看到了这一天的到来。

参观结束，周校长心潮澎湃：让这些陶瓷都能被送回中国，让孔子学院在世界各国林立，让汉语成为世界最为流行的语言，让中国的文化在世界遍地开花，让以美国为首的西方国家都学习中国教育……我想到那时，就真的实现了伟大的中国复兴梦。我们的学校也就成了世界名校。

回国后，周校长和全县教师分享了此次美国之行的收获和成果，并把"争创世界名校"作为学校的更高发展目标，2 700 年前，伯雍演绎了"种石得玉"的个人传奇，在 2 700 年后的今天，伯雍人将继续创造新的教育传奇，为实现中国伟大复兴梦贡献力量!

□ 伯雍小学大厅文化——发展目标

（二）办学思想——以人育人　共同发展（育人本质）

种玉之“田”

“三年，有一人就饮，以一斗石子与之，使至高平好地有石处种之，云：‘玉当生其中。’”

阳伯雍长年累月义务送水给路人，终于感动了上苍，他得到的石子，种在一块什么样的田里，才能收获美玉呢？

“高平好地有石处”，仔细分析：高，空气流通；平，浇灌水流均匀；好地，土壤肥沃；有石，接近璞玉的材质。这四个条件，都是璞玉要成长为美玉的必要条件。但是，高处一般不平坦，有石处一般不是土壤肥沃的好地，这简直就是两对矛盾体，实现难度绝不亚于“山无棱，江水为竭。冬雷震震，夏雨雪，天地合”。只有在具备十分严格的条件的“田”里，才能长出美玉，这样的“田”，本身就是一个奇迹，一块有传奇色彩的“田”，才会创造出“种石得玉”的奇迹。

“种石得玉”之所以是传奇，“田”至关重要，如果把石子放在一般的“田”里，也许石子永远是石子，只有把石子放在适合其生长的“田”里，奇迹才能诞生！

学生的成长环境不也是如此吗？

“闹心”的烧饼

按照惯例，校长每天要提前半小时上班，首先来到他的“第一办公室”——学校门口。周校长把学校门口称作他的第一办公室，教室是第二办公室，只有接待来访和召开小型会议才去第三办公室，也就是“学校发展规划室”。从建校第一天，学校就没有“校长室”这个门牌。周校长说，他来第一办公室，主要是来听家长的呼声，办人民满意的教育，就要先听听人民的想法。绝大多数家长都和校长互致问候，目送孩子进入学校后有序地离开。

一个早晨，校长照例来到第一办公室，一名孩子的奶奶举着一个大烧饼径直向校门口走来。按规定，家长是不允许进入校园的。校长问明情况后，为了不让孩子饿着，接过这个烧饼，要代替奶奶送到孩子手中。刚转身，奶奶一把拽住校长的胳膊：“校长，我得嘱咐你一件事，昨天我孙子拿了个大烧饼，他分给一个没吃饭的小孩一半，还说‘这是伯雍精神’，今天我又给他买了一个，你得告诉我孙子，伯雍精神不精神的不重要，关键是我孙子先要吃饱。我也告诉孩子了，谁再要我们家的烧饼吃，就挠他!”

周校长愣了半天才说：“我一定给您送到。”

望着这个大烧饼，校长心中冒出一股酸水。

第九门课程

“铃——”周末一大早，陈园长的电话就响了起来。“您好，有事情吗?”陈园长礼貌地问。“老陈，我是你的老同事，听不出来了?”这声音好熟啊，陈园长思索着，突然眼前一亮，这不是大嗓门的李大姐吗?

熟人打来的问候电话，令陈园长很是激动，两人在电话里聊得很热闹。“说点正经事，我孙子在你们幼儿园呢!”陈园长记起来了，是那个虎头虎脑的小男孩。“你咋不早说啊，孩子怎么样? 还适应吗?”只听电话那头传来一阵爽朗的笑声，“好着呢，老师让吃饭放慢速度，他就学会了细嚼慢咽；据说他还能主动收拾玩具，打扫教室，养成了干净、利索的好习惯!”放下电话，陈园长的心里也充满了喜悦。

半年之后，李大姐又一次给陈园长打来了电话。“老陈啊，我们家孙子添毛病了!”陈园长很吃惊：“你不是说孙子习惯都很好吗?”“原来的时候是很好，现在呢，不知为什么，写字离本子很近，握笔姿势也不正确，怎么说也不管用，更可气的是总是眨眼，越说越眨，我们以为是眼睛近视了，上医院一查也没事啊!”陈园长想了一会儿说：“李大姐你别急，有时间你来学校一趟，和老师面谈，一定会有好办法解决的。”

李大姐应邀来到了学校，陈园长请来了老师，这是一位实习的年轻老师。“李大姐，这是近期来实习的小张老师，这阵子孩子由她带着，你有问题和小张老师交流吧!”李大姐看看这小老师，很漂亮、很阳光，一看孩子就喜欢。跟小张老师谈到孩子写字习惯问题时，小张老师的脸红了，“可能是我写字的习惯问题影响了孩子!”说着，不好意思地眨着眼睛。李大姐望着小张老师不自主地眨眼，一下子找到了问题的根源，她有点失望地离开了，脑子里不时地重复闪现着同一镜头，那就是，漂亮老师不经意地频繁地眨着漂亮的眼睛。

教师言行可以对学生产生潜移默化的影响，周校长曾形象地比喻：小学有语文、数学、英语等八门课程，老师是一门隐性课程，是“第九门课程”。

以人育人

像前面那样的故事俯拾皆是，引发了我深深的思考，伯雍小学的办学思想到底应如何定位呢？玉的成长环境是有石的地，人的成长环境则理所当然地是“人”。经酝酿，2010年，我在玉田一中举办的全县校长论坛中，首次提出“创设适合人发展的教育环境”的办学思想。

第一，“人境合一”。

由伯雍种玉之“田”，让我们联想到教育之“田”，教育之“田”就是学生发展的环境，环境的创设者是“人”，因此，我校提出的办学思想的一个重要内涵就是“人与环境合一”，通俗地说就是“以人育人”，人本身就是育人环境，也是最本质的环境。

第二，“共同成长”。

教育是否成功，要看学校教育是否与社会要求一致，简单地说就是：学校怎么教，学生到社会就怎么做，就是成功的教育，否则就是失败的教育。要实现成功的教育，就要求学校教育与社会要求高度一致，中心还是体现在人的行为准则要一致。因此，家长、教师和社会所有成员，共同构筑了学生成长的环境，环境构筑者们在影响学生过程中，要与学生“共同成长”。

第三，“适合”的含义。

“适合”的含义至少有以下三个方面：一是要适合儿童的年龄特点；二是要适合中华传统文化的要求；三是要适合国际交流与发展的需要。

（三）校训——我是天材　我是人才（育人原则）

龙纹石籽

“三年，有一人就饮，以一斗石子与之……云：‘玉当生其中。’”

伯雍给水济人的小事做了多年，才得到了石子。而这些石子改变了伯雍的命运，石子就是伯雍的“吉祥物”。因此，我校还给石子起了个富有寓意的名字，叫做“龙纹石籽”。

道士给伯雍的石子是信手拈来的，石子形状和材质五花八门，形形色色，到了伯雍手里，他没挑没拣，统统都种在了地里，最后不是都长成了美玉吗？可见，每块璞玉都是宝贝，都有成为美玉的权利和可能。我们教师应该学习伯雍，把每个孩子都当作“宝”，每个孩子都当作“天材”。要保护好“天材”，我们就要做好“保留”和“积累”的工作。保留就是要直面每个孩子的特点，不能过早地给学生的特点贴上“好”与“不好”、“优点”或“缺点”的标签。老师要让学生自信，能够找到自我，自我就是与众不同。“积累”就是在“本我”的基础上不断增加学养，从而使学生不断地长“本事”。让每个孩子都能非盲目地，而是有“实力”地说：“我是天材。”

在学生从“天材”成长为人才的过程中，教师要教给学生“辨别”和“应用”，这两个过程往往是融为一体的，我们将其概括为“学会在辨别中应用”——把“本事”用到合适的对象上去。辩证地说，学生有了本事，用到合适的对象上去，就是好，用的对象不合适，就是不好。例如，一个孩子的语言表达能力得到了培养提升，如果该你发言，就要淋漓尽致地表达，这就是优点；如果听别人发言，你随便插话，就是不足，就应该抑制自己随意发言的冲动，学会倾听。老师要做的首先是保留孩子爱发言的特点，然后，告诉孩子什么时候该说，什么时候不该说。老师的工作，一是要帮助学生“辨别”作用的对象，合适的对象应该包括合适的人、合适的事情、合适的场合等。二是帮助学生识别“合适”，合适就是彼此双方都容易接受，彼此利大弊小或者共赢的分寸。当学生真的走向社会，能够把在学校的所学“应用”到工作中，那时，他就会自豪地说：“我是人才!”

因此，“保留”、“积累”、“辨别”、“应用”构成了我校校训的“四部曲”，我校的校训就是：我是天材，我是人才。

□ 伯雍吉祥物——龙纹石籽

为铁罐“申冤”

2014 年 3 月 4 日上午，三（1）班的教室里出现了这样的一幕：“老师，我喜欢陶罐，因为陶罐很谦虚。”“我也喜欢陶罐，陶罐关心别人，他被人们挖出来的时候第一个想到的是铁罐。”“我也喜欢陶罐，他能正视自己的短处。”

张老师环视四周：“有人喜欢铁罐吗?”孩子们异口同声地回答：“没有。”“你们为什么不喜欢铁罐呀?”张老师刚问完，孩子们立刻七嘴八舌地交流道：“因为铁罐骄傲，瞧不起人。”“铁罐只看到自己的长处，没看到自己的短处。”……教室里陷入对铁罐的口诛笔伐之中。

原来张老师正在执教的是冀教版的一节语文课《陶罐和铁罐》，课文讲述了骄傲的铁罐看不起陶罐，常常奚落它。许多年以后，陶罐依然完好无损，而铁罐却连影子也见不到了。这个故事告诉我们：人都有长处和短处，要看到别人的长处，正视自己的短处。

这是一篇寓言故事，孩子们已经明白了其中的道理，教学任务已经完成。本以为这节课即将结束，想不到张老师又慢条斯理地说道：“故事里的陶罐和铁罐是有生命的，在实际生活中陶罐和铁罐是什么样的，它们各有什么特点呀?”张老师留这个作业的目的是什么？我心里暗忖。

第二天一大早，我又坐在了三（1）班的教室里。只见同学们陆续走到讲台前。

一组同学首先汇报：“陶罐的优点是硬度大、耐高温、不溶解，可完全不吸水，化学性质稳定，保存时间长。缺点是耐冲击能力低，易碎。”

二组同学紧随其后，“铁罐的优点有：（1）表面装饰性能好，具有美观的金属光泽，再配以色彩鲜艳的图文印刷和先进的金属加工工艺，可形成良好的铁罐形象；（2）金属铁罐属于环保型包装，废弃处理性能好；（3）由于金属强度高，在装卸、运输、仓储等一系列过程中不易变形，保护内包装玻璃瓶，减少损耗……缺点是容易生锈，并且铁锈很疏松，还容易脱落，不能保护内部的金属。”

二组同学话音刚落，底下的同学们便坐不住了，开始为这两组同学的发言纠正与补充。

“同学们，通过刚才的交流，你们发现了什么?”张老师亲切地问道。

刘林马上站起来：“其实铁罐的优点也不少，我又开始喜欢铁罐了。”

刘林的同桌若有所思，慢悠悠地说道：“看来陶罐和铁罐各有特点，如果长期保存就用陶罐，运输就用铁罐。”

一向调皮的马远立即接道：“这说的不就是我校的校训吗?‘我是天材，我是人才’。每个人都有自己的特点，发挥自己的特长，我们就一定能成为人才。”

他的话说完，教室里响起了热烈的掌声。正是张老师这份别样的作业让学生们再一次感悟到了“我是天材，我是人才”的真谛。

一节合班课

“叮铃铃，叮铃铃——”踏着清脆的上课铃声，我们几十名教师不约而同走进了公开课教室。咦？今天参与讲课的学生怎么高矮不一，有大有小？这样的课堂我还是第一次见到，会是什么样的情境呢？我很好奇！

听讲课的陈艳凤老师介绍，这是一节校本课——创编伯雍故事，让他们大胆想象创编故事，看谁的故事更神奇。

陈老师说：“哪个组的同学先来展示交流？”二年级的孩子们把小手举得高高的，甚至举过了陈老师的鼻子尖，争先恐后地喊着：“老师，我们组，我们组！”还没等老师说“开始讲”，他们早已迫不及待地说个痛快了。孩子们兴趣高涨，创编的故事更是奇妙无比。刘同学让“二郎神”走进了他的故事。胡同学说：“狗吃了富人家的玉，又到穷人家拉了出来，送给穷人，我真高兴！”在场听课的老师们笑得前仰后合，赞叹不已。

我一侧身，看见六年级的学生，你看看我，我瞅瞅你，面面相觑，没有一个举手的，全然没有渴望参与的眼神和积极表现的欲望，个个耷拉着脑袋。我心想：他们怎么也成了听众了呢？看到六年级学生的这种表现，陈老师临时调整教学思路，改变教学策略，组织两个年级的学生进行了讲故事对抗赛，六年级学生的表现终于稍有改观，但故事情节多平淡无奇，雷同较多。我随机采访了几名六年级的学生，他们告诉我“怕说错了”，“怕我说的答案不符合老师的要求”，“怕说得不好，老师不高兴，毕竟有听课的嘛。”怕！怕！怕！我们六年的教育带给学生的是什么？这样的学生绝对不是我们要培养的人才。每个孩子都是潜在的天材，关键是通过怎样的教育让他们成为人才。

课后的教研会，我们又重温了《国家中长期教育改革和发展规划纲要（2010—2020年）》中提出的人才培养观念：面向全体学生，促进人人成才，充分发挥个性特长，生动活泼主动发展。我校的校训“我是天材，我是人才”，不正体现了国家倡导的人才培养目标吗？

“话唠”孩子

“老师，我今天来得早吧？昨天妈妈给我买了新裙子，我今天特意早来想给您看看。”“你们看，你们看，这是我在家编的手链，漂亮吧?”课上，她用手捅着同桌和她前面的同学，展示自己的得意之作，嘴里唠叨着“明天我也给你们每人编一个”。这句话打断了正在讲课的我，“她可真有魅力!”我哭笑不得……

她就是我们班的“话唠”——小雯，说起这名同学，学生们很喜欢她，而我则不然，由于她话多，经常会扰乱我的思路，使我不能安心工作，所以，我并不喜欢她。

怎么办？在伯雍从教 11 年了，“我是天材，我是人才”的校训已深深植根于我心，周校长对此校训的解读就像茫茫大海中的灯塔，在我迷茫之时给我指明了方向。我认识到，这是孩子的一个与众不同的特点，我们不能过早地给“话唠”的特点贴上“缺点”的标签，作为教师，要引导她把这个特点用到合适的地方，为她创造机会，使她的这个特点充分发挥，化特点为优点。

冥思苦想，计上心来，何不顺水推舟、一箭双雕？于是我调整座位，有意把小雯和班里不善表达、学习基础不太好的萌萌安排到一桌，并对她说：“从现在起，你们两个不仅仅是同学关系，而是一个‘对子’。”他俩瞪大眼睛看着我，李老师说的是什么意思呀？我继续说：“小雯，你学习好，能言善辩，要帮助萌萌，当他的小老师。”我把小老师的标识帮她佩戴好，她可高兴了。我接着说：“老师有一个小小的要求，你以后在说话前先想一想什么时候可以说话，什么时候不可以说话，不能打扰老师工作和同学学习，好吗?”

以后的日子，我经常看到她刚要说话，就急忙用手捂住自己的小嘴；也经常听到诸如此类的话语：“萌萌，这个字这样写，这道题我讲给你听”，“萌萌，如果你还不明白，就问我”，“萌萌，我来帮你打扫卫生吧!”。小雯仍旧是个“话唠”，但再也不是让我不喜欢的那个“话唠”了。

多元评价促学生成才

2013 年 1 月底，放寒假了，晚上吃完饭时，一家人坐在电视机前看着唐山电视台的新闻。一条新闻《多元评价　快乐成长》吸引了全家人的眼球，女儿兴奋地跳了起来："妈妈，咱们伯雍小学上了新闻，你快看呀!""还真是，咱们期末的多元评价上电视了，看来我们的活动还是有导向性的。"我自言自语道。这时坐在一旁的丈夫发言了："现在的考试，把孩子都考傻了，除了做题啥也不会。这活动，真不错，孩子们动手、动脑，还能培养情商!"丈夫是一名普通工人，一直不大关心女儿的学习，对学校的事也不上心，今天破天荒的一段评述，还真头头是道。丈夫又和女儿说："以后有活动，多参加……"听着丈夫絮絮叨叨的话语，我不禁想起了我们学校的多元评价，耳边回响着校长的话："教育的意义在于引导和促进学生的全面发展。对学生的评价是新课程理念下教育教学的重要组成部分，因此，评价必然要重视学生的发展性功能，关注学生的成长过程和个体差异。评价时，不仅仅评价学生的现在，更要着眼于学生的未来；不仅仅关注学生的学业成绩，更要发现和发展学生多方面的潜能；不仅仅考查学生对知识技能的掌握，更要评价学生在情感、态度、价值观、创新意识和实践能力等方面的变化与进步；不仅仅让学生养成良好的学习习惯，更要让学生掌握自主学习和合作探究的方法；不仅仅了解学生在发展中的需求，更要帮助学生认识自我，建立自信，享受快乐和成功……"

我校的多元评价在过去单一笔试的基础上，增加了活动评价，以全面考核新课程标准中的三维目标。

"笔试"实行自主命题，分级命题，过关考试，诚信考试，笔试内容是以工具性较强的基础知识为主，时限 10～20 分钟。年级试题不统一，学生自己出题。不同的学生完成难易程度不同的答卷，制定出分数底线，只有达到分数底线才能过关，没有过关者要通过若干次考试最终过关，考试过程中无教师监考，学生自主制作诚信挡板，自主诚信考试。

"活动"实行终身制，活动设计紧紧围绕三维目标的过程与方法、情感态度与价值观，以检测学生的综合能力和素养，根据各学科对学生的培养目标，设定出不同的评价项目（表现力、操作能力、知识讲解能力、协作能力、知识领悟力、表达能力、知识运用能力、创造能力、情感态度等）。依据年级特点对学生做出相应的评价，没有优劣之分，突出学生的特点，采用学生互评、家长评价两种方式。

下面让我们看看六（1）班的活动设计及过程：

活动主题：幸福一家人

活动目的：通过活动，让孩子和家长进行心灵的交流，迸发爱的火花；让家长发现孩子不为人知的能力亮点。

活动流程：

1. **制作创意画**

学生与家长合作，利用各种废旧物品或其他材料（布、纸及各种材料），制作自己家人的模型或贴画。

2. **解释创意画**

用英语介绍家人情况；用科学知识解释材料运用方式和设计原理。

3. **幸福家庭评选**

（1）晒幸福：学生和家长一起，用自己喜欢的形式讲述家庭内发生的幸福小故事，可以是歌曲、书法、绘画、演奏、讲笑话、讲故事、成语接龙、课本剧等。

（2）投票选举：其他家长可以向展示的家庭提问，形成互动，根据表现出的幸福指数，大家投票评选出“幸福家庭”。

颁奖过程在合唱《相亲相爱的一家人》中举行。

4. **现场采访**

刘同学：自己的能力得到展示和大家的认可，太高兴了。

张同学：我的画和表达能力，受到了家长和老师的赞誉。大家看，这些红花是我今天的收获。我非常喜欢这次活动，它不仅考了本学期的基础知识，还考了动手能力和语言表达能力。希望以后经常开展这种活动。

吴同学的妈妈：以前孩子不善于表达、表现，通过这次活动，孩子学会了创新、作画，还学会了打快板、舞蹈。爱参与，爱交流了，此次活动，孩子既展示了自己，又增强了信心，还拉近了孩子和家长的距离。我们看到了孩子的进步，心里特别高兴。

刘同学的爷爷：孩子的心理素质对他今后人生的影响远远大于成绩，心理健康的孩子才是最健康的，考试成绩并不代表一切。一个健康的孩子的未来才是美好的。

（四）教风——大巧不工　独异于人（育人策略）

琢玉　育人

玉雕大师琢玉与伯雍教师育人有异曲同工之妙。大师琢石，让石成玉；教师育人，让人成才。不同的璞玉，雕法不同，才会千姿百态；不同的学生，教法各异，才能成为多样化人才。那么，玉雕大师是如何让石成玉，伯雍教师又是如何让人成才的呢？这就要说说我们的教风“大巧不工　独异于人”了，这也是教的最高境界。下面让我们来欣赏三个“雕与教”的故事。

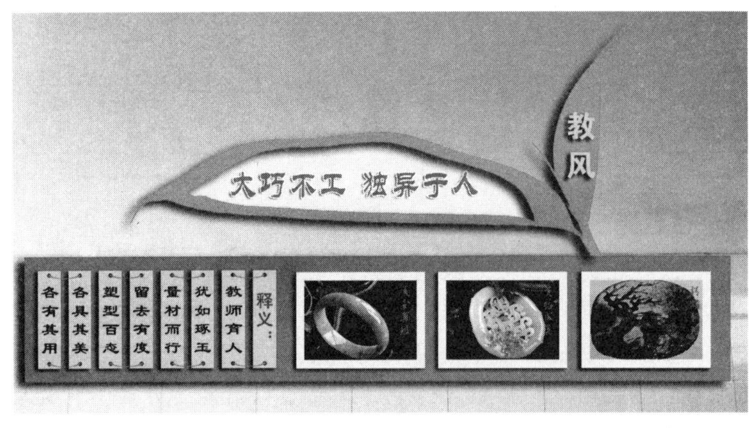

□ 伯雍小学大厅文化——教风
释义：教师育人，犹如琢玉，量材而行，留去有度，塑型百态，各具其美，各有其用。

“风雪夜归人”

“风雪夜归人”这件玉雕作品在一次拍卖会上竟然卖到了100万元的天价。这件玉雕珍品怎么这么贵？是什么材质的料？好奇的鉴赏者这一系列的问题，引出了“风雪夜归人”背后的故事。

出人意料的是，这件玉雕珍品的原料竟然被行家认为是块废料，是杨树明大师只花了100元钱买来的。100元与100万元的差距中有怎样的故事呢？让我们走近杨树明，走近“风雪夜归人”。

当那块100元的毛料在杨树明的工作室放了一年多后，经常把玩这块毛料的杨树明突然来了灵感，杨树明在毛料密密麻麻的棉点上看出了故事。那些零落的小棉点，本来是这块石头的瑕疵，很多玉雕工艺都是把这些棉点挖去，做成镂空效果。但杨树明却发现，这些小棉点像冬夜里纷飞的雪花。而雪花，又让他想到了唐代诗人刘长卿《逢雪宿芙蓉山主人》的诗句：“日暮苍山远，天寒白屋贫。柴门闻犬吠，风雪夜归人。”对，就用这块玉来演绎一个“风雪夜归人”的故事，这些棉点雕成雪花，再雕刻一个人的造型，一块玉，一个故事，也许会成为传世珍品。

在有了完美的构想后，杨树明马上就开始动手雕刻。这件玉雕作品雕成后，很快就被人以100万元的天价买走了。

那块带有密密麻麻小棉点的毛石，在我们普通人手里不名一文，可是在杨树明大师手里，却变成了富有诗意的创作，布满瑕疵的毛石变成了价值连城的玉雕珍品。有的孩子在普通老师眼里也许“没法教”，一旦放弃，他也许就成了“社会的垃圾”；如果在“教学大师”手下，孩子身上所谓的“不足”，派上用场，成为优点，他也许会成为一个社会奇才。

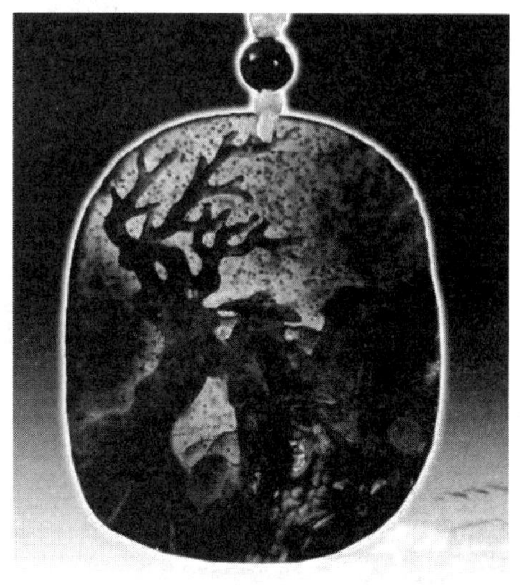

□ “风雪夜归人”

变绺成花

琳琅满目的和田玉饰品，让人眼花缭乱，如何挑选可是大有学问，让我们听听玉雕大师马学武的高见。

马学武说："挑选玉的艺术品，主要看玉的细腻、油润、色彩，至于雕工，一定不能过多，雕得越多，那就证明玉的瑕疵越多，因为无绺不雕花。"

有的玉稍有瑕疵，玉雕大师马学武也会根据其特点适度雕琢，变绺成花。同样，有的学生稍有不足，"教育大师"可以根据学生特点适度教育，变劣为优。

天宝灵芝瓶

天宝灵芝瓶一直被马学武视为镇馆之宝，曾获玉雕作品"大工奖"金奖。你知道这是为什么吗？让我们来听听记者与马学武的对话吧。

记者：您为什么在这个瓶子上没有做任何的花纹？

马学武：我觉得赏玉为主，赏雕为辅。我们的目的是来赏这块美玉的，雕就不能占主要位置。如果你把它雕琢太多，美玉的滋润感你怎么表现？就好比一个女孩非常美，你非在脸上擦上厚厚的化妆品，岂不是把她的自然美给遮住了？

一块几乎完美的玉石，越高明的玉雕大师越是不肯轻易多雕一刀，唯恐破坏其自然美，大师要做的就是使人们欣赏其中的美。同理，对各方面都非常优秀的学生，越是"教育大师"越不会轻易批评和压制，唯恐伤及其天性美，教师要做的就是欣赏、鼓励学生的健康成长。

□ 天宝灵芝瓶

每一块美玉都是一个独特的生命体，有自己的语言和思想。作为一名玉雕师，需要做的就是读懂玉石的语言，顺应玉本来的特性，创造出独具风格的作品。每一个学生都是一个与众不同的生命体，有自己的思想和特长。作为教师，需要与学生进行心与心的对话，顺应学生的特长，让每个学生都成为不同的、有用的"我"。

第三章　伯雍其事

（一）校风——善贷且成

“善贷且成”取自老子的《道德经》。善于施与万物，自己才能无所不成。

□ 释义：伯雍小善之举，义务给水于人，善小而久为，久为而不争，先成人之美，己美而后天成。实乃我校师生言行之写照，光大蔚然于未来。

未曾伯雍已伯雍

2002年，刚刚放暑假，教育局三楼会议室里传来了局长沉重焦躁的声音：“今年的招生有变化，随着城镇规模的迅猛发展，大量农民工涌入县城，哪个学校愿意接收这些农民工子女?”局长话音落地，围坐圆桌开会的各位校长却沉默不语，低着头，不愿把目光投向局长。沉默了许久，周文清校长举手说：“由我校来接收这些孩子吧，但我也有顾虑，这些农民工子女来自全国各个地方，说着各自的方言，使用着各个不同版本的教材，家长忙于打工，对其关心不够，流动性大。他们的入学不仅仅会影响现有学生的管理，加重老师的工作负担，给教育教学带来困难，还会影响学校成绩的排名、教师荣誉指标的分配、学校在社会上的声誉。这些，请局领导考虑。”

男儿有泪不轻弹

2003年的春节前夕，教研训中心打来电话通知上网查询各校期末考试成绩，1998—2002年，在县城内的五所国办小学始终排名第一的我校，由于接收了农民工子女这批“烫手山芋”，竟然排到了第四名。听着窗外喜庆的鞭炮声，周校长丝毫没有春节的喜悦，想着学校社会声誉的滑坡，想着老师们荣誉指标的受损（那时，学校成绩的排名直接关系到教师荣誉指标的分配），他的眼睛湿润了。

每年春节这天，周校长都回老家过年，此次依旧。骑着自行车，独自走在回老家的路上，星光幽暗，夜空清冷，车轮飞转。

快到家门口时，一个黑影拦住了去路。“老同学，今天回家了?”周校长一抬头看见初中同学赵建平迎面走来，他是周校长老家的小学校长。

赵校长又说：“我今天上网查了期末考试成绩，你们学校排第四了，我早和你说不要接收农民工子女，会影响成绩，你不听，你看看，大家只看成绩，谁知道你背后付出的辛苦，费力不讨好，连我都替你委屈!”同学的肺腑之言似连珠炮冲着周校长而来。

“是啊！在农民工子女的身上，我校付出的太多太多了，可谁又能知道我现在心里的苦呢……”周校长感慨道。

赵校长出谋划策：“要不，跟局里请示，明年将农民工子女平均分配到各校吧。”

周校长摇摇头：“开会那天大家的态度很明确，都不想要这些孩子，如果我们再不要这些孩子，他们该去哪里上学呀！唉！既来之则安之，明年我们再尽力一搏吧!”

刚进家门，母亲第一句话就唠叨说：“咱们村都在说你们学校不如往年考得好，要农民工子女干啥？你还是让他们该去哪儿去哪儿吧！谁理解你呀?”望着年迈的老母亲，周校长能说什么呀，都让自己的老母亲跟着担心到这份儿上了！家人都去吃年夜饭了，周校长独自在院子角落里思索着。噼噼啪啪的鞭炮声响了起来，周校长叹息一声：期末考试年年考，春节便是痛心日。

回　报

2004年9月3日，周校长像往常一样骑着自行车去学校上班，离学校还有一里多远的时候，就听见锣鼓声夹杂着一阵一阵“噼里啪啦”的鞭炮声，周校长很纳闷：这不年不节的，怎么会有鞭炮锣鼓声?

带着满腹的疑虑，周校长来到学校门口，经了解得知，因农民工子女不属于各校招收的片内学生，农民工们为其子女的入学问题跑断了腿，每年开学初，大批农民工都会去教育局围攻，孩子上不了学，他们急呀！如今我校同意接收他们的孩子，看到自己的孩子可以上学了，他们高兴呀！喜出望外之余，这才由围攻教育局转到“围攻”我们学校，在学校门口放起了鞭炮，扭起了秧歌，他们说：“先练练手，预演预演，等教师节那天再正式演出，正式答谢。”

转眼就到了，9月10日教师节一大早，农民工们齐聚我校门口，有的抬着一筐水果，有的挎着一篮子鸡蛋，还有的拿着刚煮熟的玉米……当时我们听到最多的就是“收下吧！收下吧！”“谢谢！谢谢！”我们再三推辞，他们说什么也要把东西留下，有的甚至把礼物放在校门口就跑。其中几个强壮的农民工引起了周校长的注意，默默地在校门口不远处用砖铺路，周校长迎上去询问，他们说：“雨天这里洼，容易积水，我们把砖铺到学校门口，老师、学生就方便了。”多么淳朴的话语，多么朴实的举动，他们满脸挂着说不尽的喜悦，满腹装着道不尽的感激。农民工笑了，他们的孩子们笑了，老师和校长们也笑了。

家长对学校的认可，对伯雍小学而言就是最大的收获、最好的回报，这真是：金奖银奖，不如老百姓的褒奖；金杯银杯，不如老百姓的口碑！

爱莫大焉

我校有一名农民工子女小天，十几天没来上学了，他的班主任徐桂芝老师每天都给他家打电话，但都没能打通，总是停机，徐老师很牵挂，多方打听，找到他家的邻居，才得知小天不幸患了白血病，妈妈带他去北京治病了，这几天就该回来了。徐老师心想回来就好。刚松一口气，热心的邻居又告诉徐老师，小天一家的经济来源全靠他的爸爸一个人，他爸爸每天除了看着市场上的水果摊，还得挤时间拉人力车，供妈妈、他和两个弟弟生活。为了省点儿钱，他家连电话都掐断了。据小天的父母说，孩子的病情近来非常危急，由于药费的问题甚至还有放弃的念头。徐老师的心一下子提到了嗓子眼儿，小天还只是一个 9 岁的孩子呀，他还有许多美好的时光，他的人生刚刚起步。

徐老师将此情况汇报给学校后，学校领导与教师代表连夜驱车去北京看望小天，只见躺在病床上的孩子，脸色苍白，眼窝深陷，骨瘦如柴。小天的妈妈一把鼻涕一把泪地哭诉："高额的医疗费用我们已经承担不起了，能借钱的地方都借了，再也没有其他办法了，只能放弃……"小天的妈妈哽咽着说不下去了，沮丧地低着头，默不作声，似乎天已经塌陷了。

校长握住小天妈妈的手说："千万别灰心，方法总比困难多，至于医疗费用，学校会千方百计帮助您。要相信孩子一定会好起来的!"

徐老师摸着小天的头说："一定要配合医生治疗，老师相信你是个坚强的孩子！同学们还等着你一起学习呢!"

返回学校的第二天，学校立刻向全体师生发出为小天捐款的倡议。办公室里，老师们的捐款像雪片一样飞进了捐款箱，50 元、100 元……连那些家里有房贷的老师也慷慨解囊。教室里，那些带着孩子体温的 1 角、2 角、1 元、2 元……汇集在一起，有的是孩子节省下来的早餐费，有的是孩子的压岁钱。全校师生的捐款不到半天就装了满满的两书包。两个会计数了一个半小时，共筹集了 14 000 多元。为了尽快把钱送到医院，财务人员连午饭都来不及用，就坐车去了北京。

次日，小天换上了"新鲜血液"。

半年后，小天奇迹般地恢复了健康，返校上学了。清楚地记得，那是一个星期一的早晨，全校师生正在举行升旗仪式，只见小天一家三口，兴高采烈地走进了校园，小天一家被校长请上了主席台，小天妈妈向校长递上了锦旗，上面写着："捐资治病急人难，师生恩情重如山。"台下立刻响起热烈的掌声。

小天的爸爸激动地说："小天，小天，今天我才明白，这个'天'就是伯雍的爱，是伯雍的爱赐予了我的孩子第二次生命。学校就是孩子的再生父母!"

小天的妈妈热泪盈眶地说："我儿长大以后一定会回报母校，回报大家的爱。"小天紧拽着妈妈的手，用力地点了点头。台下响起了更热烈的掌声。

现在小天已经上了大学，每到寒暑假，他都返回学校，用自己打工挣的钱，为在校贫困生送上一些学习用具。

爱的力量是无穷的，爱能够挽回人的生命；大爱无疆，学校把爱传递给了小天，小天又把爱传递给了其他孩子，这份爱还会一直延续下去……

追忆大姐

1987 年，我还是二十出头的毛头小子，但已经做教师两年了。由于我数学学得好，课教得也不错，教研室的领导让我辅导全县的小学尖子生，参加省里的数学竞赛。

高等数学要让小孩子明白，可不是一件简单的事情。要把高深的知识让孩子弄清楚，虽然困难，但也能提高我教好小孩子的能力。辅导时间一般在周末和寒暑假里，由于北分校（伯雍小学的前身曾叫做玉田实验小学北分校）学生少，有许多空教室，教研室就把北分校作为辅导基地。

一个夏天的周末，上午辅导结束，孩子三三两两去校外吃午饭。我要准备下午的讲课内容，中午就没时间吃午饭了，这样的事情我已经习以为常。

当我正在埋头研究难题时，进来一位十几岁的小姑娘："周老师，该吃饭了。"我很惊讶，询问道："你是?"小姑娘爽快地说："我妈妈是北分校的赵景春老师，妈妈让我给您送饺子来了，一会儿我妈妈也来。"她随手把一盒"春城"香烟放在了办公桌上，"您累了，就抽根烟吧，可以提提神。"我说："谢谢！快坐下。"我边备课边往嘴里塞着饺子，心思完全放在备课本上，食不知味，至今也不知道饺子是什么馅的。

"饺子味道怎么样？够吃吗?"不知什么时候，赵老师来了，原来是一位慈眉善目的老大姐。我说："非常感谢大姐，很好吃。我马上就备好课了，大姐先坐。"大姐和她的女儿默默地坐在我对面。

课备完了，我起身想再次感谢大姐，并劝她们回家午休时，大姐说："我们娘俩帮你印试卷吧，你一个人又出题，又印试卷，还上课，不轻松呀!"我没有推辞，大姐掀篇子，我推油辊子。由于天热，不一会儿我们就汗流浃背，小姑娘在旁边给我们递毛巾擦汗。过去我要干一个中午的活，今天只用一半的时间就完成了。

我们唠起了家常。大姐说她任教四年级数学，以前听过我的公开课，对我印象很深。看见我每周都是一个人单打独斗，废寝忘食，早就有给我送午饭的想法了。由于我们过去不熟悉，还有点不好意思呢！大姐的先生是土地局的王同全局长，但大姐却一点官太太的架子都没有，还说“备课脑子乱了就抽根烟，但平时要少吸烟呀”。

我在万分感激之余，还是有些不好意思，劝她们回家休息，不用再陪我了，我以上课时间要到了为理由，劝走了大姐娘俩。

我望着大姐娘俩的背影，一股热泪夺眶而出。扭头看看盛饺子的空盘子，仿佛看见了春节时，妈妈带领全家包饺子的场景。饺子不就是和谐团圆的象征吗？低头看看手里夹着的烟卷，一股香烟正袅袅升起，我把那盒烟轻轻地揣在了内口袋，再也没抽过。

如今，大姐已经因病离开我们多年了，但每当看到这盒烟，我便会想起大姐，想起那盘饺子，感受到老教师传递给我们的“不息的烟火”！

亲　也

郭杰老师的双亲都已经90岁高龄，双双瘫痪在床，身边只有60多岁的哥哥在照顾。郭老师每次回家，都要住一宿，每次住下都是和妈妈一个被窝，要说上一宿的话。由于工作繁忙，郭老师时常不能陪伴父母。我得知后，便在春节前夕的一个傍晚，踏雪前去看望二老，并约定每年春节都来看望二老。第二年的端午节，我特意选了些适合老年人的礼物，请郭老师捎去伯雍全校员工的心意，并再次请郭老师捎话，春节去看望二老。可是，在当年的6月，郭老师的老妈妈就辞世了，我凭吊后，含泪写下了这首文学水平不高，但情感真挚的小诗：《亲也》。

您走了，
今年寒假的腊月二十四，
我们去拜访老人家，
约定明年这个时候，
我们还来看您，
您却提前“失约”了，
我们都知道，
那是不得已的“爽约”。

您走了，
今年开学初的全校大会，
全校员工目睹了您晚年的蹉跎，
我们太忙碌，
没有能照顾您，
我们都知道，
那是没有理由的借口。

您走了，
今年端午节的前一天，

突然想到该去看老人家了，
索性买点牛奶和软饮，
这也许是最适合老人家的微薄给养，
竟然成了最后的赡举，
那是爱神的凡降。

请您再留一下好吗？
请您再抚摸一下我们的额头，
请您再叮嘱一下对我们的希冀，
请您再让我们撒个娇，
请您再听一下儿孙的笑声，
……
子欲养而亲不待，
去而不可见者，
亲也。

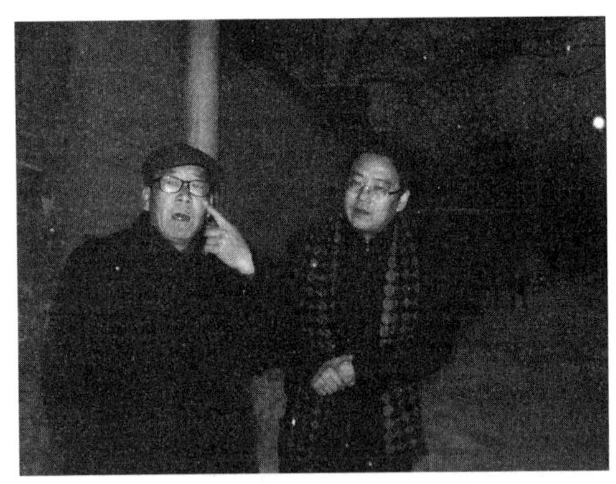

□ 周文清校长与郭杰老师的哥哥

（二）学风——今天我又懂得了……

伯雍精神蕴学风

伯雍为路上行人义务提供饮水，积累善行，终年如一，最终感动上苍，赐予他石子，使他喜获美玉。他的成功经历正是由“至小”渐进为“大成”的过程。人要有所成就必须坚持不懈、日积月累，才能厚积薄发，实现梦想。所以，伯雍小学的师生也要像伯雍那样，学有目标，学有总结，学思并行，往复前进。我校学风为：

今天我又懂得了……

（Today I Learned Something New…）

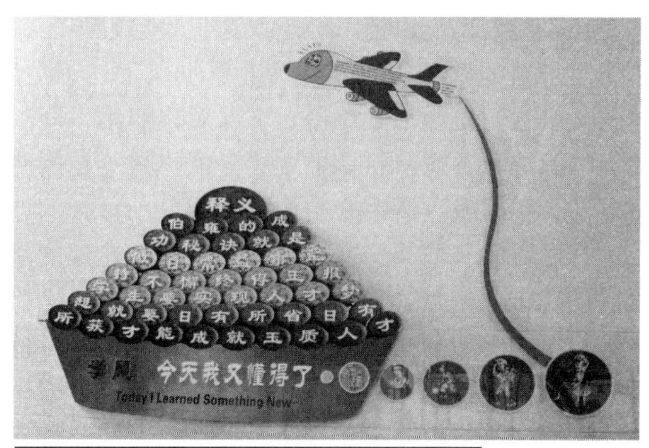

□ 释义：伯雍的成功秘诀，就是做日常益事，坚持不懈，终得玉报。学生要实现人才梦想，就要日有所省，日有所获，才能成为玉质人才。

上面的美丽画面由金玉满堂图呈现，玉盆上写有学风，上面每个小的美玉里都有一个字，是对学风的解释。省略号的六个点，从第二个点开始变形成逐步放大的画面，分别代表德育、智育、体育、实践和创新，最后的创新图，是放飞的航天飞机。

“乘法分配律”的启发

“老师，这道题我先做完的，我用的时间最短，结果又很准确，我觉得我的方法最好。”

“老师，这道题我只比他慢一点点，但是我用的是乘法分配律，我觉得这道题用乘法分配律算起来更简单。”

“老师这道题可以不用乘法分配律，直接计算更省时间。”

这是赵华老师正在主讲的一节四年级数学公开课——《乘法分配律》，同学们正在为计算“40×99”用哪种方法计算更合适而争论不休。

“乘法分配律怎么失灵了?”“啊！书中这样说：乘法分配律‘可以’使计算简便，但没有说‘一定’啊!”同学们就这样研究着、思索着、交流着……老师看在眼里，喜上眉梢，心想：这正是启发孩子从多角度思考问题的好时机。赵华老师看了看时间，马上要下课了，于是她说：“同学们，你们刚才的做法我们先都不做评论，下课后你们用不同的方法再试一试，然后把你们的想法写下来，想一想乘法分配律是不是能使所有的计算简便？请大家再结合学习或生活中的实例来说明‘一种好的方法或者一条规律，是不是适合所有的事情’?”这时教室里响起了热烈的掌声，因为这是孩子们最喜欢的作业——“心智作业”。心智作业是我校学生作业的形式之一，主要是根据所学基础知识其中蕴含的过程与方法，情感、态度与价值观等进行总结和分析。

第二天，同学们展示了作业，有的说，我发现直接计算省时，省时就是简便。有的说，两种方法都很好，如果题目要求用乘法分配律去做，我们要按要求做，如果不要求，可以用自己喜欢的方法。还有的说，我发现运用乘法分配律，有时会使计算简便，例如125×(8+16)。但也有时，应用了乘法分配律反而变得复杂起来，例如23×(7+3)。由此我觉得一种公认的好东西或者好方法不一定对所有的事情都适用。比如，我们大家都认为汽车是一种非常快速、便捷的交通工具。有一次，妈妈开车载着我和妹妹去商场，由于那天是“十一”，街上的人特别多，我们的汽车像蜗牛一样在人流中爬行。本来骑车十几分钟就可以到，我们却花了半个多小时。

所以，一件东西或一种方法是好是坏，要根据具体的条件和环境来判定。

方同学说：夏季将至，我们又即将进入午休阶段。我很喜欢午休，因为午休不仅可以起到养生的作用，还会使我们精力充沛，增强记忆力，提高我们午后的学习效果。何乐而不为？虽然午休很好，但是我经常看到爸爸不让爷爷午休，我好奇地问爸爸："您为什么不让爷爷午休？"爸爸说："你爷爷年龄大了，并且体重超标，又患有动脉硬化，血液较稠，饭后由于营养的吸收血液黏滞度较高，若再午睡，血流缓慢，这些'有利'因素就给脑梗的发生提供了条件。同时，爷爷血糖也相对较高，饭后需要靠活动来降低血糖，此时'倒头就睡'，还会造成血糖的波动，不利于爷爷的身体健康。所以，爸爸才会阻止爷爷午休。"我这才知道午休虽然益处多，但并不是适合所有人。他最后小结：任何好的办法，都是有前提条件的。

仅仅一节数学课，同学们不仅掌握了知识，而且经历了探索过程并掌握了方法以及如何运用方法解决问题，其中还渗透了辩证的哲学思想，学生"三维目标"的素养都得到了提高。

意外的奖状

那是一个周五的下午，班主任张淑杰老师按照惯例给我们开周末总结会。只见老师走上讲台高兴地说："这次写作大赛我们班获奖的人最多。"老师举起一打奖状，然后开始宣布获奖名单。我心不在焉地听着，只想着放学铃声快点响，好尽情享受我期盼了一周的双休日。

"王晨霏!"

天哪！老师居然念到了我的名字！听到这个消息后我欣喜若狂。这可是学校级别的大赛啊，我真不敢相信自己的耳朵，在班里排名中等的我，怎么可能获得这么大的奖呢?

"王晨霏!"老师又念了一遍我的名字。

我迟疑片刻，跑向讲台领取了奖状。此时我喜悦而复杂的心情简直无法用言语来形容。

放学后，我回家一路狂奔，感觉路边的大树、小草和平时相比格外的精神，好像它们也都在为我的成功感到高兴。进了家门，我迫不及待地掏出奖状，连蹦带跳地拿给妈妈看。"妈，妈，你看我获得大奖啦！妈，你快点看啊!"妈妈满脸疑惑地拿过奖状看了两遍，才高兴地抱起我，亲了亲我的额头说："闺女真棒，让妈妈刮目相看啦。"

得到妈妈的夸奖后，我又打电话向爸爸报喜。周六周日我吵着让妈妈带我去了姥姥家，把这个好消息告诉了姥姥、大姨、舅舅……我要让所有的人都知道我得了校级写作大奖。

周一开学，我兴高采烈地走进教室，还沉浸在获得奖状的喜悦中。放下书包，看看和我一起获奖的裴同学若无其事地在看书。咦？他怎么这样平静？再看看其他几个获奖的同学，也都不像我这样兴奋和激动。于是我忍不住询问了原因。原来他们都把这次大赛当作了一次普通的练习，认为没有什么值得庆祝的。

我默默地回到座位上，心想：看来，我还要端正我的心态，取得一点小成绩就骄傲自满，到处显摆，是不会有大成就的。

失而复得的贺卡

每当新年将至，同学们都会纷纷向我赠送贺卡。每次收到贺卡，我都会满脸笑容地说："你的贺卡做得太好了！我一定好好珍藏这份礼物。"可是不久以后，我便在收拾办公桌时，随手将贺卡往垃圾箱里一扔。

那是2006年，一个偶然的机会，我在书中无意间发现了一张满是泥点的贺卡。这是谁送的贺卡？这般模样，也太不尊重老师了。细细打量，我发现了这张贺卡上面有很多褶皱，显然是后来被人精心抹平了。这更引发了我的好奇心，驱使我想看看里面的世界。这是一张精心制作的贺卡，上面还写着："我将最真诚的祝愿献给老师，您的学生安迪。""我再次将最真诚的祝愿献给老师，希望老师能真诚对待，真的好好珍藏这份礼物！"我的心为之一震，显然，祝福语是分两次写上的，我明白了这张贺卡的来龙去脉。

那是一天放学后，我抱着一摞作业向办公室匆匆走去。安迪同学朝我跑来："老师，我要送你一件礼物！"她的眼睛因兴奋而闪闪发光。"是吗？"我装作很感兴趣的样子，心里却因为想尽早赶回办公室而焦躁起来。"这是我亲手制作的贺卡，好看吗？"她从身后拿出她的宝贝，展示给我看。我当时根本无心看她手里的贺卡。"喏，送给您！"她得意地把贺卡塞到我的手里，我一如往昔，满脸笑容地说："你的贺卡做得太好了，我一定好好珍藏这份礼物。"这时，红云飞上了她的脸颊，仿佛一朵绽放的玫瑰，高兴、激动难以言表。

可是现在……

我开始后悔，我无法忘记她送我礼物时眼中的期待与爱，那是只有在孩子的眼光中才能找到的纯真。而且我同样可以想象她在垃圾桶中发现贺卡时眼中的失落和沮丧。我伤了学生的心，我不仅丢弃了一张贺卡，还丢弃了学生对我的一份信任，丢弃了作为教师的一份真诚，丢弃了学生的崇敬和热爱。我把这张贺卡小心翼翼地拿在手里，认真地看了又看，然后珍藏在了自己的"百宝箱"中。

我是孩子们的老师，其实孩子们也是我的"老师"。

多功能雨伞

记得一个傍晚，大街上车辆川流不息，过马路时我总是小心翼翼。天突然下起了滂沱大雨，眼前一片黑茫茫的。我深一脚浅一脚地走在马路上，边走边想，如果能有一把既能挡雨，又能照明的伞，该多好啊！

我请来了家里“工程师”——爸爸。爸爸让我把该用的东西都找齐，我找来了雨伞、导线、小灯泡、胶卷……咦，怎么还差电池盒？爸爸东找西找，终于找来了一个小型电风扇。我惊讶地望着它，疑惑不解地问爸爸：“这个电风扇有什么作用呀？”爸爸笑着说：“这叫就地取材，懂吗？”我茅塞顿开，小风扇也有个电池盒，这不就解决问题了吗。爸爸决定用电风扇的开关连接电灯，当按下开关，电灯和风扇就会同时打开，我不禁为这巧妙的设计暗暗叫好。

接着我们就开始制作了，一步接着一步，到一个关键的细节的时候，我试了好几次都没成功，急得直跺脚，像一只泄了气的皮球，一屁股坐在凳子上。爸爸安慰我说：“失败算什么？你知道发明家爱迪生吗？他为了发明一项成果，有时要经历千万次失败。要想做成一件事，首先要有耐心，经得起失败。失败乃成功之母。”爸爸的话仿佛给我打了一剂强心针，我又振作了起来。

在爸爸的帮助下，我小心翼翼地把导线再次连接在风扇里，这时我才知道风扇的“内脏”是那么复杂，看得人眼花缭乱。不一会儿，就完成了。可是，当最后按下开关时，风扇不知为什么发出“呱呱”“呱呱”的声音。爸爸紧皱眉头，思考着。

不一会儿，爸爸想出了问题的所在，他用镊子轻轻地把导线移动，顽皮的“孩子”顿时就像吃到了糖果般乖兮兮的。我欣喜若狂，情不自禁地嚷着：“成功了，成功了！”

喜悦之情油然而生，像一汪甘泉在心里涌动。我仿佛看见了，大街小巷都在注视着我的得意之作。这就是我的小发明，可在黑夜中绽放光明，能使来往车辆注意到你，炎炎夏日还可以乘凉。我相信它不但可以为人们带来方便，还能减少交通意外，为社会秩序作出贡献！

第四章 伯雍之物

校　徽

伯雍小学校徽主体由两个大小不一的同心圆和一只展翅飞翔的白天鹅组成。小圆内部的蓝色和周围圆环的白色叠加，代表着广阔无边的天空；小圆内的白天鹅由“伯雍”拼音的首字母“B”“Y”变形而成。造型表示学校迁建后由“城内第二小学”变成“伯雍小学”与丑小鸭变成白天鹅异曲同工，同时也象征着伯雍小学在崭新的教育平台上有更高的理想和追求，这只白天鹅将为了伟大的教育梦想在蔚蓝广阔的天空中振翅翱翔。

□ 伯雍小学校徽

校　旗

校旗的主体图案分别是校徽和校名，校名由著名书法家王珺赵题写。背景为紫色，由于我县是京东第一县，伯雍小学在七彩教育同盟中被赋予“紫色”，取紫气东来之意。另外，我校的校名源自 2 000 多年前的传说故事，地域文化底蕴深厚。紫色有高贵、深厚、典雅之寓意，也昭示着我们的梦想是逐步成为区域知名学校、全国知名学校、世界知名学校。

□ 伯雍小学校旗

校　花

在麻山顶上，有一种花开得最茂盛、最鲜艳，那就是太阳花。此花富有顽强的生命力，俗称“死不了”，日复一日，年复一年，越开越旺盛，与我校办学宗旨“种石得玉，英才辈出”相得益彰，所以我校将太阳花定为校花。

□ 伯雍小学校花——太阳花

校　歌

校歌以伯雍“种石得玉”的故事为词作的创作原点，充分诠释了我校的校训“我是天材，我是人才”。

彩虹升起的地方

——伯雍小学校歌

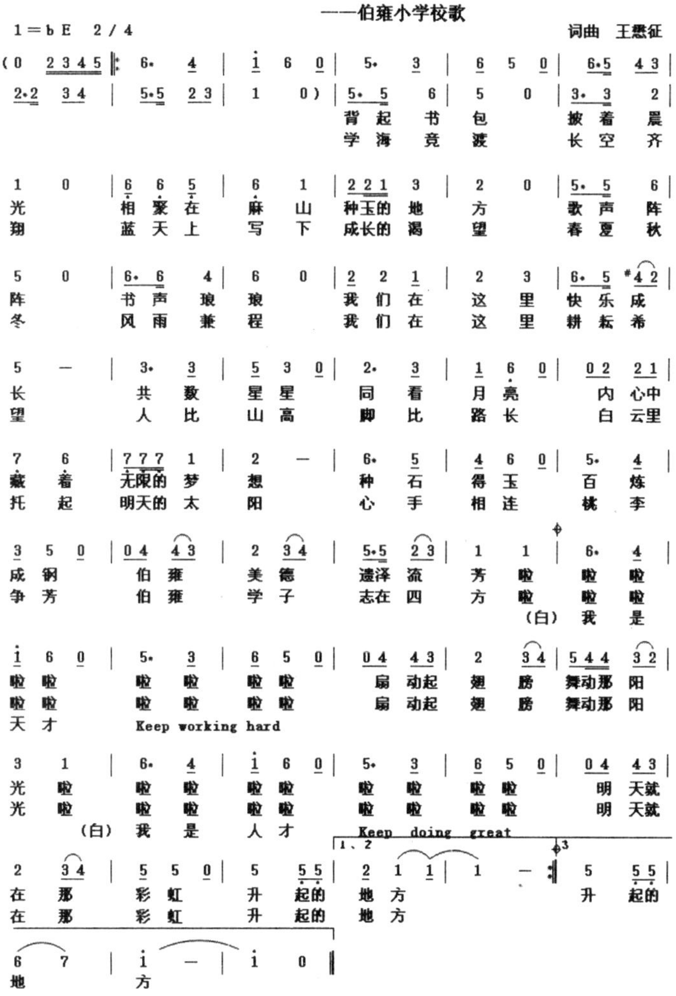

1＝bE 2/4　　词曲　王懋征

(0 2345 |: 6. 4 | i 6 0 | 5. 3 | 6 5 0 | 6.5 43 |
2.2 34 | 5.5 23 | 1 0) | 5. 5 6 | 5 0 | 3. 3 2 |
背 起 书 包 披 着 晨
学 海 竞 渡 长 空 齐

1 0 | 6 6 5 | 6 1 | 221 3 | 2 0 | 5. 5 6 |
光 相 聚 在 麻 山 种玉的 地 方 歌 声 阵
翔 蓝 天 上 写 下 成长的 渴 望 春 夏 秋

5 0 | 6. 6 4 | 6 0 | 2 2 1 | 2 3 | 6. 5 #42 |
阵 书 声 琅 琅 我 们 在 这 里 快 乐 成
冬 风 雨 兼 程 我 们 在 这 里 耕 耘 希

5 — | 3. 3 | 5 3 0 | 2. 3 | 1 6 0 | 02 21 |
长 共 数 星 星 同 看 月 亮 内 心中
望 人 比 山 高 脚 比 路 长 白 云里

7 6 | 777 1 | 2 — | 6. 5 | 4 6 0 | 5. 4 |
藏 着 无限的 梦 想 种 石 得 玉 百 炼
托 起 明天的 太 阳 心 手 相 连 桃 李

3 5 0 | 04 43 | 2 34 | 5.5 23 | 1 1 | 6. 4 |
成 钢 伯 雍 美 德 遗泽 流 芳 啦 啦 啦
争 芳 伯 雍 学 子 志在 四 方 啦 啦 啦
(白)我 是

i 6 0 | 5. 3 | 6 5 0 | 04 43 | 2 34 | 544 32 |
啦 啦 啦 啦 啦 啦 扇 动起 翅 膀 舞动那 阳
啦 啦 啦 啦 啦 啦 扇 动起 翅 膀 舞动那 阳
天 才 Keep working hard

3 1 | 6. 4 | i 6 0 | 5. 3 | 6 5 0 | 04 43 |
光 啦 啦 啦 啦 啦 啦 啦 啦 啦 明 天就
光 啦 啦 啦 啦 啦 啦 啦 啦 啦 明 天就
(白) 我 是 人 才 Keep doing great

1、2
2 34 | 5 5 0 | 5 55 | 2 1 1 | 1 — :| 3. 5 55 |
在 那 彩 虹 升 起的 地 方 升 起的
在 那 彩 虹 升 起的 地 方

6 7 | i — | i 0 ||
地 方

教师吉祥物

伯雍成功的工具就是“水桶”，因此，它也是伯雍小学教师的吉祥物。寓意有三：一是依据“水桶原理”，教师要全面发展，不能有短板，人格健全的教师才能培养人格健全的学生；二是教师水桶里的水要不断更新，学生才能喝到新鲜的水，教师要做终身学习者；三是教师最终要把水桶交给学生，让学生自己知道如何汲水，汲到自己有用的水。

□ 伯雍小学教师吉祥物——水桶

第二篇　团队建设

伯雍小学在更名之前，是一所默默无闻的学校，由于没有发展的平台，也就没有更高的追求和目标，教师队伍也是平淡得出奇，老师们只是满足于日出而作，日落而息；更名之后，加入了七彩教育同盟，我们登上了发展的平台，我们有了名校的目标，我们的师资队伍如何跟上发展的步伐和节奏，是学校发展的首要和关键所在。经过了“凝聚”、“提升”、“创业”三个阶段的打造——“凝聚”是为了做共同的事，有感人的生日文化活动，有教师之间的团结合作，还有教师家属的默默奉献；“提升”是为了有能力做事，有教师理念的更新，有课堂中的教学相长，还有教师专业水平的提高；“创业”是为了做大事，远学山东蔬菜大王王乐义的农业创业史，近学玉田实验小学郑锡钧校长的教育创业史——我们的团队已经能够担负起实现名校之梦的重任。

第五章　凝聚

我与父亲难忘的事

2011 年元月，春节将至，周校长沿袭学校拜访教师父母的传统，来到教师王喜洋（化名）乡下的父母家里探望。

“周校长，您来了，快进屋坐。”王老师的老母亲热情地把周校长迎进了屋，端茶、倒水、嘘寒问暖，对领导的来访感激不尽。

攀谈许久却不见王喜洋老师出现，询问之下，老人声泪俱下，道出了压在心底的情结。“我们家喜洋已经好几个春节没和我们一起过了，平时看望我们二老的次数也不多。在他心里，他一直认为，我和他爸偏向他哥哥。手心手背都是肉，我两个儿子都惦记，不知什么缘故，他会这样想……”听完老人的哭诉，周校长心里压了一块重重的石头，心想：阳伯雍以孝著称，作为伯雍小学的教师怎能连最起码的孝都没有呢？周校长决心想办法纠正王老师的错误思想。

正月初十，春节的气氛还未减退，周校长亲自下厨做了饭菜，邀请王老师到家里做客。饭桌上，周校长开门见山，直奔主题：“小王，俗话说，‘百善孝为先’，我们做人，首先要做到为人孝顺，春节你能不能放下偏见，回家多看看父母，多关心一下父母呢？”王老师听罢，反问道：“校长，您了解儿子在最需要父母帮助的时候，父母却诸多借口，不伸援手的感觉吗？”周校长说：“我没有。”“你体验过同为儿子，父母却厚此薄彼，那种不被关注的失落吗？”“对不起，我没有这种体会。”周校长不好意思地回答。“既然没有，您又怎能体会到我内心的压力和痛苦呢？”一连串的质问之后，王老师匆匆离去，留下了一脸困惑的周校长。

周校长叹了口气，心想：看来谈话不见效，我得想个能让他接受的办法才行。

终于，机会来啦。周校长看着伯雍小学教师生日统计表，眼睛灵光闪动，5 月 17 日是王喜洋和刘老师的生日，5 月又恰逢母亲节，两位老师同一天生日，那就一起开个关于孝顺的生日会，主题就定为：我与父亲难忘的事！

5 月 17 日傍晚放学后，王喜洋和刘老师两位老师所在的两组教师齐聚交流中心，开始了这次别样的生日会。

刘老师作为本次生日会的主人公首先含着眼泪分享了自己与 80 岁老父亲的一段动人经历。“如今，我父亲都已经 80 多岁了，身体还算健康，我一定尽最大的努力让他幸福地安度晚年。”

陈永生老师接着说：“以前我总是看不惯老爸的做事方式，经常跟他顶撞，我们爷俩谁也不让谁，有时候也会冷战很久。去年有一次和周校长一起爬山，他以大哥的身份开导我，让我明白了为人子的孝义之理。现在我们父子相处得非常融洽，所以，我从心底里感激周校长。”

轮到王老师了，主持人示意王老师讲述自己和父亲难忘的事。众人目光齐聚，只见王老师表情扭曲地摆了摆手，低沉地说：“我下一个再说吧。”

“那我先说吧。”李桂敏老师豪爽地接过了接力棒。“如今我的老爸已经不在人世了……我想孝顺他也没机会了……”话没说完她已泣不成声。刘凤霞老师也接过去说：“我父亲也不在了，在他离开之前，我因为一点小事就怨恨他……”懊悔的心情让她泪如雨下，代替语言的是不停的哭泣声。大家感同身受，每个人都泪眼蒙眬，纸巾从抽纸盒里一张一张飞出，须臾见底。

王老师听着一个个动人的故事，感受着波涛汹涌的亲情，直至会议结束，始终没有发言。

晚上，周校长收到了王老师的短信：校长，我的好大哥，谢谢你的良苦用心，今天让我彻底感悟了“子欲养而亲不待”这句话的深刻含义。这个周末，我就带着老婆和孩子回老家看望父母。

铁拐“陈”的幸福生活

我与陈园长是合作伙伴，共同教幼儿园大班，闲时我们就会聊聊家常，这一聊天我才知道，在七彩教育同盟青年教师课堂展示活动前夕，陈园长的右腿膝盖不小心烫伤，居然化脓了，难怪走起路来一瘸一拐的。我还了解到了陈园长的一个秘密，她还有一副拐杖呢，为了不让大家发现，怕大家惦记她，工作分心，她就每天早来晚走，到学校就把拐杖藏在幼儿园大班教室的门后。原来陈园长上班都是艰难地走着来的，虽说她家离学校不是很远，骑自行车也就是七八分钟，但对于一个腿部关节处受伤的人来说，那是多么巨大的挑战！于是我就建议：“园长，姐夫每天都特别忙，孩子又没在身边，没人照顾您，您上班的时间得多疼啊！”我心疼地说，“要不您请假吧，好好休养一段时间，这个班的工作我一个人包了。”“傻孩子，我如果请假了，学校不更转不开了嘛，现在正是筹办大赛的关键期，学校正缺人手，我怎么能请假呢？我就是往学校一坐也会给年轻教师战胜困难的信心，谁忙不过来我也许还能帮上一把。”看着陈园长洋溢在脸上灿烂的微笑，我似乎懂了，原来她选择了她钟爱的教育事业，为学校贡献出自己的力量，能让她感到无比的荣幸与自豪。知感恩才能勤敬业，才会有这种工作状态，才能达到这种教师毕生追求的精神境界。

类似这样的事还很多，陈园长还负责学校的文印工作，她每天早晨不到 7 点就开始忙碌，晚上下班后也总是忙到很晚才回家；在大赛前几天更是放学后带伤坚持开核心教师会议，学校的大事小事老师们都会找她帮忙，在这繁忙琐碎的工作中，面对活泼好动、爱犯错误的大班孩子陈园长却不急不躁，她总是能以母爱般的温柔对待每位学生，耐心地给他们讲解，给他们制造童年的美好。

□ 本文作者与陈桂平老师（左一）在七彩教育同盟青年教师课堂展示活动中的合影

痛，并坚持着

晚上放学后，拖着肿胀酸痛的右腿，扶着栏杆，我一瘸一拐地，终于挪到了四楼，打开家门，一头栽倒在床上，再也不想起来了……

伯雍小学即将承办“京冀川鄂杯”青年教师展示课大赛，各项准备工作正紧锣密鼓地进行着。室内外文化、连廊文化要更新。年轻教师积极备课，准备迎接大赛的挑战。为展现伯雍风采，提高学生的综合素质，“童子功”要排练，参加大赛讲课的学生要分组培训。所有人都在忙碌着……

身为老教师的我，深感责任重大，丝毫不敢懈怠。而偏偏我的右腿又不争气。右膝盖半月板损伤，膝盖肿胀，酸痛难忍。这种病最忌讳“上下楼，长时间站立和走路多”。北京专家建议卧床休息并手术治疗。我们班的教室在四楼，上课且不说，身为班主任，升旗、送队、搞卫生等烦琐的事，哪一件不需要动腿呢？何况这段时间还要紧张地备战大赛呢？尽管每天坚持服用昂贵的药物，尽管每天晚上肿痛的膝盖都在烤电、药熏，可我的腿却始终没有多少好转。“屋漏偏逢连夜雨”，这不，“五一”加班时，右脚又扭了一下，脚肿得都不敢沾地，一个晚上擦了三次活络油，按摩了半个多钟头，第二天才勉强可以下地行走。再加上每天晚上还要辅导小升初的女儿……所有这一切，几乎要把一向不娇气的我击垮。我心力交瘁，真的想打退堂鼓了。可这时，一幅幅画面清晰地浮现在我的眼前……

“老郑，别着急，一切有我呢！”我的搭档，心灵手巧的张晓艳拍着我的肩膀慢悠悠地说。是的，有了晓艳，翠绿欲滴的荷叶上墙了；有了晓艳，栩栩如生的花盆儿捧出来了；有了晓艳，铺操场的废料转眼间变成了一棵棵苍松翠柏；有了晓艳，班里的学生更懂事了……

可又有谁知道乐呵呵的晓艳那几天腰正疼。那天加班，我和晓艳在教室剪着海绵纸，忽然我闻到了一股中药味，“哎，哪来的中药味？晓艳，你身上的吧！”“还不是你脚上抹的活络油的味。”她头也不抬地继续剪着。“不对呀，昨晚太累，我忘了抹，现在还疼呢！哪有这么大的味儿呀！”我嘀咕着。一会儿荷叶、荷花做好要贴上墙了，我拿起图钉和荷叶，刚要走，就听见后面“哎哟”一声，回头一看，晓艳一手扶着腰，一手扶着黑板，龇牙咧嘴，紧皱眉头。“你的腰……”说着我走过去，一把撩起她的外衣，只见她的腰上并排贴了整整四块风湿膏。难怪这么浓的中药味！看着她紧缩的眉头，我心疼地说：“去医院看看吧！”她只是淡淡地说：“我没事，别大惊小怪的。大赛要紧，这样的大事，咱一辈子能赶上几回?”此时我还能说什么呢？只是加紧了手上的活……

夜，静悄悄的，我的心却久久平静不下来。是啊，在学校师资力量奇缺，在即将举行大赛的关键时刻，我和晓艳妹妹这些“老病号”关键时刻也是豁出去了。我的膝盖本该“五一”就做手术，还是等暑假再说吧！

军　嫂

袁爱丽老师是一位军嫂，在学校承担会计工作兼音乐教师，丈夫在部队，常年不在家，一个3岁的女儿跟奶奶在湖南。一家三口聚少离多。女儿每次看到妈妈总是兴奋得不得了，黏在妈妈身上说这说那……在多少次的分别时刻，女儿很懂事地说："我要送送妈妈。"可送了又送，说什么也不肯和奶奶回去。袁老师知道女儿这是舍不得妈妈啊！只好哄着女儿，说："妈妈过几天就会回来了，到时候给你买好吃的，好玩的……"可孩子就是不肯放开小手。最终，还是由奶奶硬拉了回去。

为了去看女儿，又不耽误学校工作，袁老师要乘的车次往返时间都是在午夜，而且是仅有的一次往返，当别人还在梦乡的时候，袁老师常常是独自一人坐半夜里的火车去看女儿，再坐半夜的火车回学校。"京冀川鄂杯"教学大赛前夕，她又接受了本次大赛讲课任务，袁老师和她的团队又开始了紧张的磨课。大家一齐动手积极筹备大赛所需要的各种资料：文字、视频、图片、课件……在本校试讲，到兰坡小学试讲，再到人大附小试讲。一遍又一遍地试讲、修改，再试讲、再修改……就在大赛开始前夕，我们已经开始整理音乐教室时，她还在不断地完善着课件，力求精益求精。发现播放声音太小，就多方面找原因；即便是一张月亮的图片她也没有忽视，几次问我们：这个月亮圆不圆？看着貌似有些长了，再修改……直到所有人从任何角度看，这个月亮都是很圆的为止——她就是这么一位对工作一丝不苟的伯雍人。

袁老师付出的汗水终于有了喜人的收获。在她和团队的精诚合作下，她参赛的《小小的船》一课取得了圆满的成功，得到了各界人士的好评。评课的老师都说这堂课太精彩了，活泼、灵动，孩子们快乐地学到了音乐知识，是一堂很充实的音乐课……

光环的背后，她有着无限的辛酸，为了这次教学大赛，她已经半年没去看过女儿了，听见电话里孩子哭着喊妈妈，她不知在夜里流过多少泪水。闲谈时她常说，真的对不起孩子，这个军人的"光荣之家"却没有给孩子足够的爱。

白瓷茶缸

“感动伯雍人物评选大会，现在开始。”随着主持人的洪亮声音，大屏幕上飞速滚动着数张照片，“停”，这张照片定格在屏幕上。

“这个茶缸是谁的?”

“好像看过，很眼熟。”

“茶缸上还有字呢，看不太清。”

…………

会场上的猜测声一片。而我，太熟悉这个白瓷茶缸了，望着它，我心头一震，愧疚和感激一股脑地涌上了心头……

2014 年的 6 月初，七彩教育同盟的“京冀川鄂杯”青年教师教学展示活动在我校举行，由于我校教师缺员 20 多人，平时大家只顾上课，室内外的学生文化还是一年前布置的，所以，从 4 月底到 6 月初，全校没有放过一天假，这个白瓷茶缸，就是我在“五一”假期里加班的时候认识的，并且印在心迹深处。

“五一”加班，我既要试讲一节研究课，还要负责教室、大厅、楼道、地面的文化布置。我的搭档是曹玉英老师，她是班主任，要负责训练学生课堂素质和常规管理，我们两个一直配合默契，亲如姐妹，曹老师是伯雍的元老教师，平时我就亲切地称呼她“大姐”。

学校分工会刚一结束，曹老师就拉着我的手说：“艳凤，讲课才是这次活动最大的事，文化布置就交给我吧。”

“曹大姐，你身体不好，要多注意休息!”我们满心欢喜地拥抱了一下。

“五一”的上午，我们有四个老师要试讲，我排在第三个。试讲结束，又进行了教研，结束时已经是中午 12 点半。当我走出评课教室，发现还有许多教师仍在完善校园文化。我也回到自己教室，只见四面墙壁已焕然一新，大姐站在墙角，还在入神地画着、剪着，纸带在剪刀下欢快游移，别有一番景致。

“神速啊，看来真是老将出马，一个顶俩。”

大姐憨笑说："我岁数大啦，创新设计和电脑技术都不行，也就干干这体力活。看你满脸笑容，课一定讲得不错。"

"是的，大姐，到午饭时间了，回家吧。"

"一会儿，我让你姐夫送饭来，教室外面的数学展板，咱们争取一鼓作气，今天就做好，学校验收合格，我想明天请半天假，去医院看看我妹妹，癌症晚期，正在县医院住院。"

"您太应该去了。"

"是的，我自己有病可以不请假，妹妹的病，唉……"

她一口气没吐利索，就咳嗽起来，大姐一屁股坐在椅子上，眼含泪花，声音沙哑地说："艳凤，把讲桌上的白瓷茶缸端来，我吃点药就会好些。"

大姐这两天感冒，一直没有好。

"我不能影响你的情绪，影响你讲研究课。"大姐吃完药，故意岔开话题。

"你知道这个白瓷茶缸的历史吗?"

我摇摇头。

"这还是建校第一年的教师节，学校给老师们的纪念品，它陪伴我 25 年了。"

我接过大姐手中的白瓷茶缸，放回原处，然后，一边低头为大姐轻轻揉腿，一边听大姐的诉说。

"如今咱们学校举办这么大规模的活动，对于全面提升学校水平，千载难逢！我作为伯雍的元老教师，总不能关键时刻掉链子吧，你的事，也是我的事，都是咱们学校的事，还要照顾家里的事，没有一件是小事……"

一段朴实的话语，让我这个年轻教师愧疚不已。我平时想自己的事情多，想别人的事情少，大姐就是大姐！我望望那个年久普通的白瓷茶缸，它好像就是伯雍水桶的化身。

大姐坐在椅子上说："我喊一、二、三，然后咱们就站起来继续干活。"于是，我用左手与大姐的右手合掌而握，我的右手揽住大姐欠起的腰身，一起缓缓地站立了起来，此时此刻，我感到不是我在扶起大姐，而是大姐在带着我往上起。

我们一起站立起来的不仅是身躯，更是伯雍的灵魂！

橘子飘香

5 月 27 日大赛进入了倒计时，这天也是我妹妹患乳腺癌住院手术的日子，为了不耽误学校的工作，她住院期间我没请过一天假，每天都是利用放学的时间去医院陪伴。我患重感冒 3 天了，由于劳累，再加上喉咙隐隐作痛，声音开始嘶哑，腿也在示意：该休息一下了。“铃铃铃”下课了，精疲力竭的我一屁股坐在凳子上，嘱咐完注意安全，孩子们便撒着欢儿陆陆续续地跑出教室，喝水的喝水、玩耍的玩耍、上厕所的上厕所……趁学生都出去了，我就趴在讲台上准备休息一会儿。

“咚咚咚……”不知过了几分钟，学生已经陆续上楼了。叽叽喳喳讲话的声音，夹杂着孩子们的兴奋与激动，和着欢笑声，离教室越来越近。我没动，依旧迷迷糊糊地趴着。“嘘，轻点声，老师有病在睡觉！”一个男孩的声音。我听得出来，是班里的调皮大王陆晨昌。一下子，吵闹声戛然而止，只能听到孩子们蹑手蹑脚地走进教室的声音，小心地搬动凳子的声音，以及楼梯边传来的提醒声：“轻点声，老师在睡觉！”这时陆晨昌又蹑手蹑脚来到讲台前，把一盒插有爱心图片的感冒药和两个橘子轻轻地放下，转身向同学们做了个“嘘”的动作，高兴地回到了座位上。我仍没有抬头，但却闻到了淡淡的橘香。

爱劳动的高个子女孩——吴坤灿把自己没舍得吃的苹果小心地放在了讲桌上。坐在最后排的吴芊芊从口袋里掏出了两块糖也放在了桌子上。教室里不时响起孩子们的提醒声：嘘，小点声！小点声！

一阵剧烈的咳嗽迫使我不得不抬起了头，陆晨昌赶忙跑到讲台前，用稚嫩的小手迅速地拿起了刚才他放在这儿的感冒药：“老师，快把药吃了，我吃过这药，可管事了，早吃早好啊！”他歪着小脑袋，眼睛一眨不眨地望着我，那神情倒像他在哄孩子吃药。一股暖流迅速从我的心底涌遍全身。我的药还没咽利索，他已经剥开了橘子，掰了一瓣儿在我的嘴边等候着，说：“老师，您吃瓣橘子压压，省得药苦。”橘子还没入口，那浓浓的橘香早已飘进了我的心田。

多可爱的孩子啊！第一节课我还严厉地批评他上课不动脑，要他去请家长……此时，一丝温暖涌上心头。

上课铃快要响了。孩子们都在教室里，静静地坐着，趴着，轻轻地交谈着。看到我吃了药，咳嗽已经平息，都笑眯眯地望着我。那是满意的笑、宽慰的笑、充满爱意的笑！我站在讲台上，只说了句："好孩子，你们都是懂事的好孩子，老师谢谢你们！"调皮蛋陆晨昌居然有些不好意思地脸红了，他冲我做了个"V"的手势，笑着说："老师你放心，我今天晚上一定写完作业，再不让你为我的学习着急了，我保证！"我情不自禁地一把将他拥在怀里，闻着他身上散发着的淡淡的橘香。那淡淡的橘香环绕着我们，弥漫着整个教室。

那橘香，是那样清纯，像一股清澈的泉水，在我病乏之时，带给了我慰藉，荡涤了我的师魂。是它，改变了我对学生的看法；是它，让我知道了如何教书育人；是它，让我更加坚定地在这条路上昂首前进……

淡淡的橘香哟，迷人的橘香……

有心栽花花亦开

周末在家里收拾屋子，电话铃响，马上拿起电话，“是杨老师吗?”“我是，您哪位?”“老师，我是项明珠。我忒想你。”随后一阵呜呜的哭声传过来。我不禁也哽咽……

项明珠，祖籍蒙古国，他八岁那年，父亲病故，生活变得艰难，1987年母亲带着他和弟妹四人，从蒙古国来到玉田。当时学校领导把项明珠安置在我班就读，挨肩的妹妹在五年级，最小的弟弟安置在幼儿园里。可能是在蒙古国生活惯了，还不太适应这里的教学生活，项明珠经常会出些小问题，不是不完成作业，就是课上打瞌睡，还真是叫人有些头疼。一天中午，我把他叫到跟前，语重心长地说：“项明珠，你课上打瞌睡，课下又不按时完成作业是会影响学习的。”他却说：“我的弟弟妹妹多，天天照顾他们就够忙的了，还要做家务，连睡觉的时间都被占用了，哪有时间做作业? 课上能不打瞌睡吗?”这样的话从一个孩子嘴里说出来，我很吃惊。此后，我不放过任何一个教育他的机会，多次找他谈话，却都收效甚微。过年的时候他又不顾我一再强调的安全注意事项，在家放鞭炮不慎把左手的两个手指崩掉了，开学见到我，他两眼一红就哭了，后悔没听我的话，我安慰了许久才止住。看着项明珠残缺的手指，想到他平时的表现，我陷入了沉思：该如何帮助他树立正确的思想意识呢?

3月，学校要举行“做文明的小主人”主题队会，我思量了半天，决定以“我要做自强的人”为题，开展班级主题队会。然后和学生一起找资料，排节目。我和班干部有意识地让项明珠参加节目排练，让他饰演小品中的一个男子汉，体现出人物的坚强和悉心维护家庭的责任感。项明珠排练很认真，下课背台词，回家的路上揣摩人物表情、动作，有一次太入神了，差点撞到路灯杆上。每天还总是时不时地找我，让我看看他演得行不行，像不像。队会正式开始了，项明珠精彩的表演博得了大家热烈的掌声，不知谁喊了一句：“项明珠，好样的!”项明珠的眼睛顿时湿润了。此时，我一看机会来了，就对项明珠说：“项明珠，你演得非常棒，大家的掌声就是对你的肯定。其实，生活中有很多事和你刚才演的小品是相似的。就比如，弟弟妹妹和你成为一家人，就是天赐的缘分，既然是一家人，就得扛着。希望你今后像你演得那个男子汉一样顶天立地。”经过这次队会后，项明珠深受鼓舞，做家务比原来更积极了，学习比原来务实了。我又时不时地找他聊天，鼓励他勇敢面对困难，做个顶天立地的男子汉，一个好儿子、好哥哥。

中午他和李明两个来了，我们一起在一家饭馆小坐叙旧。饭桌上，我知道项明珠目前在彩钢厂做保安，他母亲已去世，妹妹也在南关，找了个托底的人嫁了，可喜的是，他已娶妻生子，孩子上了五年级，弟弟还跟他生活，家里日子不富裕，但还能过得下去。

项明珠一边说，一边掉眼泪，我和李明也跟着唏嘘不已。项明珠说：“老师，您当时跟我说的话：弟弟妹妹和你成为一家人，就是天赐的缘分，既然是一家人，就得扛着。老师，我一直记着的。刚开始参加工作时，没有经验，放错了车位，被领导骂；拦错了车，被司机骂；到了月底还因为出错被扣工资，弄得差点连饭都吃不上。当时，一生气真想撂挑子走人，不在那儿受那窝囊气。这时候，那次班队会中我演的那个人就蹦出来了，于是又想到您说的话，所以，我忍了，在以后的工作中我留心观察总结，慢慢地就适应了。因为我工作认真负责，无差错，现在每年都被评为优秀员工。”他的抽泣声惊醒了我，我已经听呆了，他的诉说早已把我带回到了20年前。我意外，我惊喜，原来普通得不能再普通的一句话，普通得不能再普通的一次队会，竟然可以影响学生的一生。

现在，我虽然已经离开教师的岗位光荣退休了，但是，此刻我才明白：教师做的工作，尽管平凡得不能再平凡，但那是在铺就人生的旅程呀！

洋伯雍

一个草长莺飞的春日，我们班来了一个日本小朋友，他叫杨宇翔，今年7岁。他的父母是土生土长的中国人，大学毕业后，移居日本，入了日本国籍。杨宇翔浑身上下流淌着中国人的血液，而他生在日本，长在日本，已经七个年头了。初次见面，我上下打量着这个孩子，明显感觉和中国孩子不一样，浑身透露着一种说不出的异国气息。

当时，孩子的姑姑教孩子用汉语向我问好，孩子断断续续很吃力地说出了“老——师——好”三个字。接下来，宇翔便成了我们班上一名特殊的成员。

他动作敏捷，经常从桌子底下钻进钻出，从椅子上跳来跳去。我告诉他：“别跳了，这样很危险。”他瞪大眼睛看着我，然后接着跳，并用一口流利的日语与我交谈，我也看着他，可脑子里却是一片空白，他在说什么呀？全听不懂！是啊，母语对这个孩子是多么的陌生呀！一向心系学生安全的我很是茫然，不知所措。怎样与这个孩子进行交流，着实让我感到为难。交流成了挡在我俩之间的一堵墙。

怎样推倒这堵墙呢？仅仅是语言的问题吗？不。看着这个说着一口流利日语却几乎不会说母语的孩子，我心里很不是滋味，觉得自己作为一个炎黄子孙、一个龙的传人，有责任、有义务让这个孩子亲近母语、学会母语、运用母语。在以后的日子里，我就像教自己的儿子咿呀学语一样教宇翔学习汉语。

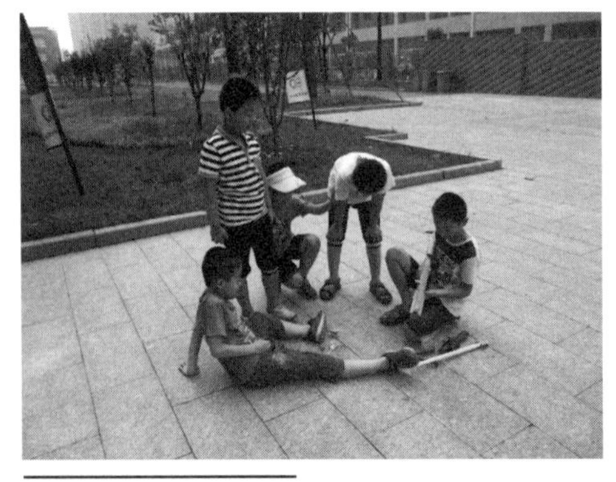

课上，别的学生写字时，我走到他的身旁，俯下身来给他补习汉语拼音，为了提高他的学习效率，我经常为他找来汉语拼音方面的音视频资料，并与他一起画图，做动作，逗得宇翔咯咯笑；课下，

我与他谈论的话题就更多了：文明礼貌用语、上学路上的见闻、奶奶家的新鲜事等等，海阔天空，漫无边际，宇翔的表述也经常逗得我开怀大笑。

我还专门组织学生与他一起做游戏，聊天。总之，我想方设法地创设情境，让他尽快亲近母语、学会母语、运用母语。

一天，在教学《王二小》一课时，我饱含深情地讲："王二小是个勇敢的孩子，他机智聪明，把日本鬼子带进了八路军的包围圈…… 最后，敌人用血淋淋的刺刀挑起了王二小，他光荣地牺牲了！"随即，请学生观看电影《王二小》，看着看着，同学们有的泪流满面，有的对日本鬼子充满仇恨，咬牙切齿，摩拳擦掌。这时，宇翔突然起身，大声斥道："不，不是这样的，日本人是不会杀人的！"班上的其他同学与他争执起来，甚至做出了要打架的样子，这是我始料未及的。

一场争斗虽然平息，可引发了我深深的忧虑：必须让这个中国孩子了解那段历史的真相，热爱我们的祖国。我感到身上的担子更重了。于是，我组织学生观看了《南京大屠杀》等好几部爱国主义影片，并对他说："回家后，你可以去问问你的爷爷、奶奶，看看他们怎么说，还可以上网查查相关资料。"几天后，宇翔找到我说："老师，我全明白了，原来我以前知道的不是真的！"我拍拍他的小脑袋说："希望你作为中日友好的小使者，拉起两国小朋友的手，好吗？"他点点头，我知道他当时并没有听懂，但我相信，这个孩子长大后会懂的。

一年后，他的父母回国，他用流利的汉语与爸爸妈妈交谈，当时，他的父母惊喜、兴奋、激动不已，紧紧握着我的手说："我们早应该送孩子回咱们自己的国家呀！"我说："希望你们回到日本后，尽可能多地用汉语与孩子交流，尽可能多地给他创造亲近我们母语的机会。"

一年半后，他的父母接他回日本，临行前，宇翔和我合影留念，他搂着我的脖子大声喊："我一定会回来的！"

宇翔一家坐飞机回日本了，我仿佛看到了一只"和平鸽"，正飞往大洋彼岸。

做

我们班有一个小男孩，叫曹凯。上课的时候总喜欢往小椅子上一靠，跷着二郎腿，一副悠闲享受的样子。手根本不放在书桌上，更别说写字了，好像老师和同学们做的一切活动跟他都没关系。成绩差得一塌糊涂。那天，我把他叫出来，和他谈了一次心。之后我再没找过他，因为我知道那些大道理他都明白。

对于小孩子的教育，说教一百次，也不如让他亲自"做"一次效果好，我想尝试用"做"的方法来改变他。接下来，我每天上课都观察他几次，不放过任何一次可以让他"做"的机会。

6 月的一节语文课上，我全神投入地盯着他。记笔记时我问："曹凯你在写吗?"他咧开小嘴，嘻嘻地说："跟着呢，跟着呢。"做巩固练习了我又问："曹凯，你做完了吗?"他紧锁着眉头，拉着脸说："您来教教我这道题吧，就差这个硬骨头了。"我连忙走过去，俯下身轻声地给他讲解，他听得很入神，以至于豆大的汗珠流过脸庞都没有去擦。我拿出纸巾，轻轻地为他拭去汗珠，他害羞地笑了，眼神中分明流露出一种期待与依恋。"老师，您也很热吧，我去开教室门。"没等我应声，一阵凉爽扑面而来。"好孩子，接着做吧，有问题我帮你。"我好像看到这孩子眼里噙着泪珠。

"曹凯，你帮老师擦擦黑板好不好?"

"曹凯，你帮大家开下窗子可以吗?"

"曹凯，连廊有个地方的文化建设需要打个字来修补一下，你愿意帮忙吗?"

每当这个时候他就高兴极了。可能他就是在"做"的过程中，既帮助了别人，又体现了自身价值，同时，在身心愉悦的瞬间发生了质的变化。

当然，他也经历了一个渐变的过程，经常写着写着又玩上了。这时，我赶紧鼓励他："曹凯，老师看见了，你正在改变，挺好的。"就是这样说着说着，七八天过去了，曹凯真的变了。上课知道听讲了，家庭作业偶尔不完成，我视为正常，继续鼓励他。两个月以来，他在各方面都有明显进步。

玫瑰花开

阳光洒遍校园的每一个角落，我站在走廊上深吸了一口寒冬时节明净而新鲜的空气，新的一天又开始了。我和往常一样，来到了教室，扫视着这群熟悉的孩子，当目光停留在迪里夏提身上时，他正专心致志地看着书，多好的孩子啊！迪里夏提来自新疆维吾尔自治区乌鲁木齐市，随父母打工来到我们学校就读，乌鲁木齐市的市花是玫瑰，我想，不仅不能让这朵玫瑰凋谢，而且应该让他开得更鲜艳。

迪里夏提的爸爸妈妈是农民工，为了生活，频繁换职业。他的童年是跟随爷爷奶奶度过的，不曾上过幼儿园。他的心思完全集中在如何玩耍上，毫无意义地消磨时间。在老家念到小学二年级的时候，爸爸在玉田承包了个小型建筑工地上的食堂，孩子也随着转到这里。家里忙的时候他会帮父母照顾生意、送外卖，他是家里的“小大人”，但他的学习成绩却不理想。语文、数学都曾有过单数分的记录。父母忙着赚钱无暇顾及他，只是在公布考试成绩的时候打他一顿，或者说一些“下次再考不好，不给你好日子过……”之类的咒骂。

我曾仔细观察过。他上课时，看似在听讲，其实心思完全不在课堂上；下课时，常和同学打闹，偶尔翻阅《蜡笔小新》一类的图书；回家后，先填饱肚子，然后就在工地的砖块中与其他孩子玩着“打打杀杀”的游戏，找各种理由不交作业。

我与他交谈后，发现他其实话挺多，但是谈话的内容却不积极、不健康：

“老师，这幢楼这么低，我很容易就能爬上去的。”

“老师，这么大的草坪，一把火就能烧个精光。”

“老师，今天爸爸跟别人打架了，别人抢了我们家的生意，我爸爸砸烂了他的摊位。”

“老师，今天我们工地上的人领了工资就聚赌，我爸爸和他们一起玩，赢了好几千元，还有人输光啦。”

而在做功课时，就完全没有聊天时候的劲头了，他会对着一道简单的数学题目发呆，我讲解一遍，他不吭声，再讲一遍，他茫然地望着我不说话；书包里经常装着双节棍、鞭子等各种“武器”，他滔滔不绝地向我介绍每件“武器”的来历和功能。可当我问他以后想做什么工作时，他说：“没想过！”

看着这可怜的孩子，我想到了百家论坛上的帖子：“拿什么奉献给这些飘飞的蒲公英——流动的花朵？让他们像城里的孩子一样享受阳光的温暖，开出灿烂的花来。”于是，我从小事抓起：引导班上的同学多帮助他，组织开展积极向上的班队会活动，使他受到爱的教育，感受到人间的温暖；经常从《读者》等书上摘录有意义的小故事，课下读给他听，并让他谈谈感受；及时地抓住他身上的闪光点加以表扬，即使是他说了一个很平常的词语，即使是他弄懂了一道很简单的题目，我也会说：“你的脑子越转越快了，一点就通。”

“这篇课文这么快就能背诵了，证明你很聪明。”

“你的字写得真不错，要是听写再准确些那就可以贴在展览板上给大家欣赏了。”

…………

当然，我对他生活上的行为都会进行评价，比如，你帮助伙伴了，你今天桌面真整洁等。为了让他的课余生活更丰富些，我还帮他从图书馆借了《格林童话》、《十万个为什么》等课外书籍，他渐渐对看书感兴趣了。

三个月后，他就会常常说这样的内容了：

“老师，春天到了，柳树的枝条好像姐姐的长发垂在空中，摇摇摆摆，又好像在荡秋千。”

“老师，原来春天的绿色有许多种：草是浅绿的，有点黄，有的草也是碧绿的；松树是墨绿的，绿得发黑。”

“老师，今天老家来亲戚了，我和他们用家乡话聊天，很开心，我都有点不想回新疆老家了，因为这里就是一个幸福的大家庭。”

孩子的笑脸，就像盛开的玫瑰花。

亲情，一个都不能少

下课铃声与手机铃声同时响起。走出教室，我接通了电话。“喂，请问您是陆老师吗？我是李彦颖的叔叔，今天是她的生日，我从百里之外的老家赶来想看一看她，老师您可能了解孩子单亲家庭的情况，她爷爷想起这个孩子经常睡不着觉，但爷爷腿摔坏了，来不了，我想让这孩子跟他爷爷通个话，老师拜托您了，请让我见见她。”他的话接近于恳求，但我不好给他答复，因为我需要跟孩子沟通，我了解这孩子，她性格内向，也比较倔强，缺少同龄孩子应有的天真活泼。

放下电话，我走回教室，把李彦颖叫了出来，为了避免她紧张，我先对她说：“老师祝你生日快乐!”她很惊讶，继而面带微笑说：“谢谢老师!”“很奇怪老师知道你的生日吧?”孩子点点头。“我是从你的叔叔那儿知道的，你还记得爷爷和叔叔吧？爷爷很想你，但他腿摔坏了，不能亲自来给你庆贺生日。不过，爷爷派叔叔过来了，想见你一下，可以吗?”孩子很肯定地回答了我：“不行，妈妈不让见!”她的回答也在我的意料之中。“那我跟妈妈通个话，征得妈妈的同意，可以吗?”孩子点点头。

我知道，我将面临更难的沟通，因为我以前跟她的母亲见过面，也交流过，她妈妈是个很倔强的人，估计和她沟通会让我陷入尴尬境地。但为了孩子，我还是拨通了电话：“您好，您是李彦颖的妈妈吧，我是李彦颖的老师，今天是孩子的生日，她的……”她很敏感，还没等我把话说完就说：“她爷爷又来了吧！不让见。”“不，情况有点特殊。”我忙解释，“爷爷把腿摔了没能来，但很想孩子，想跟孩子通个话，委托叔叔过来的。”“那也不行，我怕耽误孩子学习，你告诉他，孩子过得很好就行了……”我想单亲家庭的孩子教育难，恐怕就在于此吧。妈妈心里的那份怨恨，对孩子健全的人格形成怎么会没有影响？“您别激动，作为孩子的老师，请您听我说两句行吗?”我继续跟她说着，“我知道您肯定有您不让见的理由，但您有没有考虑过孩子？这份亲情、这份爱，孩子是需要的。多一份爱，对孩子的心灵的健康成长，是有利的。如果您同意，我会跟孩子一同去见她叔叔，不会让他把孩子带出校园，也不会让孩子耽误上课，因为现在是大课间活动时间，有 20 分钟呢……”最终，在我的劝说下，她答应了。

为了让孩子放松心情，我握着她的手边走边跟孩子聊着天。“妈妈把你带大，很辛苦，这份爱，我们是一辈子要牢记在心的。但你也要知道，还有很多人都很爱你，老师、同学，还有你的亲人，被这么多人爱是多么幸福啊!”

说着，我们来到了一楼的门厅，叔叔一见我们出来，一路小跑奔过来，一下子把孩子拥在了怀中。说实话，当时那场面，真的让我很感动。这一个拥抱，恐怕有千言万语都包含其中了。孩子还是表现得很腼腆，没有说一句话。

“用手机跟爷爷通个话吧，他很想你。”叔叔说。孩子看了看我，我点了点头。叔叔已拨通了电话。爷孙俩交谈着，只听到孩子在“嗯嗯……”地答应着。放下电话，叔叔又塞给了孩子 200 元钱。让孩子买个生日蛋糕和喜欢的学习用具。终于，叔叔如释重负地说：“谢谢老师，是您让我们了却了一个心愿!”

回来的路上，我搂着她，边走边夸奖她做得好。进了教室，正好上课铃声响起。我没有直接讲课，待同学们都坐好之后，我说：“今天是李彦颖的生日，我们一起祝福她吧!”没等我喊“一、二”，大家异口同声喊：“祝李彦颖生日快乐!”这声音比平时回答问题的声音还响亮。

话音刚落，活泼的班长轩宗园站了起来，说：“老师，我们一起给她唱生日歌吧!”于是，同学们又拍着手齐声唱着生日快乐歌，我走到她的跟前，给了她一个拥抱，同学们也纷纷用不同的方式送上生日祝福。

我想这个特别的日子，她得到了所有爱她的人的爱!

“种”爱

花朵因为有了太阳的爱才姹紫嫣红、绚丽多彩；山川因为有了风雨的爱才千姿百态、奇峰罗列；孩子因为有了妈妈的爱才健康活泼、聪明可爱；教育正是因为有了老师的爱才桃李芬芳、花香满园。

那天，我正口若悬河、神采飞扬地给学生们讲着诸葛亮唱的那出“空城计”，忽然一个学生大声喊道：“老师，吴坤灿吐了！”随之一股难闻的气味在教室弥漫开来。吴坤灿的同桌像被马蜂蜇了似的，一下子蹿了出去，躲得远远的，周围的同学也纷纷捂上鼻子，皱着眉头，一副厌恶的样子，有的还小声嘀咕着“臭死了，臭死了”。看到这些，我没有责备他们，毕竟他们还只是小学三年级的学生，在家里还是被父母照顾的小宝贝。我迅速地从包里取出纸巾，来到吴坤灿的桌前，只见她的桌罩上、胸前已经全是吐出来的脏物了。说实话，那味道，弄得我自己当时也差一点吐了。此时的吴坤灿还蹲在地上不停地吐着，样子真叫人心疼。我蹲下身轻轻地给她捶着后背，不停地给她擦着嘴，安慰着她：“别怕，有老师在！”看着我擦去吴坤灿嘴边、胸前、桌子上的脏物，看着我用自己的水杯给吴坤灿漱口，看着吴坤灿感激地看着我……同学们捂着鼻子的手，慢慢地放了下来。吴坤灿的同桌红着脸，一句话也没说，只是抢过我手里的抹布，使劲地擦起了桌子，其他同学也纷纷围在吴坤灿的身边，有的轻轻地为她捶捶背，有的为她端来了热水，还有的问她感觉怎么样了……纯真的爱，瞬间溢满教室。

伯雍人大爱的种子，已经在孩子们的心中发芽了。正是在这种爱的氛围中，同学们感受着爱，也弘扬着爱。从那天起，哪个同学再吐了，有人会主动为他收拾脏物，有人会为他打来漱口水；哪个同学彩笔忘家了，有人会主动把笔递到他手里；下雨天哪个同学没带雨具，有人会把自己的伞举到他的头顶；哪天孩子们看到我微皱眉头，转动僵硬的脖子，就知道我的颈椎病犯了，就有孩子拉我坐下，团团围在我身边，用他们温热的小手，一本正经地捏捏我的脖子，再捶捶我的后背……

“种”下一颗爱的种子，收获一片爱的蓝天。

第六章　提升

"换背景"

我一参加工作，就在玉田县最西端的一个偏远乡镇——林西，在那里一干就是十多年。

周而复始的工作，一成不变的生活，消磨了我的意志，摧毁了我的激情，也使我染上了职业倦怠症。如果平时闲聊，就会谈笑风生，看不出有任何病状，可遇到工作任务，大脑就常常陷入"死机"状态，对什么都提不起兴趣。专家讲座我不屑一顾，听课开会我嗤之以鼻。我都是三十多岁的"老丁"了，还培训学习干什么?

去年，我进入了伯雍，在这里，我看到的却是另外一番景象，我看到鬓染霜花的老教师奋战在一线，岁逾半百的大姐坚守在教坛，年且五十的校长还怀揣着走向世界的梦想，如此等等，一下子让我沐浴在七彩教育同盟的光辉中，我的内心也受到了极大的冲击，对自己以前的状态感到汗颜。这里的大多数教师都亲切地称呼我"小丁"，我一下子也找到了年轻人的感觉，真不该得过且过呀！不，我要重新振作起来。

说来也巧，恰逢隔壁班的李淑会老师，她不仅是我生活中的大姐，也是我工作中的"催化剂"。

淑会老师快50岁了，工作中却从未止步。遇到晦涩难懂的词，她查阅资料，不怕麻烦；碰上不理解的问题，她积极向他人请教，从不偷懒；她对电脑不太精通，学校让制作幻灯片上传材料，她不会换背景，我告诉她，内容是主要的，背景什么样无所谓。她却说："我学习学习换背景，背景是衬托主题内容的，衬托好了主体才突出呀，如果学会换背景，不就又长了一个新本事?"她让我教她怎么做，我演示一遍，她仍似懂非懂，一脸茫然。

我说："我给您换好吧!"

她说："我先自己试试去吧!"

随后她就去了自己的教室。过了一会儿，我去教室找她，发现她眉头紧锁，嘴里喃喃自语："怎么不对呀？都变成一样的了。"我见她的汗水都滴落到了键盘上，再次表示帮她做，她依旧说："我自己试试吧！实在不

会再去找你。”

快放学时，她笑容满面地过来找我：“小丁，我会换背景了，还挺有意思!”

“挺有意思”这几个字如一颗颗石头，在我的心海上激起阵阵波澜。我不会做的事，总是希望有人替我做好。而李老师比我大十多岁，对什么事却还是本着亲力亲为的原则。每了解一个新鲜的事物，学会一项新的技能，她都会十分高兴，因为自己又长了一个新的本领。李老师学会换背景的事情，深深地触动了我，这不就是教师要“活到老，学到老”的典范吗?

淑会老师换的是“背景”，我换的是“思想”。

“压堂”不压抑

这是一节普通而又特别的综合实践活动课，主要内容是我县的特色农产品——大白菜，这是我们伯雍小学第一次在中国人民大学附属小学面前展示我们的开放课堂。作为主讲教师的我，感到非常荣幸。

整个活动有序地进行着，在巡回指导时，我发现刘怡静同学在讲台附近的桌子上专心地画着国画——白菜，我走过去，她高兴地对我说，她想把这幅画送给人大附小的郑瑞芳校长。精致的作品、新颖的创意，我点点头，微笑着拍了拍她的肩膀。

时间一分一秒地过去了，当刘怡静走上台，举起自己的绘画作品，把它赠送给了郑校长，时间刚好39分钟，再有一个短暂的小结整个活动就圆满结束了，就在这时候，刘怡静又提出讲画家齐白石“用一棵白菜画换一车白菜”的故事。几位老师提醒我注意时间，我也发自内心地希望整个活动在40分钟内完成，为这节课画上一个完美的句号，压堂可是教学展示活动的大忌。于是，我走到刘怡静的身边，轻声和她商量：“你看，今天的时间到了，你的故事可以下次讲吗?”她看了看我，又看了看周围的领导和老师们，没回答，默默走下讲台。不难看出，她有多么强烈的欲望，要把这个故事讲给大家！我几番心里挣扎后，爽快地说：“下面，还是有请刘怡静同学为我们讲完这个关于白菜的故事吧!”

小静深深吸了口气，站到了台前，讲了起来：

临近冬天，在一条大街的角落里，一个乡下小伙子正守着一车白菜吆喝，脖子伸得老长。小伙子猛一抬头，忽然发现面前站着一个白胡子老头，戴一副小圆眼镜，正看着他一车白菜出神。他一下认出来了，这不是大画家齐白石吗？他笑着说：“您要买白菜？不卖!”

小静一边说，一边跟着故事里的情节做起动作来。同学们侧头蹙眉，冥思苦想地摸着头，不知何故。听小静接着讲下去：

小伙子不紧不慢地说：“您画一棵白菜，我给您一车白菜!”齐白石提笔就画出来了。小伙子接过画，把白菜全放下，拉车就想走。齐白石忙拦住他，笑笑说："这么多菜我怎么吃得完?"说着，拿几棵白菜走了。

小静随着故事里的人物，时而大声，时而小声，时而哈哈大笑，引得听课的教师笑得前俯后仰，向她伸出大拇指。

她的故事讲得很精彩，我的眼前浮现的都是她绘声绘色的表演，我深深为自己当时的犹豫感到羞愧。当故事结束时，我真诚地走上台，扶着她的肩膀，当着现场所有的人向她道歉："刘怡静，我差点埋没了一个'故事大王'，你的故事很精彩，我们大家都很感谢你!"

人大附小的郑校长在评价这个小细节时，这样说道：今天课堂的结尾，不是"画蛇添足"，而是"锦上添花"，作为一名教师，要时刻把学生的需求放在首位。

这节课历时45分钟，压堂，一节并"不完美"的课，可我们追求的不应该是课堂形式上的完美，而是应该满足孩子们的求知欲望!

此地无银三百两

2014年6月，伯雍小学承办了“京冀川鄂杯”青年教师成长展示活动。我报名参加了校本学科的课堂展示。

由于玉田县没有专任的校本教研员，校本课程研究经验全无，我就从我校的“伯雍文化”出发，设计了一个实践活动“粽子中的伯雍味”，让孩子们在活动中感悟“伯雍精神”，即大爱、大气、大智、大勇。第一次教研，选题被否，理由是：本次展示活动面向全国，要从大局出发，选题要大气。于是，周校长重新为我选题“唐山陶瓷”。

我自身对“陶瓷”没有研究，为此周校长联系了渠河头中学校长齐学正，他有多年的收藏经验，对陶瓷很有研究。齐校长为我详细讲解了“陶瓷发展史”和“陶瓷的烧制及辨别”，并为我展示了许多陶瓷名品图片。于是，我备了一节名为《美丽唐山　魅力陶瓷》的小课题研究成果交流展示课。由于对唐山陶瓷的生疏，我和学生只能通过报刊、网络、人脉等来收集有关唐山陶瓷的资料，并分类整理。第一次试讲，学生小课题研究得太浅显，交流中许多内容交叉，知识含量太少；辨别和实践环节也没有预期的效果。于是，我和王红艳、刘丽艳三人，引导学生做详细的小课题研究，指导学生系统整理资料。正在琢磨改进之际，唐山市教研室决定来我校为所有参赛教师作指导。唐山市教研室王力宽主任主抓校本，于是我们把教学设计和相关资料用邮箱发给了唐山市教研室。来学校听试讲的那天，试讲未开始王主任就把我叫到交流中心会议室，原来王力宽主任详细研究了我们的教学设计和相关资料，并向我们询问了一些情况，通过交流，王主任决定不再听试讲，原因是：我设计的这节校本课程不成立：（1）我校师生根本没有陶瓷研究的知识基础；（2）我们学校也根本不具备陶瓷研究的物质基础；（3）本节课只是把大家网络搜索的资料一起看一看，学生只停留在了解的层面，对唐山陶瓷的研究连皮毛都算不上。最后，教研员又补充一句，还是从你们学校自身的特色出发，再设计吧。

两次选题，数次修改都无果而终，我心里很焦急，到底什么是校本，该如何选题、如何设计课堂教学？这些问题在我心里萦绕，自己情绪也很烦躁。周校长建议，让我把以前数学话剧的剧本再整理一下，请王力宽主任指导，他忧心忡忡地接过我的剧本，静静地看着，不时皱皱眉头，挠挠头发，我心想：完了，又不行，我这块烂泥，还真扶不上墙。沮丧、无助，眼泪在眼眶里打转。当我已经给这个课题判完“死刑”的那一刻，王主任问了我一个问题：“这是你的原创吗?”我无精打采地点点头。他又问：“这样的活动你们还在坚持吗?”我简单地回答：“做过两次，但一直没得到教研室的认可。”他微微一笑：“这就是你们的校本，从伯雍文化出发，有你们特色的校本活动，这很好，就讲这个，而且一定要坚持!”“啊?”我当时反应不过来，问题就这么简单吗？这时，校长和玉田县教研室陈主任走进来，王力宽主任对这个想法大加赞扬，而且鼓励我们一直坚持下去，看着领导们渐行渐远的身影，我心里五味杂陈，但却有一股甘甜占据了主流。原来，校本我们一直在做，只是由于各种阻力，致使我们徘徊才没有靠岸，今天王主任一席话犹如引航的灯塔，为我们找到了停靠的港湾。峰回路转了。

接下来的日子，我便着手准备原来的数学话剧剧本，在原来的剧情里加入了动手操作，组织学生开始排练，预演过程中数次修改剧情及形式并最终定稿。

大赛那天，我和孩子们出色地完成了任务，赛后，人大附小金立文老师为我点评，首先指出，表演是孩子成长中必不可少的，一次表演的经历会给孩子人生丰厚的财富，但金老师又指出，数学是抽象的，有时需要用具体的形式来表演，但是，不是所有的数学知识都适合话剧表演。金老师的点评是中肯的，也为我校校本今后的发展指明了前进的方向。

通过这次活动，我深刻体会到，不是我们没有做过校本活动，而是我们已经做过许多，由于没有权威的引领和上级的认可，我们才自疑而不自信，自闭而不开放，更谈不上敢于大胆展示我们的校本成果。我为自己庆功，用自身的教育经历，为伯雍小学校本课程找到了归属！

还想再上这节课

2014 年“京冀川鄂杯”青年教师成长展示活动已经圆满落幕，手捧校长亲自颁发的奖杯，听着一句句满怀期待的话语，我发出了由衷的感叹：如果有机会，我还想再上这节课！

早在 4 月初，学校为了让每一位讲课教师高质量完成任务，精心挑选了备课团队，我的语文团队成员有：张淑杰、王红艳、李会艳三位优秀的语文教师。我们的工作进展得很顺利，《毕业赠言》教学设计很快完成了初稿。

第一次试讲后，孩子们或拥抱老师，或拉着同学，泪眼蒙眬，整个教室被忧伤的氛围笼罩着。如果只有忧伤，显然不是我们最想要的效果。经过研讨，我们觉得是整节课的情感基调出了问题，不管是图像资料，还是背景音乐，都过于伤感和煽情。

策略马上出来了：先是利用课下时间和孩子们聊天，谈论关于毕业的话题。大家各抒己见：小学毕业，意味着我们长大了，不再是小孩子了；我们的人生迈向又一个新的起点；我们将有更加美好的未来……这不正是我们期待的吗？我心里暗暗高兴：这一招，成了！

接下来，我们找到了同学们参加学校活动的录像。视频中，每一张童真的脸上都洋溢着幸福的笑容，记载了他们六年的成长。主要问题得到了解决，我们又修改了很多相关的细节，投入新一轮试讲中。

然而，问题又出现了——因为课堂可供参考的素材不足，学生写出的毕业赠言总是不尽如人意。巧妇难为无米之炊啊！

我想起了自己的毕业册，一直伴随着我，时时翻看，爱若珍宝，它不正是最好的素材吗？

再次试讲，我充满了期待。果然，这份珍藏了 19 年的友情，带给学生不小的震撼，赠言背后的故事，深深感动了他们。

随着大赛的临近，课堂所展示出来的效果也越来越好。我们并不满足，希望能找到课堂上新的闪光点，可是再三研讨，实在是无法再有新的突破了。

只好求教了。来到校长室门口，只见唐倩老师急匆匆走了出来，一问才知道，早晨，唐老师见到校长，知道校长没吃早餐，就想把自己带来的八宝粥和火腿肠送给周校长，来到这里才发现早已不见人影，办公桌旁只留下了一件来不及换洗的厚上衣，要知道，这时已经是5月下旬了！为了圆我们的名校梦，校长不知多少天没有回家了！

回到研讨小组，多少有些失落，就在我们一筹莫展时，周校长来了，看着校长日渐消瘦的身影，我们真是不忍心再给他增加负担了。周校长聆听了我们的心声，了解我们的困惑，却热情洋溢，思维的火花闪烁着智慧的光芒："光有情感是不够的，我们要把学生对未来的梦想与我们的中国梦、世界梦联系起来。"我们可以把这些梦想用全班合作的形式，共同完成"中国龙"作品。

通过共同的研讨，具体的细节也勾勒出来了。

当大赛的钟声敲响，我们也到了收获的时刻。

课堂上，既有教师巧妙点拨，又有学生的精彩表现和课堂的现场生成；同学们时而凝神冥想，时而热情奔放；课堂上一会儿传来激动的话语，一会儿又是真诚的拥抱……

伴随着欢快的校歌，巨幅的《云起龙襄》呈现在大家的面前，全场响起热烈的掌声。

一次次精心的设计、一个个独特的创意，都成为课堂精彩生成的亮点。那魅力无限的课堂带给我和孩子们的感动与成长，岂是一座小小的奖杯能够承载的？

我忽然发现，这并不是简单的教学展示，更像是一次难忘的心路历程。一路走来，我提高了教学素养，提升了个人修养与品位。

当大赛的帷幕徐徐落下，我们又回归了平静的生活，盘点自己的收获，回望这节课的环节，我的内心无法平静：如果展示的环节再多叫几个学生不是更好吗？如果背景音乐声音再小些，凸显出孩子们祝福的话语，效果不是更好吗？如果我的点拨再到位一些，学生的主动性不是能更好地发挥出来吗？看来，没有最好，只有更好！内心深处不禁涌起这样一个愿望：如果有机会，我真的还想再上这节课！

石头开路，水桶收尾

在“京冀川鄂杯”教学大赛上，我讲的是三年级下册的品社课《分享的快乐》。在这节课上，通过对物品和智慧的分享，着实让孩子们感受到了分享的快乐。

在备课过程中，我的教学设计经过了16次修改，既有学校备课团队和县研训中心老师的指导，还有市小教研室袁主任的点拨，人大附小的德育权威李老师也提出了自己的见解，他们都为课堂出谋划策，这节课凝聚了许多人的心血。我印象最深的是：有一次，晚上10点多了，研训中心宋智慧老师还和我用手机短信交流这节课的设计方案。

大家的建议，我觉得都有道理。但我的课堂思路还不是很清晰，因为大家指导得越多，我越是不知道选哪种方法好了，就好像好东西多了，却不知道先吃哪个，该吃多少，感觉一点把握都没有。眼看就要比赛了，而且再过两天，我就要在家长面前试讲了，这节课到底怎么上才更理想呢？我陷入了紧张、焦虑中。

怎么办？这时我想到了有一个人还一直没有参加过课程的研讨，因为他每天太忙了。他就是我们伯雍小学睿智又创新的周校长，请校长帮我定夺吧！可又一想，大赛期间，校长每天都在连轴儿转，能有空吗？我试试吧。

那天是5月31日，晚上放学后7点，我去找校长。刚上三楼，就看见校长室外有很多人，排队等着跟校长汇报大赛的事情。校长果然忙得不可开交啊！先是广告公司的负责人进去跟校长说学校展室的设计情况，然后王志华老师进去汇报下午会议内容，接着贾卫忠老师汇报七彩教育同盟学校的外联情况，随后陈永生老师汇报塑胶跑道进展……

等啊等，时间不知不觉已到了8点半，终于轮到我了！看来今天没白来。我敲敲门走进校长室，看见校长还在埋头写着什么。校长看见我，疲惫的脸上露出了微笑，说：“淑良，有什么事需要我帮忙？”我赶紧对校长说：“校长，我的课还是把握不准，想请您指点指点。您还有空吗？”此时，校长看了看表，沉思了一会儿，说：“一会儿我要先去看看工人的施工情况，10点还要去教育局跟孙局长汇报一下我们大赛的进程，明天吧，等我电话行吗?”我只好说：“好吧，那您先忙吧!”

哎！我的希望一下像肥皂泡一样落空了。校长这么忙，哪还有时间指导我们的课呢?说是明天，明天是端午节，学校放假啊！校长明天会不会休息或忙别的事呢?他会不会把我课的事忘了呢?我怀着忐忑不安的心情回家了。

周校长心系大赛。晚上11点，我意外地收到了校长发来的短信：明早来学校试讲，争取第一个！啊，有希望了！我欣喜若狂。6月1日，记得那是我们伯雍小学在两个月中，唯一的一天休假，我早早起来，带着几个学生来到学校。没想到校长来得比我还早！而且校长还有今天听课的课表，上午要听六节课呢!

开始试讲了。校长先是坐着听，一边记录时间，一边记笔记。他时而点头，时而皱眉，时而望望窗外，一堂课下来，整整记了满满两张A4纸。

我讲完后，校长站起来走向我，微笑着提出了自己的观点：“本课分享的物品要让学生感兴趣，要有资源共享的理念……”听完校长的建议后，我还是一知半解。校长看我迷茫的样子，干脆就站到了讲台上声情并茂地给我做示范：怎么导入，怎么板书，怎样指导学生在分享中体验到快乐……

最后帮我彻底理清了教学的思路——“用石头开路，用水桶收尾”：用《石头汤的故事》导入，中间用《司马光砸缸》的故事承上启下，最后用“快乐水桶”拓展延伸来收尾。周校长还鼓励我说：“淑良，大胆地讲吧，这节课错不了!”

星星老师——龚老师

韩剧里有一位来自星星的都教授，我们伯雍小学有一位星星老师——龚老师。这是因为她最喜欢用星星奖励同学，所以我们班的孩子给她起了这个好听的名字——星星老师。

今年我教一年级，兼任语文、数学教学和班主任工作。对于刚上一年级的小学生，我非常注重培养他们良好的行为习惯。经过一段时间的观察，我发现有一些学生做题总是慢慢腾腾，经常边写边玩。每次都是我刚提醒过注意答题速度，可孩子们认真做一会，又玩上了。我反复督促，却不见成效。于是，我就及时向家长们反映了情况，家长们也没什么好办法，说在家里写字更慢，弄得我束手无策。

后来，由于工作需要，龚艳玲老师调来我们班教数学，可把我高兴坏了。因为小龚的脾气特别好，她带出的学生成绩也好，习惯更好，而且龚老师备课、讲课、判作业都在教室，别的教师上课她经常不出教室，顺便协助其他教师看护学生。我一直非常佩服她的勤奋，又感慨自己总是追不上她。机会来了，这回一定要和她好好学学了。

龚老师一来，我的问题果然迎刃而解了。比如，让学生做题，这件再普通不过的事情，龚老师不是像我一样，等做得慢的学生做完再讲，而是谁先做完，谁先找老师判。前 20 名做完并且全对的就奖励一颗星星，并有资格给其他同学当小老师。很快，一名同学做完了，给龚老师送来了。龚老师很快判完了，高声说："王纯蕴同学全对了，去印一颗小星星吧。"王纯蕴高兴地笑了，又看了一眼周围的同学，假装严肃地板板脸，终究是憋不住，带着一脸的幸福，高高兴兴地去印他的小星星了。又一名同学做完给龚老师送来了，龚老师大声宣布："张宸瑄同学全做对了，可以印一颗小星星!"刘文博急急忙忙给老师送来了，龚老师微笑着对刘文博低声说："有错误，回去改，别着急，再认真些!"为了得到小星星，同学们既要快速答题，还要认真思考，不能答错一道题。龚老师的小星星使同学们的积极性空前高涨，都争先恐后地排着队来送做完的习题。连平时做题最慢的赵星凯也做完了。赵星凯低着头，用眼睛偷偷瞄着龚老师，慢吞吞地走到前面："老师……"把习题递给了龚老师。"赵星凯做得非常好，你只错了一道题，一会儿老师帮你改正，不过，你做题的速度大有进步，老师仍然奖励你一颗进步星！"赵星凯先是一惊，随后羞涩地笑了。在做完每一份习题后，龚老师都要针对孩子们存在的问题马上讲一遍，绝不等到下一节课或第二天。对于她的教学艺术，我真是太佩服了。

我还亲眼看到，有一个学生一道错题改了七次还没改对，经过老师的耐心讲解，第八次终于改对了，龚老师奖励了他一颗进步星，学生的脸上露出了开心的笑容。对于她的耐心，我也是佩服得五体投地。

龚老师奖励给孩子们星星不只是停留在做题上。上课的时候，积极发言且讲得特别出色的可以得到一颗积极出色"红色星"；平时不爱发言的同学，敢于回答问题，可以得到一颗勇于进取"黄色星"；讲卫生，随手把垃圾扔进垃圾桶里，可以得到一颗环保卫士"绿色星"；帮助同学，可以得到一颗助人为乐的"蓝色星"。

龚老师真不愧为星星老师。她用爱心和睿智，使一个沉闷的班级"星光灿烂"了！

识用英语课堂初感

放学后，我准备去扔工作室的垃圾，在楼道上遇到了正在做值日的三（3）班张恒和张奕凡同学。这两个同学看见了我，马上抢过我手里的纸篓说："老师，让我们来吧！"我随口说："Thank you!"他俩打个愣，笑着"嗯"了一声就走了。我立刻叫住他们说："你俩帮助我，我感谢你俩说'Thank you!'你俩怎么不回答呀？"他俩挠着脑袋互相看看，很难为情，张张嘴，没说话。我说："你俩现在就回教室问其他同学，再来用英语回答我，OK？"

我很奇怪，课上已经学过"Thank you——You are welcome"的口语了，他们也背下来了，可在生活中怎么不会用呢？我同事还开玩笑说："你看，孩子帮你干点活，还这么为难人家！"我说："这才是锻炼他们口语的好时候呢！"

这时，两个孩子回来了，张奕凡红着脸说："老师，我会说了，应该回答'You are welcome'。"张恒也回答："对，我们应该对您说'You are welcome'。""OK！一定要记住啊！明天我还会问你们。"我拍拍他俩的肩膀说。

第二天，我去教室上课，我向张恒借红笔用，并说"Thank you"，他笑着说："You are welcome!"我摸着他的脑袋说："Good job!"

从这件事发生后，我才真正感悟到，课本中这么多对话，这些天都白学了，除了课上会说会背，课下就是哑巴了！不行，英语是用来交流的，应该让英语生活化，把生活搬到英语课堂上。

在讲 *Food and drink* 一课时，我把学生分成四人一组，每组一个组长。由组长负责安排每个人从家里带来食物和饮料，没有实物的就出示图片。第二天，我把女儿吃剩的薯条和老公的咖啡拿到教室，又跟同学们借些 bread、milk、juice、water 等，摆满了整个讲桌。孩子们看见了直喊"Wo!"我抓住这个机会，邀请几个孩子扮演客人，并随即拿起薯条对其中一个孩子说："Have some french fries!"（吃点吧！）她很自然地接过说："Thank you!"就这样把教室模拟成家，各小组成员分别扮演主人和客人，很顺利地学完单词和对话，我让他们说说这几个单词和句子分别用在什么场合中、什么人之间。孩子们都回答得很好。大家的兴趣还意犹未尽，下课铃响了，我布置的家庭作业就是——回家和父母一起表演。

过了几天，三（2）班杨阳的家长给我打电话说："刘老师，杨阳近来在家吃什么、喝什么全说英语，还让我跟她一起说，我也听不懂，咋办?"我说："真的? 别急，你只要听她指挥，做好倾听者，鼓励她就够了!"我心里暗暗高兴：在生活中学英语，孩子们才有兴趣，才更有意义，才是学习英语的真谛。

通过教学实践，我终于感悟到了周校长提出的"识用教育"的内涵：课堂上的学习情景要生活化，才能适合孩子学习，学后，孩子们才会自觉应用。

小老师诞生记

“同学们，这节课我们进行一个折纸船小比赛。”“太好了！”孩子们异口同声地欢呼起来。这是一年级的一节美术课，教学任务是折叠双底船。课前我对学生进行了解，几个动手能力强的孩子已经会折叠双底船了。“看谁折的纸船最有创意，老师就会给予特殊的奖励。”同学们听我这么一说，对这个特殊的奖励很感兴趣，迫不及待地动起手来，仅仅过了十几秒钟全班就有近一半的学生都折好了。然后，我们由各小组组长做评委，每组先分出船的不同样式，再从不同样式中选出最有创意的一个作品。

各组评选结束，轮到发奖的环节了，此时，教室里一片欢腾，大家都想看看今天特殊的奖励是什么。我拍手示意孩子们安静下来，大声宣布：“今天的特殊奖励就是——最有创意的三个同学当我们的小老师。”

我刚一说完，本来安静的教室一下炸开了锅：学生有点不相信自己的耳朵。“老师？他们能当老师吗？”“他们能教我们什么？”孩子们议论纷纷。再看那三个同学高兴得手舞足蹈。其中一个孩子高兴地跳了起来，他跑到讲台，对我说：“老师让我先来吧。”看着他胸有成竹的样子，我拍拍他的头说：“你可要好好表现啊！”他自信地点点头。我拍手示意，教室里马上安静下来。我高兴地说：“我们请第一位小老师讲解又快又好地折叠小船的秘诀，怎么样？”孩子们欢呼起来：“好！”小老师开始讲了。他一会儿把纸折成不同角度，一会儿又把那纸翻过来，一会儿又拿起笔在纸上画图案。他认真地讲解着，还真有点意思，脸上不时地露出微笑，眼睛里透露出兴奋和自豪。他的一举一动，又显得有些紧张。在这位小老师认真的示范下，大部分学生很快就学会了第一种方法。然后第二个、第三个孩子分别上台。每个孩子教得都是那么细心，那么认真，遇到动作慢的同学他还跑下去，帮着折好，俨然就是一位小老师，甚至比我做得还好。看着他们那种积极、负责的表现，我突然觉得自己找到了教育的真谛。

学生也是教学资源，被育人者也自育，何乐而不为呢？

面　子

“哦——哦——”还没走到教室门口，就听见教室里面有人大声嚷嚷。上课的铃声已经响过，我的心中不由地升起一股无名火。

我快步走到讲台前，大声说道：“铃声已经响过，没听见呀！谁嚷的，站起来!”同学们的目光都指向小海，可他就是不站起来，嘴中还嘟哝着：“我没嚷!”同学们让他站起来，他越发执拗起来。见他这样让我下不来台，我的火气更大了，便说：“再给你一次机会，到底嚷没嚷?”他固执地说：“我没嚷。”听见他的回答，我的气不打一处来，不容分说，一把就把他揪了起来。他用异样的目光瞪着我……

从此以后，他就像变了一个人，原本活泼的他变得沉默寡言了；课上积极回答问题的他，也默不作声了；课间休息时，也不和同学做游戏了。

看到他的变化，我开始反思自己的行为，当时，我只想着自己没面子，没有考虑到他的面子。这一揪，虽然身体站了起来，但是心却萎靡了。我感到深深的自责，当时应该冷静地调查、处理，给孩子也给自己一个说法。现在最重要的是怎么才能扶起那颗萎靡的心呢?

一天放学后，我到班级去拿作业，看到小海自己在值日，我想，这正是一个好机会，该和他谈谈了。我便亲切地问他：“小海，怎么就你一个人扫地呀? 你们组的同学呢?”他说：“我们组的人，家离学校太远，今天下雪了，路又不好走，我让他们先走了。”听了他这句话，我真是很感动。便说：“你真是个好孩子，一心想着别人。”他红着脸不好意思地说：“没什么，这是我应该做的。”我说：“你还记得那天发生的事吗?”他点点头。我接着说：“那天，老师揪你站了起来，是老师态度不好。我没有顾及你的面子，你能原谅老师吗?”他低下了头。过了一会儿，小声说：“老师，我也不对，那天确实是我嚷的，当时我不敢承认，我不是故意和您作对，当着同学们的面，我不好意思跟您认错。我知道，这就是我的缺点，唉!我知道我也没什么优点。”听了这句话，我赶忙说：“不像你说的那样，在老师的眼中你还是有很多优点的，你非常聪明，背课文又对又快，做作业又准确又工整，同学们都很佩服你，老师希望你把这些优点发扬下去，相信你的进步会更大的。”他挺直了腰，目光中闪出一丝惊喜，对我说：“老师，我保证，以后我会把这个毛病改掉的，您看我的行动吧！”我摸着他的头笑了。“来，老师和你一起做值日。今天路滑，你也早点回家吧！”我顺手拿起来笤帚和他一起扫了起来。

这次谈心为他注入了新的活力，他又恢复了往日的风采。

面子，我们都很在乎，可谁知道？孩子有面子老师才有面子，孩子的自信和成长，才是老师赢得的最光彩的面子。

小河淌水

“月亮出来亮汪汪，亮汪汪，想起我的阿哥在深山……”周五傍晚，从学校会议室里传出了悦耳的歌声。

学校正在开周末会。会议伊始，校长还没有到，只见我校两位帅哥、美女老师站在台上。只听优美的旋律响起，两位教师随着音乐引吭高歌，大家尽情地欣赏着情歌——《小河淌水》。

“这是要干什么呀?”大家小声地议论着。

演唱完毕，校长站出来了，问：“唱得怎么样?”

“好!”大家齐声回答。

“这两位真不愧是音乐天才，音色甜美、自然，表情生动，眼神交流，真让大家享受!”小贾说着陶醉地闭上眼，一副很享受的样子。

“谁说说，你听歌的时候都想了些什么?”校长葫芦里卖的什么药?大家表情狐疑，没人吱声。

这时爱开玩笑的裴键先发制人了：“校长你想给这两个音乐老师做媒吧?”会议室里哄堂大笑，大家纷纷附和：“看着像。”

校长说了：“不能，他俩是表兄妹，可不能乱点鸳鸯谱。郭杰老师你听出了什么?”

郭老师说：“即使不是他俩在搞对象，这歌也说的是搞对象的事。”直率的郭老师说完哈哈大笑。

教过音乐的刘焱老师说：“我觉得这首情歌很美，歌里的阿哥、阿妹郎才女貌，绝配。”

“校长你今天心情很好吧，想让我们也听听歌放松心情吧?”陈桂平老师这样认为。

大家一扫往日例会的严肃，畅谈着听歌的心情与自己的见解。

海玉说：“阿哥阿妹约会的歌，玉红赶紧学学，好唱给男朋友听。”

红艳说：“校长要鼓励大家，努力工作早日成为全国名校。”

小韦站起来大声说：“啊，有关系吗?你真能想!”

…………

畅谈后，是一段微电影。大屏幕上依然是《小河淌水》的字幕：《小河淌水》是云南弥渡的一首民歌，这首旋律优美的“东方小夜曲”，曾被张艺谋选为2008年北京奥运会闭幕式演唱曲目。微电影的大意是：有一条通往东南亚的茶马古道，经过弥渡的一个小山村，一个前往东南亚货物交易的马帮，在小山村休整，马帮里杰出青年阿桑与弥渡洗衣姑娘阿花一见钟情，几天后，马帮出发了，阿花与阿桑相约“等你回来”。四个月后的一天，马帮回来了，阿花高兴地跑到小河边等待着她的阿桑哥，可等来的却是帮头的一句：“他不会回来了，他遇到了美丽多情的异域姑娘，阿桑让我替他向你说一声对不起，并将这只玉镯送你，表达他的歉意。”阿花泪流满面，不愿相信这一切，于是，她每天在小河边等着阿桑回来，这一等就是十年，帮头临终才告诉了阿花事实的真相：原来阿桑为救帮头并掩护马帮撤退，一个人与劫匪枪战，壮烈牺牲了，临终前嘱托帮头不要告诉阿花，但他的心中永远爱的人就是阿花。此时的阿花虽仍是满脸泪水，却面带微笑，原来阿桑的心一直都在。为此，当地人将这个传奇的爱情故事写成了一首脍炙人口的民歌，就是《小河淌水》。

电影尾声，两位音乐教师再次演唱了《小河淌水》，这次大家抛开了欢声笑语，一脸的凝重，有人甚至在流泪。校长再请大家谈谈二次听这首歌的感受，这次大家发言无不在赞颂阿桑伟大的爱和阿花执着的爱，赞颂着这段伟大的可歌可泣的爱情故事。

“校长今天不正常，又听歌又看电影。”这声疑问把大家的情绪拉回了会场，校长说：“这是一节语文课给我的启示，五年级语文课文《祖父的园子》，课上老师带领学生字、词、句分析个透，又是修辞，又是写法，一会儿心理描写，一会儿动作描写，看似吃透了、学实了，可孩子们一读课文就露馅了，笨笨磕磕，毫无表情。为什么呢？就像我们第一次听《小河淌水》，大家是在研究字词、凭空想象。当我们看完微电影了解了歌曲创作的源头，我们很容易就进入了真实的情景，感受到了歌曲想要表达的真谛。这就是我平时说的‘语文就是读者与作者心灵的对话’大家一直不明白，希望通过今天的《小河淌水》能给大家一些启示。在教学《祖父的园子》之前要让学生与作者进行一次心灵的对话，那么教师就应该先让孩子们了解萧红的生活经历和写作背景。”

到此，老师们恍然大悟，原来校长一直提倡“语文教学应该达到读者与作者心灵对话的境界”是这个意思。要达到这种境界，必须让学生走近作者，走进文本，这样才能实现心灵上的共鸣、思想上的交融。

换种方式　演绎精彩

期末复习，枯燥乏味。几种题型翻来覆去地讲、做，说实话，我自己都很烦，更不要提学生了。

一天下午的数学课，我按部就班地先讲后练，学生越听越迷糊，我也越讲越没劲。孩子们为什么不买账呢？这个环节为什么进行得不顺畅？这样下去怎么行？如果换种方式进行会是怎样的情形？我停顿了一下，说道："同学们，一会儿我们进行一项神秘的测试，要想顺利通过，就要以最好的精神状态听下面的内容。"由于我卖关子，学生们的注意力一下子集中了，我趁势对近期所学的知识进行了总结。

进入"神秘测试"环节了。我宣布测试规则："由一人提问，提问人任意指定回答人。回答准确则测试过关，回答有误视为测试失败。"这时的教室异常安静，学生们侧耳倾听，生怕自己没有听清问题而测试失败。第一个被叫起来回答问题的是成绩最差的张翔。听到点名让他回答，教室里发出一阵哄笑，这分明是要看他的笑话。此时我也很担心，要是错了，这么多孩子的笑声对他将是多大的打击。他明显有些紧张，断断续续地说出了算式，可喜的是虽然叙述不够完整和严密，但意思是对的。此时没有人笑了，提问者也无奈地坐下了。我也松了一口气，说道："刚开始，许多人还不太信任张翔，你们看，张翔说得多好啊！"学生都高兴得鼓起掌来。掌声过后，学生们的积极性似乎被刚才的小插曲调动起来了，争先恐后地提问、自告奋勇地要求解答。许多孩子还有意识地变化提问的方式：A是B的百分之几？A比B多百分之几？B比A少百分之几？A是B与C的和的百分之几？等等。最近所学习的内容基本上都得到了有效的练习，解答的准确率也比往常高了许多，最让我欣喜的是许多课堂上沉默寡言、参与主动性不高的孩子也积极地参与课堂学习了。

在面对问题时，我们往往从学生身上找原因。其实，作为课堂教学的组织者和引导者，首先最应该反思的是自己，当我们习惯了某种形式、某种思维、某种做法时，换一种方式，有时也许只是换了一个角度、一种口气、一个场合，改变一点点，就可能事半功倍，收到意想不到的效果，演绎别样的精彩！

试卷哪儿去了？

我们班小林是一个特殊的学生。他调皮好动，长期拖欠作业，还时常说谎，班上哪怕丢了芝麻粒大的东西，经过查实，准是他。最近他还经常把别人的作业拿过来写上自己的名字。我教育过他好几次，可是效果不明显，渐渐地我对他失去了信心。

但是有一件事，让我改变了对他的看法。前几天，我们语文要进行单元测验。我提前一天，把已经数好的 47 张试卷放到了教室的讲桌上，可是，第二天发卷的时候，却少了一张。邪门了，试卷怎么会少呢？我突然意识到试卷会不会被谁偷走了？因为我说过这次考完试，要根据成绩找部分同学的家长，因此同学们对这次考试都很在意。想到这儿，我意识到问题的严重性了，缺的试卷哪儿去了？看着那个没有试卷的学生焦急的样子，我一下子怒发冲冠，吼道："咱班丢了一张试卷，谁拿走了，快拿出来！"学生们默默无语。我注视着学生们，期望早点得到答复，可是没人理我，我更生气了，厉声叫道："今天查不出，谁也甭想答卷！"

时间就这样一分一秒地过去了。我一看硬的不行，就只好来软的吧，我缓和一下情绪，轻声说："谁拿走了试卷，快拿出来吧，老师不怪你。大家都等着考试呢！"教室里还是一片寂静，静得能听见每个人的呼吸。我睁大眼睛注视着学生们的动向。突然，坐在教室最前排的小林战战兢兢地站了起来，教室里立刻一片哗然："准是他拿的！"同学们议论纷纷。是呀，刚才光顾生气了，怎么把他给忘了，于是没等他说话，我就大声斥责："试卷是你拿的吧！我早知道是你！"他怯生生地说："老师，昨天晚上我做值日的时候拿了一张试卷放家里了。老师，您别生气了，不用再查了，赶紧考试吧。"

此时，我心里的石头才落了地，边从他的手里接过试卷边说："又是你，你的老毛病还没改！"正当我要把试卷发下去时，教室里一下站起了几个同学，齐声说："老师，小林昨天根本就没做值日！"我半信半疑，又问了昨天的值日生，小林果然没有值日。我又轻声地问小林："你跟老师说实话，到底拿没拿？"小林吞吞吐吐地说："老师，我没拿。我是看您又着急又生气，就想把我的试卷给同学们用，让别的同学安心考试。”他的话太让大家吃惊了。我一时又气又恨，用手轻轻地摸摸他的头说：“傻孩子，你不考试了吗?”他说：“我想课下照别人的抄一份也行，只要不让老师生气就可以。”一瞬间，我激动得说不出话来。我带头鼓起了掌，立时，教室里响起了一阵热烈的掌声。小林吃惊地望着大家。这是他从来没有享受过的待遇呀!

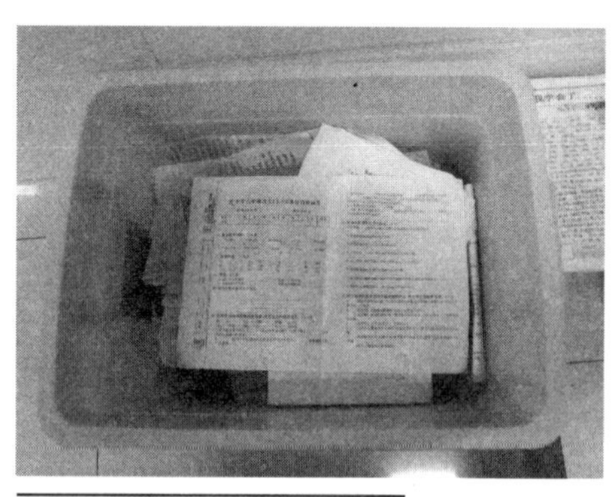

教室里又有几个学生要把试卷让出来，都让我一一拦下。“老师，咱们在教室找找吧!”这时班长的话提醒了我，是呀，光顾着着急了，为什么不找找呢?同学们纷纷在教室里找了起来，甚至垃圾箱也没有放过。“老师，这儿有张试卷!”班长孙真诚大声喊着，在整理箱里真有一张试卷。“试卷怎么到那里了?”同学们异口同声地说。这时每天负责开门的赵磊说：“老师，我想起来了，今天早上开门窗时，风吹落讲桌上的许多作业纸等物品，当时我也没注意，就随手把它们都扔进了整理箱。”

事情真相大白了。教室里又恢复了平静，只听见同学们的笔尖在试卷上的沙沙声。这件事深深地震撼着我的心灵，让我久久不能平静。因为我凭着老印象差点冤枉了小林，他有一颗纯洁和善良的心，他的风格太高尚了!

厉害的孩子们

在我的数学课堂上，学生很轻松，讲话很随意，还经常有笑声。“主控器”虽然在我的手里，但学生思维的“风筝”却可以任意翱翔。

有一次，有这样一道题目：计算周长是 18.84 米的圆形花坛的面积。同学们独立解答后，我请两位学生板书解法：$r=18.84\div3.14\div2=3$（米）$s=\pi r^2=3.14\times3^2=3.14\times6=18.84$（平方米）。我在前面观察到板书的两位同学互相斜视对方的解法，表现出了对自己的解法不自信，但最后两位同学还是默默地达成了共识得出了一样的答案，然后悄悄地回了座位。在座的同学有的哈哈大笑。我说：“笑什么嘛？两位同学写得多好啊！有公式，又有计算过程，字写得又棒，多认真呀！”有位同学站起来说：“老师，他们做得不对。”“怎么不对？”“3^2应该是 9，而不是 6。”我用红色粉笔在 6 的下面画了一道横线，追问道：“为什么 3 的平方是 9 呢？”学生们争先恐后地说：“应该是 3×3 而不是 3×2。”“哦，你们两位同学同意他们的说法吗？”我指着板书问：“在座的同学们还有谁的计算和他们一样呢？”一个、两个、三个……陆续地站起来十几个同学。于是我郑重其事地和他们讲：“计算圆的面积时千万不要随意地就把一个数的平方写成这个数乘 2，而是两个一样的数相乘。如果谁再犯这样的错误咱们怎么治他？”有的说：“罚 10 遍。”调皮的刘洪利大声说：“杀头！”逗得全班同学哈哈大笑，我吃惊地说：“哎哟，你也太狠了吧？”同学们也说：“够狠的！”“那谁还敢犯这样的错误呀？”有的学生摸着自己的脖子说：“我可不敢！”我说：“那我们在以后的计算中可都要注意呀！”

刘洪利的这句玩笑话现在成了我们数学课上的暗号。虽然这是句玩笑，但我想他会给同学们带来终生益处，也会使同学们明白一个道理：无论做什么事情都不要因为小的疏忽而酿成大错。

正当这节课接近尾声的时候，孙振方同学高高地举起了手，说：“老师，我还有另外一种计算圆面积的方法。”

我和同学们都用疑惑的眼光看着他。“你还有不同的解法？”“嗯，是的。”他果断地回答道。“同学们想听他讲吗？”大家半信半疑，有的摇头，有的点头。我兴致勃勃地让他讲述了自己的解法。他不紧不慢地说："我是采用上节课学的推导圆面积公式的方法，将这个圆剪拼成一个长方形，这个长方形的长是圆周长的一半，即 18.84÷2＝9.42（米），这个长方形的宽就是圆的半径，即 18.84÷3.14÷2＝3（米），长方形的面积＝长×宽，因此，圆的面积就是 9.42×3＝28.26（平方米）。"我惊呆了，全班同学也都陷入了一片沉思中，最后，大家终于明白了他的奇思妙想，不由自主地鼓起掌来。

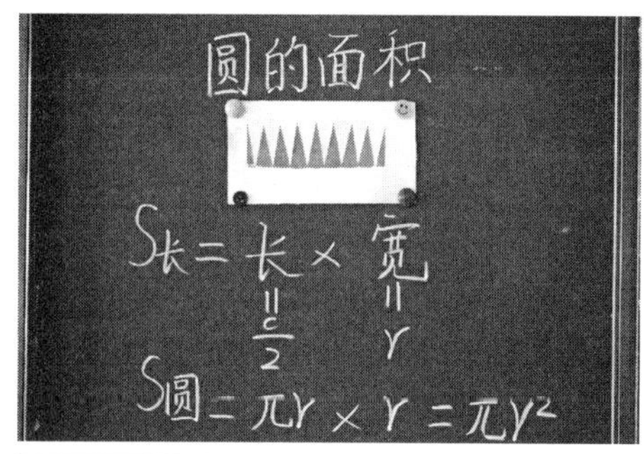

"孙振方同学彻底领悟了上节课圆面积公式的推导过程。太聪明、太厉害了！"我表扬了他，同学们又一次给予热烈的掌声，并在星级榜上给他加了一颗闪亮的智慧星。

一节课下来，我陷入了深深的思考：好险啊！我差点犯下不可饶恕的错误。如果我不是那么民主，如果课堂气氛不是那么和谐，如果我没有耐心地听他讲清道理，我就会扼杀了他的创造性，可能会降低他学习数学的兴趣，还可能会影响他的整个人生！这该是多么深切的启示啊！教师要尊重每一个学生，认真推敲每一个学生的每一条意见！尊重孩子们的厉害。

熄灭电话那头的“火焰”

“铃——铃——铃——”2011年12月上旬的一天早晨，我正在文印室工作，听见办公室座机响了。

又来电话了，我小声嘀咕着，急忙走过去，一看是用手机打来的，忙拿起话筒很有礼貌地说：“喂！您好！伯雍小学，请问您有什么事吗?”对面传来一男子非常气愤的声音：“这事还就得你们解决，解决好了还罢了，解决不好，我给你们上贴吧，反映到教育局!”我被这突如其来劈头盖脸的训斥搞得有点儿懵。天呐！究竟发生了什么事？唉，看来对方显然是把我当成领导了。我赶紧醒过神来，客气地说：“先生，发生了什么事，惹您生这么大的气？您别激动，先消消气，慢慢说。”我的话无济于事。对方用质问的口吻说：“你告诉我，你们校门口的警戒线到底是什么意思?”咿，来考官了，我丝毫不敢马虎，忙解释道：“为了学生安全，除了老师和学生外，其他人到警戒线一律止步。如果家长有邀请函方可进入，没有邀请函的客人想进入学校，得和门卫联系好。”“那你说说孩子到警戒线，是不是就意味着安全了，家长可以放心了?”“对呀！您说得非常正确。”我应和着。“我们家长不但不放心，反而更担心了，警戒线对你们老师是不是不起作用，这么多老师学生都从门口过，有的老师开车旁若无人，如果碰了孩子，你们老师负得起责任吗？学校负得起责任吗?”又说交通法有这样的规定，交通法有那样的规定等等连珠炮一大串。最后还是甩给我那句话：“反正你们解决不好，我就反映到教育局，让你们上贴吧!”我耐心地听完了训斥，然后半开玩笑说：“这位弟弟也好，哥哥也好，您还是得消消气，气大伤身。您确实有点儿委屈我了，我不是领导，我是一名普普通通的老师，不过我对您的批评一点儿不介意。您提的建议非常好，我代表我们学校领导还得感谢您呢。首先我承认这是我们管理上的疏忽，是我们的错误，我们在此表示歉意。您看，反映是您的权利，不过话又说回来，您不管反映到哪儿，从根本上还得我们解决。您放心，这事就包在我身上了。放下电话，我马上和领导反映。保证把这件事解决好。欢迎您以后多提宝贵意见，常到我们这儿来做客。我的答复您满意吗？有不妥之处还请您多多包涵、谅解。”对方听完我这一番诚挚的话语，气似乎消了许多：“刚才确实有些激动，不好意思。”“没关系，没关系，再见！”听着对方缓和的声音，我深深地松了一口气。

随后，我及时向有关领导反映了此事。领导非常重视，对老师和学生上学、放学通道重新进行了划分，对有车的教师进行了一些规定。

这件事让我深深感悟到：中国的语言实在是太丰富了。交流的确是一门艺术，交流真是太需要技巧了。倘若双方都激动，不但不能解决问题，反而会扩大事态，造成不良影响。

作为老师，我们是有文化、有素质、有修养的人，只要我们在和学生家长交流时，注意说话态度，讲究方式方法，就能实现有效沟通。

你做主角　我当导演

“同学们，作业一定要按时完成!”“嗯——我发现下课有的同学又打闹了!”“做事要多为他人着想，放学后把椅子搬到桌子上，值日的同学多方便啊!”“张福君同学拾金不昧，值得表扬!”……作为班主任，每一次晨会上，批评的，表扬的，所有小事我都很上心，可是一段时间后，“老师，今天小华下课又逗了。”“老师，第三路队又说话了。”“老师……”为什么我每天晨会唠叨个没完，效果却不好呢?

我想起了校长经常说的话：“管理学生要讲究方法，要做大智的伯雍人。”是啊，也许是我方法太简单，换种方式看看吧！学生是班级的主人，班里的事情他们最清楚，我何不把晨会时间交给他们呢?说做就做，我首先找班干部轮流主持，他们的态度非常认真，把昨天发生的事说得很全面，也把今天要注意的事情阐述得很到位。一周下来，告状的明显少了。接下来我采取全班学生轮流主持，谁想主持自愿举手，不管你平时表现怎么样，都可以参与，这时，班里有 1/3 的学生把手举了起来，有的想举可又放下，我鼓励他们要大胆踊跃，又有几名学生举起了手。我把他们按日期排下来，并且说：“哪天轮到谁主持晨会，谁就主动到前面来，不要再让老师提醒了。”安排好后，再看这些学生，他们坐得端端正正，表情严肃，和先前大不一样了，俨然一副以身作则的模样。

郑西文同学以前写作业总是不主动。我常找她谈话，却总是收效甚微。自从她主动举手参与主持晨会后，她的作业能自觉完成了，课上回答问题也积极了，学习态度明显改善了。我发现每个孩子都在进步，看在眼里，喜在心上。

我窃喜：通过学生主持晨会，瞧，见效了。看来，要想管好别人，就要先管好自己。我的这一招真灵验呀!

涓涓细流　润物无声

“父亲的精神失常了……”

“父亲的精神没失常……”

“父亲的精神失常了，要不他怎能不顾别人的劝说一意孤行。”

“父亲的精神没有失常，否则他不会坚持把儿子从废墟中挖出来。”

这是 2011 年的 12 月 6 日，学校领导及高段的语文教师听我讲的《地震中的父与子》一课，在教学中我们班同学针对“父亲的精神是否失常”这一问题展开的激烈辩论。在辩论中学生们你一句我一句地争论不休。

这个问题辩论要得到的结论是：父亲的爱是永恒的。在我的教案预设中，是想通过我的引导，引发学生的辩论，最后得到这个结论。可没有料到，我还没引导，刘建雨同学没有经过我的同意就站起来，说出了这个结论。我当时心里一怔：这个孩子怎么这么“自由散漫”，想干什么就干什么，我的预案全被他打乱了，不由得一股无名之火涌上心头。再看看时间马上要下课了，由于时间紧，为了完成我所预设的教学环节，我手一示意，没好气地对他说：“你坐下吧!”我的课没办法按预设的讲下去了……

课后，学校领导和同组老师一起研讨，“刘建雨同学事先说出结论”这一环节，在研讨中就成为焦点，通过集体教研，我的教学理念有了全新的改变。

我静下心来细想，自己当时是多么冷漠和无趣呀！这么好的生成性教育资源被我糟蹋得一干二净，这正是学生成长拔节的好契机！我应该顺着刘建雨同学的发言，让他代替老师引导学生讨论，这不是事半功倍的好事吗？以后，我再也不能牵着学生的鼻子走了，再也不干那些“费力不讨好”的事了。

爱心石榴

那天中午，当我刚刚摘下口罩走向办公桌时，“老师，给”，随着这小小的声音传来，一枚红红的闪着亮光的石榴已经“端坐”在我的办公桌上，未及我反应过来，那个小小的身影已经跑了出去。

这是一颗闪着红光的石榴，石榴并不大，但小巧玲珑，中间还有一道小小的裂痕，大概是熟透了的缘故。透过这小小的裂痕，几枚小小的石榴子争相探出了玲珑的小脑袋，晶莹剔透，泛着荧荧的白光，就像一个可爱的小姑娘冲你咧开了小嘴，露出了几颗小白牙儿，甜甜地笑。

这个女同学，相貌平平，平时话很少，成绩也很一般，课堂提问时，我甚至经常忽略了她的存在，偶尔提问一次，也是遇到最简单的问题才会想到她，在众多的“鲜花”当中，她真的太小、太不起眼了。而此时，看着这枚驻满爱的石榴，我的内心却充满了歉疚和自责，在一个孩子心目中我占据了多么重要的位置，而与这枚小小的石榴相比，我又是多么多么的渺小啊！我给她的真的太少了，忽略了一颗多么纯洁的心啊！

此刻，我多想对你说：“孩子，老师不想拒绝你的纯真，你慢些走，给老师一个机会，让老师当面对你说声‘谢谢’！”

那节写作训练课上，当我读完自己头天晚上趴在床上写下的这篇短文时，下面已是一片啜泣，那个女孩子流着泪说：“老师，我会永远爱您!”而每一位听课的老师似乎也陷入了沉思。很多教师未必知道，在你教学时自己播下了怎样的爱与尊重的种子，而它又会在何时变成一枚枚爱的果实，散发着醉人的芳香。

21 颗樱桃

这天晚自习，心情糟透了，一件难办的事，如同一片阴霾横亘在我的心里，令我头疼甚至恼火。整节课，任凭学生们怎样逗我开心，我也是眉头紧锁，勉强挤出的一点笑容瞒不过这些机灵的小家伙。

第二节刚上课，一个女生就跑到我面前："老师，给——"接过她递过来的纸包，赫然发现里面包了一把樱桃，有红有白，红的鲜亮，白的剔透。"你们家里长的吗?""是小霜给您的，她自己不敢送来。""老师，还有封信。"我扫视了一下教室，目光定格在坐在角落里的小霜身上，见我看她，她立刻把头埋得低低的，仿佛做了错事一般。我急切地打开那封"信"——一张小小的字条，一行简短娟秀的小字映入眼帘："老师，您今天怎么了？有什么不开心的事吗？这里有 21 颗樱桃，10 颗红樱桃，是酸的，白樱桃比红的多 1 颗，是甜的，您要知道，生活中还是甜比酸多一些，吃了我的樱桃，您一定要记得多笑笑!"多么善解人意的孩子啊！我一抬头，刚好迎上了小霜羞怯的目光，我不禁冲她笑了一下，她也不好意思地笑了，脸上立时飞上了两片红云。"哦，老师笑了!"看见我笑了，许多同学好像心照不宣地笑了起来，原来紧张的气氛一下子缓和了，后两节课上得异常顺利。

下课了，我再一次轻轻地捧起了这 21 颗樱桃，它们在我的手心里静静躺着，如同一群温顺的、躺在妈妈怀里撒娇的孩子，纯真的爱，瞬间从指缝浸润了我的全身，复苏了我沉寂了一晚上的心。没有想到，一个连亲手把礼物送给老师的勇气都没有的孩子，竟也一直在那小小角落里默默地注视着我，关注着我的喜乐哀愁，多可爱的孩子啊！与她相比，我是多么自私啊！

面对一脸阳光灿烂的孩子们，那片横亘在我心中的阴霾突然间消失得无影无踪了，看看窗外的一片黑暗，心底的那一缕阳光却异常灿烂起来。

记忆中，我最开心的那一刻

清晨，浓浓的雾。朝阳披着七彩的霞衣染红了一片氤氲。雾，粉红色的，在校园中流淌着，流过了海棠树，送来了醉人的果香；流过了人工湖，送来了无声的荡漾……枯黄的叶子一片片在空中飞舞，美丽极了，秋叶落在地上，就像铺了一层金黄色的地毯，孩子们踩在上面，不时发出吱吱的声响。记忆的海洋里，那开心的一幕如同一条小鱼，快活地游弋。

“小企鹅美滋滋，出门忘了穿裤子，露着白白大肚子。”你听，我们的小朋友又在老师的带领下唱着歌来到了操场。快看，孩子们一蹦一跳的，他们多么像一只只调皮的小企鹅呀！

4 个班，102 个孩子，晨练时我们两个老师负责看管，自觉责任重大，稍有闪失，孩子的安全就不能保障。因此我们想了这个法子：晨练时，把孩子们都带到操场，站好队，教唱歌跳舞。一个不得已而为之的做法，却不料给我们带来了意外的收获和惊喜。没过几天，早晨刚一到校，孩子们不等老师招呼，当然更不用维持纪律，就早早地站好了队，等着我们的歌声唱响了。

“左三圈，右三圈，脖子扭扭，屁股扭扭。”孩子们那一扭一扭的动作、那滑稽的样子常常惹得围观的家长哈哈大笑，那似乎是对孩子们最大的夸奖，孩子们跳得更起劲了。一位家长突然忍住了笑，问一个小朋友：“这个舞蹈叫什么名字?”孩子忽闪着黑亮黑亮的大眼睛随口答道：“Superstar”，又把大家逗得哈哈大笑。

“哈哈哈，老师，我妈妈给我讲了《小兔乖乖》的故事，现在我来讲给你听吧……”

“老师，昨天我把我们的舞蹈跳给奶奶看，奶奶还夸我了呢……”

时间过得真快，眨眼间一学期又要过去了，看着这群手舞足蹈的小家伙，多少还有点感慨呢。还记得他们刚入园时那哇哇哭闹的情景，再看看现在的他们。此时此刻，此景此情，我的内心感到从未有过的热烈和充实。

这时，一阵微风吹过耳际，仿佛正在讲述着雾的故事，一片叶子飘然落下，仿佛在亲吻着大地。孩子们还围在我身边快乐地唱着、跳着，如同一只只翩然起舞的蝴蝶，我心头不禁涌起了莫名的感动：今生今世，我是多么愿意让孩子们永远在我的心尖儿上翩翩起舞啊！

第七章　创业

昔日“对手”今朝携手

2012年的教师节，周校长在全县庆祝大会上，郑重地作出承诺：“教育局为我们搭建了开放的平台，伯雍将还玉田一个全国名校!”于是，“争办全国名校”成了伯雍人全力奋斗的目标，创业成为伯雍前行的动力。大爱、大气、大智、大勇的伯雍精神，鼓舞伯雍人迈开了坚定的脚步。然而，我们的创业并不是一帆风顺的，人力、财力的不足，思想的不统一，经验的缺乏……都成了掣肘伯雍人创业的因素。

2012年，是我校搬迁的第二个年头，周边小区的落成导致生源骤增，但老师却因退休而越来越少，这下师资更紧张了。1 300多名学生仅有48位教师，由于工作繁重，一些身体素质差的老师屡屡病倒，年轻的刘秀娟老师曾经两次在学校晕倒，周校长陷入了迷茫。作为一校之长，他既心疼，又发愁，心疼这些病倒和没病倒的老师，愁这些求知若渴的孩子。千思百虑后周校长决定，利用榜样的力量来激励、指引我们的创业路，找方法、寻经验，尽量少走弯路，创新方法、提高效率。于是，近在眼前的玉田县实验小学成为首选。

玉田县实验小学从无到有，逐步发展壮大，有着常人意想不到的经历。作为“玉田城内第二小学”更名而来的伯雍小学，无疑是实小的竞争对手。日常工作中两校甚少合作，甚少交流，他们会帮忙吗？心怀忐忑的周校长多次登门拜访实验小学校长郑锡钧，希望他能出任伯雍小学的名誉校长兼业务顾问。周校长恳切的言语、真诚的相邀感动了郑校长，郑校长欣然接受了周校长的聘请，并答应为伯雍小学教师讲述实小鲜为人知的创业史。

2012年11月2日下午5点，郑校长准时出现在了伯雍小学的学术报告厅内，报告厅内座无虚席，伯雍小学全体教师以热烈的掌声欢迎郑锡钧校长的到来。郑校长郑重地在黑板上写下了讲座的题目《驶向成功的彼岸，同舟共济，风雨兼程》，郑校长首先讲述了玉田县实验小学取得的喜人成绩，接着详细地讲述了实验小学艰辛、酸楚的创业史，那是一段与伯雍小学近乎相似的坎坷经历，教师严重缺编、资金短缺、多方的不理解、社会的压力，这些都没能难倒郑校长和他的老师们，他们以热情、执着、坚韧的耐力，团结不懈的精神，一步一步走到了今天，实验小学这朵“基教之花”盛开在了无终大地，成为远近闻名的学校。每每讲到伤心处，郑校长这个历经风雨的巨人都会潸然泪下，讲到高兴处也会笑容满面。“这就是创业，鲜花与眼泪并存。”年逾五旬的郑校长一手扶着老花镜，一手给大家做着讲解，好像每个字、每句话都要让伯雍的老师听清、听懂。

伯雍的老师们也随着郑校长的故事时而落泪，时而欢笑，时而记录郑校长的叮咛和嘱托，其中最认真的是伯雍的“老孔雀”——孔祥莲老师。孔老师的眼睛刚刚做完白内障手术，还没完全恢复就回到了工作岗位，每天药不离身，眼睛实在酸涩，就掏出眼药水，滴几滴，闭目养神几分钟。当天傍晚她原本请假回去休息了，可当她知道学校安排了讲座时，又和丈夫准时出现在了报告厅，手里拿着比别人大一套的笔记本，一只粗记号笔，她自嘲地说：“瞎了，写大点儿还能看见个影儿。”从开场孔老师就一直在写、在画，即使泪水模糊了双眼，酸涩疼痛，也不忍心落下一句，把本子递给坐在身边的丈夫，让丈夫为自己记下那些感动。

讲座进行了3个多小时，郑校长依然激情澎湃，伯雍人依然热情不减，讲座在雷动全场的掌声中结束。周校长紧紧抓住这个契机，让每位伯雍老师会后写下自己的感想，以便日后交流。

没人想到，这个灯火通明的屋子里，情感相容的是曾经的竞争对手；知无不言、言无不尽的是曾经的竞争对手；共同期盼伯雍早成名校的是曾经的竞争对手。具有斗士精神的周校长喜欢有竞争对手，但是他更尊重竞争对手，更愿意向竞争对手学习，更愿意与竞争对手同舟共进。周校长这一举措，不但让实小的创业史为我们提供了经验，而且增强了两校的友谊，是一举两得的上策。

第二天的心得交流会上，大家个个亢奋激昂，用不同的方式描绘着伯雍的创业之路，编织着伯雍的名校之梦。

细节决定成败

20 年来，很多个细节刻在了我的脑海里，终生难忘。

（一）风雨同舟带头人

1996 年夏天的一个中午，大雨倾盆，瞬间雨水流淌。我惦记早到的学生，怕雨天出什么状况，匆忙地吃了几口饭，便匆匆来到学校。走进学校，一个镜头映入我的眼帘：风雨交加中，一个佝偻的身影正在忙碌，搬砖，铺砖，一条模糊的红色砖路在延伸。

我快走几步，一脸惊讶，铺路的不是别人，正是我们学校的周校长。风雨中，湿透的衣服紧贴在身上，几绺头发遮住了额头，雨水顺流而下，眼镜滑至鼻尖，本来就不大的眼睛变成了一道线。瞬间，一股暖流涌遍全身。这就是爱。有爱就有责任。一个有责任感的带头人，一定会成就一个成功的团队和集体。

没有人指挥，身后却接成了一条长龙，一条运砖铺砖的长龙。陆续而至的老师，陆续而至的学生，纷纷悄无声息地加入；风雨中，雨衣在穿梭，雨伞在浮动。汗水合着雨水，形成了一股众志成城的洪流，铺就了一段责任与爱的红砖路——风雨同舟路。

（二）“今天我掌勺！”

1998 年，“五一”艺术节到了。为了迎接县艺术节的汇报演出，我校全体艺术组的辅导老师及后勤服务老师十余人，放弃假期，投入紧张的文艺训练和比赛准备之中。

我是语文老师，负责学校的曲艺节目训练任务——三人相声《减负》。最小的演员是一年级 8 岁女孩，最大的是六年级两名男生。我们一遍遍练习，一遍遍演练，精雕细刻。孩子们认真模仿，不厌其烦，一丝不苟。上午 10 点半，我们的小演员初试成功，我让孩子们回家，下午再继续练习。

孩子们刚走，周校长来了。“大姐，有空吗?”“我忙完了，校长，您有事吗?”“老师们很辛苦，我想做大厨，给老师们做顿饭吃。大姐和我出去采购点食材吧。”

我们一同来到菜市场，买了青菜，买了两只白条鸡，又购了一些作料。回到学校，周校长围上围裙，抄起菜刀，锅碗瓢盆一通忙碌，鸡块入锅了，佐料放好了，小火徐徐，一会儿工夫，美味香飘。我在一旁打下手，择菜，焖米饭。学生陆续回家了，老师们也陆续地结束了上午的训练任务。

"好香啊！"陶老师第一个喊了起来，"这谁的手艺啊？口水都流出来了。"陶老师小跑着来到厨房，满脸汗水的周校长，憨厚地笑了。"我告诉你们啊，我可把吃奶的劲都用上了，吃的时候，记得夸夸我啊。"平易近人的玩笑，拉近了距离，温暖了身心，解除了疲劳。

"老师们，辛苦了。开饭！"一句开场白，老师们不分职务，呼啦围在一起。热气腾腾的饭菜，喜笑颜开的面庞，甜甜的爱意流淌在不言中。

（三）"一棵劲松"

2004 年 4 月 19 日，我校"县团体操比赛"预备会第五次全体教师会议正在进行中：

> 老师们，连日来，风吹日晒，大家很辛苦。我内心充满了对各位的感激。明天就是最后比赛的日子了，老师们，拿出你们的实力来，让我们共创辉煌。为了明天工作的顺利进行，我们特做如下安排。
>
> （1）教师 5 点 30 分到校，组织、看护学生上车行驶；
>
> （2）以下各位老师负责跟车看护，并做突发事件的应急处理；

…………

第二天，一切按部就班地进行着。周校长操场现场指挥，电话不断。终于轮到我们高年级组出发了。周校长爬上我们那辆车，站在车帮边，面向学生，组织着，监护着，叮嘱着。汇报的电话不时地打来。

伟岸的一棵松，一棵有使命感的劲松！

一切井然有序，平安到达。周校长如释重负，边擦汗边微笑着说："比赛成绩是第二位，学生安全才是第一位。我们要把安全隐患消灭在萌芽中，这就是细节。"

一件件小事，平凡；一个个细节，至小。

校兴我荣，校衰我耻

有这样一个故事：一天，一群人到野外去游玩，不巧下雨了。正在大家手足无措的时候，有个人发现了一间草屋，于是大家毫不犹豫地钻了进去避雨。可是，进了草屋之后，大家才发现这个草屋由于年久失修，早已破败不堪，在暴风雨的袭击下，已经摇摇欲坠，眼看就要倒了。于是，大家又不约而同地一块儿去扶住它了。如何看待这件事情呢？是我们需要草屋，还是草屋需要我们？可能有人会说，是草屋需要我们，因为我们不扶住它，它就会倒的。那么试想一下，我们为什么一定要扶住它呢？很显然，因为如果我们不扶住它，草屋倒了，我们也就没地方避雨了。

实际上，故事中的草屋就是我们的学校，我们每一个教师都是避雨的人。避雨的人需要草屋，就像我们需要学校一样；草屋的稳定亦需避雨的人，这正像学校的发展需要我们每个老师去扶持一样。我们还可以进一步做这样的想象：假如避雨人在雨天遇到的不是草屋，而是一座宫殿，那他们是不是会感到更自豪呢？我想，一定会的。因为如果在宫殿里避雨，远比在草屋里避雨效果好，而且舒服。这就像我们伯雍小学，环境、设施等各种条件非常好，这是值得大家引以为傲的资本。而身处优势之中，我们更应维护它、善待它，使之更好，这样我们就会在其中享受更多的幸福，我们的脸面就会更加荣光。否则，“千里之堤，溃于蚁穴”的教训就会降临到我们的头上。

任何一个学校的发展，都离不开团队精神。我们不要问团队能为你做什么，先应问一问你能为团队做些什么，要先想着奉献，再考虑索取。作为伯雍人，应当记住责任所在。我们应该怀着感激和敬畏的心情，尽自己的最大努力，把它做到完美。既然选择了伯雍小学，就必须接受它的全部，而不仅仅是享受它带来的益处和快乐。就算是委屈和责骂，那也是这个工作的一部分。不要忘记学校赋予我们的荣誉，不要忘记我们的责任，不要忘记我们的使命。

如果我们团队中每一个人每天都能老老实实、勤勤恳恳地尽一己之职，那么许多人的成就累积起来，便极为可观！有了众人的努力，就像千万片雪花可以滚成一个大雪球一样，能汇成一种无比强大的力量。在一个有着团队精神的组织中，成员能够超越自己，以团队的宗旨为依归，能够积极主动地进行创造性的工作，就会超过领导对自己的期望。就一个普通组织中的个体来说，一个教师得到多少薪水是由国家决定的，但给工作赋予多少内容则是由自己决定的，给工作附加多少价值，也是由教师自己决定的。在工作中，如果只得到薪水而没有得到进步，就真是在浪费光阴了。

让我们将“校兴我荣，校衰我耻”作为我们伯雍人的座右铭吧！

校风的影子

我认真聆听了郑锡钧校长讲座之后，给我印象最深的就是玉田实验小学团结、奉献的教师队伍。

这使我不由自主地联想起在玉田城内第二小学的那段时光，“团结、勤奋、务实、创新”是我们的校训。我们工作起来心往一处想，劲往一处使，是一个相当团结且具有战斗力的集体。工作积极向上，满腔热忱，“仰望星空，脚踏实地”。有的老师中午带饭，辅导学生，批改作业。晚上放学，老师们还要辅导后进生，我们的教学成绩在城内五所国办小学中总是排名第一，在玉田实验小学上学的学生纷纷转到我校上学，我们很有成就感。

后来到了周校长管理时期，他的管理非常人性化。没有什么硬性的规章制度，老师们工作起来同样很积极、很努力，同时也很开心、很快乐。团结、务实、奉献在每位老师身上体现得淋漓尽致，老师们荣誉面前不争抢，利益面前互相让。

现在还是周校长管理的伯雍小学，他非常赞同老教师的工作状态，时常在大会上宣传老教师的工作作风。比如，校长说我“老郭”是校风的影子，我认为校长给了我很高的评价，其实，我和其他老教师没有什么两样，甚至，他们比我还要优秀。我们老教师有责任、有义务继续传承弘扬伯雍精神，以身作则、率先垂范，做好传帮带，用我们的实际行动感召和影响小小的分支流，尽早地归属到波涛滚滚的主流上来，为早日实现全国名校的目标发挥自己的光和热。

种菜与教育的共鸣曲

在一个寂静的夜晚，中央电视台第二套节目正在讲述着一个种菜农民——“蔬菜大王”王乐义的故事。

王乐义，山东省寿光市三元朱村党支部书记，几十年致力于蔬菜大棚技术的研究和推广，带动成千上万农民共同走上了小康路。

王乐义把科技致富的星星之火燃遍了中国北方大地，创造出了一个“绿色”奇迹。而他个人靠勤学苦干也成为一名农业专家，走上了大学讲堂，还与许多外国专家同台讲课。他在中国农村创造着奇迹。

这个农民的故事，深深地吸引了电视机前的一位教育工作者——伯雍小学校长周文清。看了这个节目后，他非常兴奋，马上给王志华老师打电话，请他把这段视频截取下来。

周一下午放学后，大家都如约来到了多功能厅等待会议的开始。会议之初，校长卖了个关子：“今天的会议有点特殊，我们先看一个农民的故事。”大家议论纷纷，农民和教育又不挨边，让我们看他有什么用？校长笑着说：“你们先看，看完以后再来评价，看他的故事对我们有什么启发。”老师们面面相觑，不知周校长葫芦里卖的什么药。

节目在大家的好奇中开始了。看着看着，大家就被王乐义的创业奇迹吸引了，所有人的目光专注地聚焦在大屏幕上。多功能厅里只能听到视频里的王乐义和记者的谈话声。王乐义 1965 年入党，当村干部 44 年。1978 年 5 月，王乐义被确诊为直肠癌，手术后比正常人多了一件东西——粪便袋。但他并没有被病魔吓倒，当年 9 月，三元朱村党支部改选，王乐义被全村党员推到了台前。为了学习塑料大棚反季节蔬菜种植技术，20 世纪 80 年代，王乐义上北京、跑东北，先后去了 6 个省市，大大小小的菜棚、温室不知看了多少个，笔记记了几十万字。经过多次技术革新，试验终于获得成功。1989 年 12 月 24 日，三元朱村的黄瓜上市了，开秤每公斤 20 元还供不应求。第二年，全村村民靠卖菜存款达到 128 万元。20 多年来，除了接待自发来村学习的群众，王乐义还先后到全国 11 个省、自治区、直辖市，无偿传授大棚蔬菜种植技术，行程达几十万公里。几年里，王乐义用自己的名字注册了“乐义”牌商标，“乐义”牌蔬菜卖到了全国各地大大小小的超市。在王乐义的带领下，三元朱村走上了农业产业化的新路，成立了专门搞蔬菜加工、营销的公司，走出了“公司连基地、基地带农户”的发展模式，发展无公害、有机蔬菜，经检验合格的蔬菜产品统一使用“乐义”商标。三元朱村人手把手教会了一批又一批种菜的农民，竞争对手遍及全国。但王乐义牢牢握住创新这把利剑，始终占领蔬菜种植技术的“制高点”。在他的带动下，320 多个新品种、130 多项新技术、80 多项现代化设施先后在三元朱村扎下根来。

节目结束后，大家还没回过神来，周校长已经站在讲台前问大家有什么感想。有的说：“太感动了，一个普通农民居然能创造这样的奇迹。”有的老师说：“王乐义从一个普通农民能变成蔬菜大王，他敢想敢干，肯吃苦，他的精神让我很受鼓舞。”有的说：“他的精神和伯雍精神是相通的呀，我们应该学习他的创业精神。”还有的老师说：“我们现在也处在创业阶段，一个普通农民在没有任何条件支援的情况下都能成功，我们伯雍小学起点这样高，还有什么理由不成功呢？”听着大家的发言，校长的眼中绽放出了光彩。他知道，“王乐义”起作用了。“那么请大家把你们观看这次视频的感受写下来，并谈谈你对学校的发展有什么看法，请大家做好我们伯雍真正的主人。”雷鸣般的掌声之后，大家带着豪情、带着责任、带着使命离开了会场。

一个种菜，一个搞教育，隔行如隔山，是何缘故，让周校长对王乐义的故事如此关注？是精神，是王乐义善于思索、敢为人先、锲而不舍、眼光长远的创业精神，而这与我们的伯雍精神是相通的，也正是我们伯雍创业所需要的正能量。

如何借鉴别人好的经验或做法，提升学校的教学水平、管理水平、德育水平和办学品位？这都是摆在我们面前的重要任务。我们还有很长的一段路要走，也许这一路充满荆棘，充满坎坷，充满风雨，但这一路也会有幽幽深山，白云溪水，嘤嘤鸟鸣。只要我们坚定不移地走下去，相信，一定会风景无限！

没有理由不成功

他是一个地地道道的农民，却带领着全村人走上了共同致富的道路；他小学都没有毕业，却有着“高级农艺师”的头衔；他身患绝症，却以顽强的毅力发明和推广了冬暖式蔬菜大棚；他率先进行无公害蔬菜的研究与开发；他注册了“乐义”牌蔬菜商标，申请并取得了国家质量监督检验检疫总局颁发的无公害农产品标志证书，产品远销日本、俄罗斯等20多个国家和地区。他的功绩让寿光市孙家集街道三元朱村闻名中外——他，就是王乐义。

再来看我们的伯雍小学，我们现在的处境与王乐义当年创业初期何等相似，我们要争办全国名校，目标高远，困难重重，挫折不断。具体来说，我们面临人员不足，缺少部分学科的专业教师，特别是缺少带头人、名师等困难。核心团队成员比较年轻，缺少领导工作经验，整体理论素养、事业开拓性和创新性都不足，影响学校规划的视野和高度。生源的逐渐增加，由城镇职工子女、城区农村子女、农民工子女三部分组成的学生之间素质差别较大，给学校管理和教学带来诸多困难。而且教师结构越来越复杂，对学校的团队文化、规章制度和发展规划等都增加了许多不确定性，随时要做出调整……前行的路上，我们还继续吗？

王乐义当初有良好的政策，我们如今有七彩教育同盟这个极好的平台；王乐义有支持他的党员干部，我们有七彩团队；王乐义只有小学文化水平却能被评为高级农艺师，我们的学历足够进行创新教学活动；王乐义身患绝症仍不停下前进的脚步，我们的身体状况比他要强；王乐义致富不忘乡亲们，心系全中国的农民，我们也有争办全国名校，造福玉田父老的伟大愿景；寿光有王乐义，我们有周校长……

看到王乐义的成功，想到寿光的辉煌，我们心里不禁思考：距离成功，我们还缺什么？我们有各级领导的支持，有校长的高瞻远瞩，有胸怀大志的团队，我们成功的条件不知要比王乐义强多少倍，我们没有不成功的理由，只要我们满怀信心地前行，再前行，寿光的今天，一定是我们的明天。

奉献　共赢　精细

奉献、共赢和精细是我观看《从村官到蔬菜大王》王乐义的专访后最深刻的三点感受。由此，我联想到了我校的发展。

学校要发展，我们就要有敢为天下先的信念。面对学校发展的大好机遇，面临新的教育任务对我们提出的挑战，作为伯雍团队的一员，站在新的起点，我一定会背好行装，大步向前。

学校要发展，我们就要有良好的奉献意识。每个人都要积极适应形势变化，调整心态，不怨天尤人，不牢骚满腹，只为成功找方法，不为失败找借口。老教师学高资深、经验丰富，这就意味着要担当责任，意味着带头，意味着示范，意味着榜样，意味着传承；年轻教师才思敏捷、精力充沛，那就意味着要承担义务，意味着先锋，意味着主动，意味着虚心，意味着学习，意味着一代新人胜旧人。我们每一个人都要充满信心、满怀激情地对待学校，其中最重要的是要从提高自身素质做起，努力使自己成为一个学习型、创新型教师。

学校要发展，我们就更要有合作共赢意识。要树立“校兴我荣、校衰我耻”的荣誉观和集体观，强化团队精神和敬业意识，在学校大发展中与学科组老师形成一股合力，为学校发展谋一策、出一力。“学校发展，人人有责”，我们要主动承担责任，进一步增强责任心和事业心。修炼师德，教书育人。充分发扬干事创业的精神，坚持求真务实的态度，少说话，多做事，在平凡的岗位上作出不平凡的贡献。越是关键时刻，越是要踏实工作；越是困难时期，越是要鼓足干劲。雄关漫道真如铁，而今迈步从头越。只要我们努力干好工作，赢得学生的爱戴，赢得家长的信赖，就能实现自身价值，就能为学校的大发展作贡献。

学校要发展，我们还要有精细意识。作为一名普通教师，要从身边的小事做起，要设计好每一个精细教案、上好每一堂精细课、细致批改好每一次作业……小事见精神，只有做精细每一件小事，最终才能成就大事。捡起一张废纸，美化一片校园；随手关灯，节约一度电；关起流水的龙头，节省一分钱。积少成多办大事。人人视校如家、人人爱校如家，把个人利益融入学校整体利益中去，学校就会发展，学校也一定会发展。

海阔凭鱼跃，天高任鸟飞。学校已经为我们搭建好了搏击的舞台，让我们八仙过海、各显神通。“学校发展我受益，我与学校共奋进”，让我们用满腔的热情、渊博的知识、冲天的干劲去拼搏、去奋斗，让伯雍小学成为全国名校，让我们谱写更加绚烂的教育传奇。

“蔬菜大王”，你教会了我勇敢

“建设七彩团队，争创全国名校”，我们从“蔬菜大王”身上能学到什么？这是每一个伯雍人都应该思索的一个问题。

勇敢，是王乐义给我的深刻印象。在人人都怕的时候，他敢于迈出第一步。在那样贫瘠的土地上，在那样的艰苦条件下，他勇敢地孤注一掷，背水一战。我们争创全国名校的先决条件要优于王乐义，我们有全县乃至全市最好的教学设施，我们的每一个教师素质都很高，我们还怕什么？

回想刚开始到伯雍的时候，校长的新型授课理念就深深地吸引着我：专职班主任，专职授课教师，专职辅导教师，这样的工作干起来，何等与众不同！可是由于各种各样的原因和制约，我们离目标还很远很远。当我们喊出“争创全国名校”的时候，是挥着拳头喊喊口号，还是没有条件也要创造条件，勇敢地走出第一步？

不怕被嘲笑，勇敢地面对各种质疑的声音，是王乐义给我们的启迪。在乡亲们的不理解中，在孩子们嘲笑的歌谣中，他没有辩解，从容面对，只是低下头更加努力地钻研。我们要创全国名校，肯定会听到不同的声音，理解的会说你创新，不理解的会说你胡闹，甚至会有各种各样的阻挠，我们该怎么应对？回想杜郎口中学的教学模式，在开始之初曾经历多少困难？外界的、教师内部的、上级领导的、家长的，可是他们没有放弃，勇敢地走自己路，最终他们成功了。我们呢？我们的口号、我们的设想，有许多地方是连我们同行都不能理解的，我们的许多做法更是开创了玉田教育界管理模式的先河，在众说纷纭中，在怀疑的态度中，我们该怎么做？

一个有信心的人，必然是一个不言败、不放弃的人。让我们勇敢地站在理想的起点上，从学校现实着眼，规划自己崭新的未来，不唉声叹气，不怨天尤人，找自己工作的出口，向着理想的目标努力。尽自己的能力，即使没有大的成就，也会有小的收获。让我们勇敢地迈出第一步，脚踏实地，一步一个脚印地走下去，在学校的美好创想中绽放出最耀眼的光芒吧！

第三篇　创新实践

我们之所以重视创新，是因为只有创新才能提升教学效果，只有创新才能形成教学特色，只有具有创新意识的教师才能培养出有创新精神的学生。由于我们教师在学生时代，所受的教育是应试教育，缺乏创新意识，因此，我们积极向有创新意识的各行各业学习，我们经历的是一个从模仿到创新的过程。

在每个学期开学的前两天，学校设立“创新节”。“创新节”源自校长给我们留的“寒暑假作业”，校长说：“我们要在假期休息之余开动脑筋，在看电视、购物、旅游等休闲活动中，如果发现有趣的或有创意的‘娱乐点’，就想一想如何嫁接到我们的教育教学中来，让我们的孩子喜欢上学习，并且收到良好的学习效果。”在“创新节”上，教师们从教育到教学、从课堂到社团、从德育到智育、从管理到文化都有创新的设想，然后，在每个学期的实际工作中付诸实践，开展了全面的、系列性的创新活动，呈现出了色彩斑斓的伯雍创新实践文化。

第八章 创新节

“开门红”欢度创新节

开门红表示一年一度好的开始，我们的开门红就是欢度“创新节”。第一届创新节的创意源点是“欣赏电视节目与创新教育”。我们开学提前返校，邀请专家进行评选，然后把最好的创意应用于教学，看谁的创意最受欢迎、效果最佳。下面就让我们来回顾首届创新节的历程。

这一天是2012年9月8日。吃过晚饭，周校长准时坐在电视机前收看中央电视台播出的“寻找最美乡村教师”大型公益活动。作为一名老教育工作者，他喜欢看教育节目，二十多年来妻子也一直默默地支持他。一个又一个令人感动的真实故事，拨动着周校长的心弦。这些最朴实、最真实、最默默无闻的教育工作者，有的积劳成疾却仍拖着重病的身躯坚持在毕生热爱的校园；有的坚守在最贫困的教育阵地，没有先进的教学设施，却同样让三尺讲台丰富多彩；有的在人性考验、大灾大难面前践行师爱，用血肉之躯为孩子撑起一片蓝天。他们把最科学、最前沿的教育理念钻深研透，托举起一批批农家学子成人、成才。他们赢得了人民深深的信任，他们就是共和国值得骄傲的乡村教师。

看到酣畅之时，周校长眼角湿润，内心澎湃，不禁感慨万千。就在伯雍小学，也有许多的教师像他们一样为国家的未来、孩子的明天，年复一年、日复一日地默默耕耘，无私奉献。只因为心中有信念和理想，他们甘受清贫，痛而无悔。想到此处，他感到一股暖流涌遍全身，在头脑中一个大胆的创想瞬间形成：开一个“寻找伯雍故事会”，让伯雍的教师们寻找身边的感动，让整个校园充满正能量！

于是，在每个周末会上，伯雍小学的教师们都以“电脑抽签”的形式，抽取2～3名教师创写伯雍故事，下一周的周末会上讲给老师们听。故事以身边的同事为主人公，从点滴的小事中发现感动伯雍的闪光点。逐渐地，教师们在故事会中寻找到了自己的影子，发现了付出的价值，收获了真实的感动。伯雍故事从开始的简单口述，到后来的图文音并茂、多媒体播放，开始变得充满生机、绚丽多彩起来。

在每个学期末，伯雍小学的教师们都要进行优秀作品展演。或单独表演或多人合作，形式也更加多样起来，甚至融入了许多表演艺术元素，如朗诵、歌唱、舞蹈、快板、书法、绘画等等。展演结束后，周校长激动地说："对于大家认真工作的态度、顽强拼搏的精神、创新整合的智慧，我是早就知道的。但通过这些活动我才身临其境地感受到了'幸福着你的幸福，快乐着你的快乐'。丁薇老师写的故事'换背景'中的李淑慧老师虽然已是接近退休的年龄，但仍要学会自己给幻灯片换背景。李淑慧老师学会了换背景，丁薇老师换了思想。什么思想？那就是活到老学到老，永不满足，终身学习的思想。"

教师代表孔祥莲老师说："为了按时优质地更换班级、走廊和地面文化，我们二年级组全体教师在学校度过了一个忙碌的'五一'节，但我们的家属非常支持我们，还要来学校里帮忙呢！"

胡颖娜老师说："伯雍在学校东面操场前凝望着大地，也在我们各个教室和工作室忙碌着，我要向这些新时代的伯雍学习，为能成为下一个合格的伯雍而努力！"

获奖教师们手捧着奖杯，如花的笑颜用一个个镜头定格在那一瞬间，幸福和快乐在伯雍小学教师的心中久久流淌。

伯雍小学的"寻找伯雍故事会"从2012年举办至今，成了周末例会的保留内容。

从电视节目受到启发，周校长的教学管理"一发不可收拾"，后来还举办了首届创新节。临近寒假，周校长给大家布置了一项作业：请大家在寒假里收看电视节目的同时，思考怎样把电视里有创意的节目形式用到教育教学中来。

因为有了"伯雍故事会"的创新基础，老师们兴趣盎然，跃跃欲试，在假期中瞄准了自己喜欢的电视节目，大刀阔斧地进行了教育活动的创想。

许丽霞老师根据《智慧树动物模仿操》设计了"会说会动的汉字"活动。张艳萍老师根据《正大综艺之墙来了》设计了"词来了"活动，分成连句、造句，读词，接力猜词，组词大联盟几个环节。杨淑良老师根据电影频道《九香》设计了"品细节，悟真情——作文教学的指导"课。孙常艳老师根据《文化正午》设计了口语交际活动"传统民俗我知道"。郑芙蓉根据公益广告《给妈妈洗脚》设计了"将爱心传递下去"感恩班会。还有的教师设计了各种知识闯关课堂、手工制作课堂、模拟课堂、表演式课堂、学生当小老师的课堂。

创新节还在继续，教师们的智慧正在凝聚！

附件：

新闻播报与口语交际

<table>
<tr><td>适用年级：小学所有年级</td><td>设计者：刘艳丽老师</td></tr>
<tr><td>活动内容：口语交际</td><td>活动名称：“一周新闻播报”</td></tr>
<tr><td colspan="2">创意源点：《新闻袋袋裤》
活动目的：培养学生的口语表达能力。</td></tr>
<tr><td colspan="2">活动流程：</td></tr>
<tr><td colspan="2">（1）每组组成一个“电视台”，推选出三个新闻主持人，在全班进行新闻一周播报比赛。教师引导主持人分三个板块去进行主持：国外新闻汇报、国内新闻汇报、周边新闻汇报。
（2）每组十分钟的播报时间。
（3）比一比哪组能为我们提供全方位的信息服务，哪一组新闻主持得好。选出新闻播报最佳组。
（4）各组分别说一说新闻播报的感受。
（5）集体展示。</td></tr>
</table>

你的地盘我做主

伯雍教师团队中的60个兄弟姐妹，在“开门红”欢度创新节电视节目创新教育活动中，涌现出了60种创意。马红艳老师的“角色互换”让人眼前一亮，她的创意点来自湖南卫视周三、周四晚上9点20分播出的《变形计》。

《变形计》是湖南卫视推出的一档大型生活角色互换节目，以纪录片加真人秀模式推出。这档节目结合当下社会热点，寻找热点中的当局人物，安排他们进行互换人生体验，参与节目的双方在7天之中互换角色，体验对方的生活。来自城市的白领经过艰苦的生活懂得了感恩，来自大山的朴实儿女走出困境开阔了眼界。

在学校，在课堂中，不是到处都有老师喜欢、家长放心的“优等生”和老师头疼、家长发愁的“后进生”吗？干脆让他们进行角色互换好了。对！说干就干！于是，马老师在班内开展了第一季变形之旅：你的地盘我做主。

活动采取自愿报名和老师挑选相结合的方式，挑选了两位同学。为了尊重他们的隐私，以下我们用A和B来代表两位同学。A是学习委员，母亲在家陪读，父母非常重视他的学习，为人老实、听话、成绩优秀；B是卫生小组长，他热爱劳动，关心同学，但上课爱走神、说话，作业拖拉，考试从未及格过。第一步，马老师发动全班学生说一说他们各自的优点；第二步，把两个孩子的优点做成相框，分别挂在黑板的两侧；第三步，给两个孩子换座位；第四步，给两个孩子换职务；第五步，告诉所有的任课教师，要像对待A那样对待B，而要像对待B那样对待A；第六步，经过家长的同意，放学后，两个孩子互换家庭。活动为期两周。

一开始B可高兴了。“我升官了！我升官了！哈哈…… 你们，你们，”下课的时候他用手比划着，“都归我管了！啊！”一天下来，B蔫了。一问他，他说：“我当上了学习委员，本来特高兴，可是同学们来问我问题，我一道也不会呀！”说着说着，这个平时连老师批评他时也一向喜笑颜开的孩子脸上的笑容凝固了。

“那你打算怎么办呢?”

“我上课好好听老师讲，到家我让我的‘新爸妈’给我补习补习。”

“嗯，想法不错!”老师微笑着点点头。

A 一开始却不大高兴：座位靠后了，周围不认真听讲的人多了，最受不了的是 C 总往他脚底下扔废纸!

“你体验一下他的生活，有什么困难老师会尽力帮助你的。”在老师的劝说下，A 才同意继续“换角色”。

一周后 B 的表现明显进步：上课不再东张西望，不再和同学窃窃私语，也不再总是对老师的问题答非所问了。老师说：“嗯，你的问题贴边了。”“今天这个问题答对了，恭喜你!”同学们自发地给他鼓起掌来。A 也理解了老师的用意。“老师，我以前太不爱劳动了。”A 有点不好意思地说，语音一顿，又兴奋了起来。“星期天，我的‘新爸妈’带我去捡湖边的塑料垃圾，一边捡还能一边看小鱼呢！下周我还去。”“对了，老师，我还学会了包饺子呢！我给你拿几个来了，您尝尝，好吃不?”老师咬了一口，说：“嗯，真好吃！剩下的让 B 拿给你的爸妈尝尝好吗?”“好!”A 的脸上露出了阳光般的笑脸。

两周后，第一季变形之旅结束了。A 再也没因为 C 给他扔废纸而把事情告诉老师，因为他会帮他捡起来，并劝导他。B 在月考中考了 70 分，B 兴奋地跳了起来。

一位任课教师说：“我们未免对我们眼中的‘好学生’太偏爱了，其实每一个学生都有他们闪光的地方。我们要善于挖掘他们的闪光点。”

A 家长说：“我们以前只注重孩子的学习，家里什么活也不让他干。在家里，他是老小，谁都让着他。看到孩子变得‘更像小伙子了’，我真是太高兴了。看来，我以后不能对孩子太娇惯了，要不真得培养成个‘高分低能’的孩子。”

B 家长说：“他学习不好，我老是打他、骂他，却很少耐心地辅导他。还是 A 的父母有耐心，我以后要向他们学习。”

A 说：“你的闪光点我不一定有。”

B 说：“你的长处我也不具备。”

“角色互换”不仅是“地盘”的互换，更是品格与尊严的互增互长。

校长常说：“我们的教育资源要开放，家长也是一种教育资源。电视节目的创新比我们教育的创新更快、更及时，因为电视节目不创新，节目就没人看。我们教学创新可以向电视节目学习，成本低，效率却很高。”“角色互换”是一扇门，打开了教学创新向电视节目汲取营养之路。

商家创意不断　教学创想无限

2011 年 8 月，惹人喜爱的孤树金丝小枣挂满枝头，正值摘枣好时节，老师们结伴同行自发组织去采摘园采摘。三个一群两个一组，老师们有说有笑，不一会儿就收获满满。采摘园的园主说："原来我们把采摘下来的最好的水果运到市场上去卖，可是顾客在买的时候还要挑三拣四不断地还价，真的很不容易，但出现采摘园之后就不同了，大量的游客涌入果园里自己采摘，而且价格比市场上出售的还要高，我们不仅省了功，还卖上了好价钱，这多好啊!"

园主的一番话，让周校长陷入深深的思考：亲手摘下来的小枣才是最甜的。在采摘的过程中老师们体验到了劳动的乐趣和收获的幸福。此时的小枣已经不仅仅是一种果实，它的附加值翻了又翻。同样，在教育教学中，孩子们最感兴趣的知识，常常最容易让孩子们接受。如何让我们的课堂知识，激发起孩子足够的兴趣呢？这和商品与市场的关系是一样的，有需求才有消费。我们为什么不可以改良呢？就像苦药片包上糖衣一样，把枯燥的知识加工成具有孩子思维模式的"童话"不就好了吗？把课本变成"采摘园"，让孩子们随意去采，老师为他们准备好梯子和箩筐就行了，我们是不是就由知识"小贩"变"园主"了呢？给他们一些自主吧。

周校长心动了，伯雍小学的教师们行动了。

张淑杰老师在寒假里，到苏宁电器转了一圈。偶然看到了 LG 正在召开产品推介会：一名工作人员正在讲解各个电视的不同功能，然后根据顾客的需求向他们推荐不同的产品。她依据"商家的产品推介会"创设了一节好书推介会——《与书为友》，让学生推销自己认为优秀的好书，培养学生阅读优秀课外读物的良好习惯。

么英娟老师的创意来自商家的购物积分、话费积分、各种会员积分卡等。商家就是想利用积分来赚取客户资源，小幅降低利润，大幅提高销量。她创设了《小卡片，大学问》，通过积分规则，同学们在学习获得积分的同时，可以提升学习能力，拓展思维、开阔眼界，提高学习效率!

开中药店和开茶馆是两个不同的行业，但一家日本公司把这两个不同的行业组合在一起，竟产生了意想不到的效果。他把中药和现代生活方式的茶馆结合起来，无论是药酒还是果汁，中药味都大大减轻，以此来促进中药的销售。别具一格的经营方式，立即吸引了大量的年轻顾客，店里经常座无虚席，在美妙动听的流行音乐声中，悠闲地品味既能强身健体，又合口味的中药饮料。根据这一商家创意，王红艳老师把传统的教学模式改成了《从学到唱——从课堂到音乐厅》，这一教学模式使学生学习时心情欢畅，精神饱满全身心地投入学习中，从而大大提高了学习效率。尤其是第四个环节，教学完本课后，王红艳老师没有让学生背或写文中的重点段落，而是根据学生喜欢的歌曲《天路》，让学生根据课文内容自己创编新的《天路》歌词，并把自己创编的歌词唱给大家听，这样大大提高了学生的学习兴趣，提高了学生的学习效率，把枯燥的、干涩的学习，变得有滋有味、兴趣盎然。

商家创意不断，教学创想无限。通过这类活动，我们的教师真正成了“商家”，所教知识成了“商品”，学生成了“消费者”，我们的课堂不再枯燥、不再乏味，成了学生自主创新的小天地，学生更加主动积极获取知识，更加轻松快乐地得到自己想要的“商品”。

免费品尝引起的思考

丁柏林老师正娓娓道来他的故事："一天，我领着儿子去逛大厦。一位阿姨手托着一杯牛奶朝我儿子走过来。'小朋友，尝尝吧，很好喝！'我儿子喝了一口，吵着要买。另一位阿姨递给她一块饼干，儿子咬了一口，把饼干扔在了一边。儿子不同的表现引发了我深深的思考。"在商业领域，"免费品尝"是常用的促销方法。在"免费品尝"之后人们是买还是不买，第一次品尝的味道很重要。在我们的教学中，要想让学生主动学习知识，全心全意接受我们的教育理念，我们教师也要做一顿让学生免费品尝的"大餐"。

在全校教师的共同努力下，伯雍小学开设了开学第一天的"目录课"，让学生提前品尝"新知"；使用预习加讨论的学习方法，让每一个孩子都能提前知道在课上重点"啃"哪里；在课堂上更注重教学情境设置，让孩子们"啃"起来更加得心应手、兴趣盎然。

在放学回家的路上，两个好朋友小芳和小丽还在喋喋不休地说着悄悄话：

"老师让预习《表内除法》呢！"

"是呀，你每天都怎么预习？"

"我先自己看呗，不会的再问问我妈。"

"噢，我妈经常不在家，我有时查查电脑，有时问隔壁的姐姐，她正好比我高一个年级。"

"今天老师讲的《平均分》你会了吗？"

"我知道平均分就是每份分的同样多，但我一直在想老师说的最后一个问题'平均分是公平的吗？'如果爸爸和孩子一起吃东西，爸爸能吃，那平均分反而是不公平的。"

"我和我的弟弟一起吃东西，我觉得平均分就很好。"

…………

第二天上午第二节是数学课，丁老师洪亮的声音响起："今天，灰太狼又没有捉到羊，只好做了几个烧饼吃。小灰灰忙跑上前去数：'1、

2……爸爸，你一共做了12个烧饼！’灰太狼忙活了半天，本想多吃几个，可又惦记着红太郎和小灰灰，于是让小灰灰平均分给他们3个人。你能帮小灰灰分一下吗？请各小组拿出你们提前做好的12个‘烧饼’，在组内先分一下。”

经过几分钟的讨论，轮到组内汇报了，各小组争相发言。丁老师点了平时反应较慢的“大智若愚组”。“12个烧饼平均分成3份，每份是4个。”组长丁丽抢先发言，副组长小芳帮着把12个圆片分成了3份，每份4个。“列成算式就是12÷3=4。”平时最淘气的张明一边说一边用粉笔把12÷3=4写在了黑板上。看着同学们惊讶得张大了嘴巴，张明一脸地得意。丁老师插话说：“张明，和大家分享一下你怎样预习的吧。”“好嘞！我昨天预习得可认真了，我还特意问了我妈妈我的想法对不对呢，再不能让你们看笑话了。听着：以后我们可以不再用圆片分了，直接用乘法口诀‘三四十二’十二除以三就等于四。”同学们都自发地鼓起掌来，张明的脸上写满了自豪。等掌声停了，李珍慢悠悠地说：“12是被除数，3是除数，4是商。”同时把被除数、除数、商几个字分别写在了12、3、4的下面。“老师，李珍说的超圈了，还没讲呢！”平时学习特别棒的田恬发言了。李珍的脸上露出了羞愧不安的神色。丁老师却称赞说：“这是明天要学的内容，李珍今天就会了，她多棒呀！”李珍开心地笑了。“老师，”平时学习最差的陆月磕磕巴巴地发言了，“我……我……您昨天说的平均分到底公平不公平我还是不知道，我问爸爸妈妈，他们也争论了老半天。”“我认为公平！”“我认为不公平！”同学们争吵起来了。“你们还学不学今天的课了？”大嗓门的李宁不干了。

丁老师哈哈大笑着走上讲台：“同学们，你们说得都太好了。我们就把‘平均分与公平’作为我们这周的小课题研究作业，等周末我们再来详细地研究一下，好吗？”“好！”同学们都笑了。

笑声中，课堂在继续。瞧，“免费品尝”可勾起了孩子们思考与探索的“馋虫”。悄悄地生根发芽的思维模式和思考习惯让我们的课堂受益匪浅。

救赎与创新

寒假前的一天傍晚，周校长终于忙完一天的工作，轻轻扭了几下酸痛的脖子。外面早已是灯火阑珊，走在回家的路上，“早过了晚饭时间，要不外面吃点算了，免得麻烦家里再做……”这样想着，周校长向街边望去，想寻一家小吃店。没想到这一抬头不要紧，映入周校长眼帘的却是一家家半掩着门的网吧。

网吧里面隐约传来断断续续的声音，或高声大喊，或激动欢呼。周校长的眉头迅速皱了起来，埋藏许久的心事再次涌上心头。近年来中小学生沉迷网络游戏，学习兴趣下降，精神萎靡，成绩滑坡……令人痛心的例子举不胜举。小网民们陷入了网络的旋涡，父母的劝说、长辈的告诫、老师的批评，都不管用。他们说在家里感觉不到家庭的温暖，在学校里享受不到成功的喜悦，可在游戏里却能体验到成功和快乐。当他过关斩将的时候，有人为他喝彩；当他大获全胜的时候，有人向他表示祝贺。在游戏的虚拟世界里，他们得到了虚拟的满足。

怎样把这些孩子爱玩的游戏用到教学中去，让孩子们也像喜欢玩游戏一样爱上课堂呢？回到家中，周校长久久不能入眠。经过一夜的思考，第二天，周校长迫不及待地向全校教师发起了第三届创新节“网络游戏与教学创新大赛”的号召：全校教师在寒假期间休闲与创新并举，度过一个有意义的假期，开动脑筋，开辟出一片让孩子们恋恋不舍的教育天地。

孩子们需要的是心灵的呵护和情感的温暖。网络游戏都能给予孩子这些，我们的教学为什么不能呢？让课堂充满喝彩和掌声，让孩子们在课堂上感受到温暖，体验到成功，让他们获得成功的喜悦和被重视的快乐。相信孩子们一定会爱上课堂，爱上学习。

面对新一轮的创新挑战，教师们最初有些畏难情绪。周校长语重心长地说，从孩子身心发展规律来看，处于童年期的他们，主要运用形象思维进行学习，喜欢看得见、摸得着的东西。我们的教学活动设计不需要复杂的故事情节，却要有绚烂的场面、动听的声音来刺激他们的感官。到了少年期，学生开始发展自己的个性，开始有了了解社会、了解自我的需要，因此可以设计角色扮演类课堂游戏。所有应用于教学的游戏都应注重与生活相结合，培养学生各项素质，最后在生活中应用。好的教学活动会让学生在亲身体验中学会知识，并注重情感、态度、价值观等方面的全面培养。我们可以在活动中利用挑战、控制、目标、竞争等游戏情节，激发学生的学习热情，提高他们的学习兴趣。在设计过程中，要注意与学生的互动，并且及时反馈结果。设置题目要由浅入深，老师要多为学生创造一些体验成功的机会。对于不会的内容可以通过加强学生之间的合作交流来解决。

教师们在寒假里苦苦地思考：怎样把这些大人、孩子都爱玩的游戏用到教学中去?

开学前一周，伯雍小学的全体教师就提前返校了。周校长看着一张张神秘的笑脸，已经猜出这些老师对新一届创新活动早就成竹在胸了。周校长请来了教育界的前辈和专家为教师们指导把关并担当评委。教学设计大赛开始了，比赛中充满教师智慧幽默、抑扬顿挫的发言和阵阵由衷的掌声。

第三届创新节从早晨8点一直到下午1点，大家都“傻”得忘记吃饭了，大会主持人最后幽默地说：“创新节开幕，我要说大家上午好，现在，我要说大家下午好，有了这么多美妙的创意，我们教育的明天会更美好!”

“分”享快乐

刘丽艳老师笑容满面地走进课堂，神神秘秘地拿出一个紫色的袋子。“同学们，你们知道袋子里面是什么吗?”“试卷?”“奖状?”“哇！是扑克牌!”“这节课我们的任务就是玩游戏。”

刘老师说：“大家都玩过‘猴拉车’的扑克牌游戏吧，谁来说一下游戏规则?”“就是玩的人依次把自己的牌排在别人的后面，不断地接下去，如果放下去的牌和上面的牌有相同的，那么这之间的牌都将被你赢去。”平时最调皮的邵伟豪抢先回答。“这节课我们就来玩这种游戏，瞧，这是老师新发明的扑克牌，‘$\frac{5}{6}-\frac{2}{6}=$、$\frac{2}{9}$、$\frac{2}{6}+\frac{2}{6}=$ ……’，赢一局获伯雍卡一张（伯雍小学的伯雍卡可用于兑换学习用具）。”孩子们立刻欢呼起来。一向不听讲的张伟，一下从座位上站起来，跑到刘老师跟前说：“老师，我来发牌行吗?”刘老师递给了他一袋“扑克牌”，他连蹦带跳地回到小组中，认真地发着手中的牌，生怕多发给别人一张。“我先出牌了，$\frac{2}{6}+\frac{2}{6}=$。”张伟着急地说。“$\frac{7}{9}-\frac{2}{9}=$”、“$1-\frac{2}{6}=$”……牌一张接一张地排列着。孩子们目不转睛地盯着扑克牌，心里计算着，生怕自己算错赢不了。忽然张伟大声说：“停，我赢了，这两张牌上的得数相等，这几张牌归我了。”“等等，我看一下，你是不是有诈呀。”聂薪洋一把抓住了他刚要拿牌的手，嘴里还不时地念着：“$\frac{7}{9}-\frac{2}{9}=\frac{5}{9}$，$\frac{3}{9}+\frac{2}{9}=\frac{5}{9}$。唉！得数一样的，你赢了，牌拿走吧！接着出，快点！下次一定是我赢！”张伟兴高采烈地拿起扑克牌，脸上洋溢着开心的笑容。孩子们没有了往日课堂上的拘谨，更没有了往日做试卷的愁眉苦脸。

再看“打娘娘”组，孩子们围坐一起摩拳擦掌，跃跃欲试。“$1-\frac{4}{9}=$和$\frac{3}{9}+\frac{2}{9}=$。”王纯蕴不紧不慢地出了一对。“$\frac{6}{9}+\frac{2}{9}=$和$1-\frac{1}{9}=$。”张宸轩“啪”的一声也甩出了一对。“$\frac{1}{5}+\frac{2}{5}=$、$\frac{4}{5}-\frac{2}{5}=$、$1-\frac{2}{5}=$来一炮，

哈哈，管不上了吧！”王娅婷洋洋得意地说。

“停，你这不是一炮，$\frac{4}{5}-\frac{2}{5}=\frac{2}{5}$是假炮，拿回去吧！”孩子们的反应真快，他们的思维真活跃呀！教室里不时传来孩子们的叫声、笑声、争论声。那些声音是那样和谐，是那样让人感到欣慰！

在孩子们的眼中，刘老师已不再是“老师”，摇身一变变成了“孩子王”。学生在这样的课堂中获取知识、学会本领、提升自我是多么轻松、多么自如，原来游戏是如此有魅力。

刘老师的这节课表面上是游戏，但实际上，孩子们不但学会了分数的知识，还分享了快乐，分享了学习的方法。

家长纷纷打来电话：“我儿子在家里自己制作了分数加减法的扑克牌，晚上非要我们陪他一起玩，老师这是作业吗?”“我们家孩子星期天不玩电脑了，邀请小伙伴来家里玩分数扑克牌！老师你们真有办法呀！”我们的游戏课得到了家长们的认可、孩子们的喜爱。

都是伯币惹的“祸”

“周校长，您好！我是伯雍小学的一名家长，我的孩子说老师上班时间网上购物。她是从电子白板上看见的，但请您千万不要责怪老师。”这是2013年7月家长发给校长的一条信息。

看到短信，校长陷入深思：如果我们的教师沉迷于网上购物，一定会给我们的教育教学带来影响，但是网购省时省力，方便快捷，说明它有一定的存在价值。堵不如疏，在提醒老师工作期间不能网购的同时，我们能不能把网购的便捷方式，嫁接到教育教学中？如果我们的教育教学也变得魅力无穷，则必然会吸引孩子主动积极参与我们的教育教学活动。这该多好呀！短信激发了校长创新的火花。第四次创新节活动“网络购物与教育教学”应运而生。网络购物的小妙招走进了我们的课堂。

在校长的创想下，一（6）班设计了“赚伯币　花伯币”主题活动。根据淘宝会员网上购物可以送淘金币的规则，在班级中制定新班规：每天签到也可以领取伯币，伯币可以兑换物品，也可以抽奖。具体规则如下：

（1）学生分组，组长负责统计学生每天课堂作业、家庭作业，字迹清楚工整，认真完成的各领1角伯币。

（2）每天上课回答问题累计10次的奖2角伯币。

（3）单元测试优秀的奖5角伯币。

（4）好人好事、拾金不昧的奖1元伯币。

（5）上学迟到、卫生、纪律等不合格的扣除1角伯币。

（6）周五组长统计伯币。根据所得伯币的多少（满10元伯币可以支取一次），可以在班内“百货驿站”中任意买自己喜欢的东西（这些东西都是学生自己捡到的无人认领的或学生从家里带来的）。

（7）学生获得满10元伯币的可以抽奖一次。（奖项是学生自己写下的愿望，如：免写家庭作业一次、拿班牌一周、当号长一周、当班长一周、当组长一周、“百货驿站”小站长一天等等。）

在活动中有这样两个小故事值得和大家说一说：

一天，王娅婷是“百货驿站”的小站长，只见她脖子上戴着“小站长”的牌子，俨然一个小售货员的模样，“站长，我买一支铅笔，给你1元伯币，你找我5角。”亚轩是今天的第一位小顾客，娅婷伸手接过亚轩手中的1元伯币，随后拿出5角伯币递给亚轩。在一年级数学课中有“认识人民币”一课，人民币的换算这部分内容是比较难理解的，所以“百货驿站”的购物活动，让学生用所学的知识进行购物，学会自己付钱。让学生在付币、找币的过程中，学会了人民币的简单加减法计算。

“老师，我已经够10元伯币了，可以抽奖了。”一个稚嫩的声音在我的耳畔响起。他小心翼翼地打开纸条，忽然高兴地跳起来说：“老师，我抽到的是当号长一周。”“那我要试试你行不行。”我开玩笑地说。“老师，我在家里都把口令练好几遍了：稍息，立正，向前看齐，齐步走。”张奇大声地做着示范。看着孩子那股高兴劲，我心中有说不出的喜悦，孩子的付出得到了肯定。网购妙招奇妙无穷，让每一个孩子都有了追求进步的想法，给每一个孩子都提供了展示自己的平台。

我在浏览我们班的QQ群时，看到一位家长留言：龚老师，伯币是什么呀？我家儿子作业写了好几遍，非得写得清楚工整，说不然得不到伯币。孩子原来写作业总是在我们的催促声中草草完成，现在他和以前大不一样了。作为教师的我心里暗自高兴，这都是伯币惹的“祸”呀！

第九章　创新课堂

我当导游了！

《颐和园》是一篇写景的游记。作者按照游览的顺序，用生动的语言、准确的词汇描绘了这座古老皇家园林的美丽景色，字里行间流露出喜爱之情。这篇课文不失为一篇培养学生语感，帮助学生积累、运用语言的好文章，也是增强学生的民族自豪感的好作品。教学备课研讨时，我觉得应多为学生准备颐和园的景观图片，让学生直观地感受颐和园的美景，陈老师却认为颐和园离玉田很近，学生可能大多数去过，让学生准备照片更直接。对啊！备课关键是备学生，只有了解学生原有知识和技能水平，以此确定的教学重点和难点才能准确，才能符合学生的实际水平。

于是，我利用下课时间做了个小调查："同学们，谁去过北京颐和园?""老师，我去过……"二十几个同学都举起了手，并纷纷向我围过来。"老师，我去过颐和园三次，那里的景色可美了!"张珊举着手跑到我跟前，"我最喜欢长廊了，长廊上的图案讲述着一个个动人的故事……""老师，我也去过，我登上了万寿山，那里有个排云殿……"调皮的李春抢着说道。"老师，你要去颐和园，我可以给你当导游!"张珊大声的抢白。"当导游!"这个词给了我灵感，对啊，学生对颐和园很了解，为什么不让他们来讲颐和园呢！上一节导游课！可是这毕竟是语文课，语文教学中的字词、读写训练怎样来完成呢？于是我将想法和同组老师交流。丁老师说："你这个想法很好，我想学生的积极性一定很高，每课在教学上不一定都要面面俱到，讲课要有舍有得，字词完全可以让学生自学，如果学生能把颐和园介绍得很好，那么学生对课文已经读懂了。""可以把课文按照作者的写作顺序分成四部分，让学生分组介绍。"黄老师接着说道，"分组时要注意组内分工要明确。你放手让学生去做，课堂可以完全交给学生。"一节导游课的雏形诞生了。

课上，我对学生宣布要将《颐和园》一课以导游的形式来上，让他们来当小导游，学生一下子兴奋起来。"我要当导游!""我也要当导游!""老师，还有我!"看到他们的兴奋，我心里真的很高兴，于是说道："想当导游员可不容易，你们要准备好导游词和图片，我们分组进行，看看哪组表现最好，还要评出最佳导游员。”于是，我把全班分成五个组：长廊组、万寿山组、昆明湖组、十七孔桥组和观光组。

几天后，导游课开始了，虽然我对学生充满信心，可第一次上这样的课心里还是很紧张，学生能自主完成吗？

“大家好！颐和园之旅开始了！”张珊清脆响亮的声音打断了我的思绪。

“大家好，我是长廊组的导游员张珊，请大家跟随我走进美丽的长廊。”我随着张珊的话播放长廊组的图片。“每一间横槛上都有五彩的画，看这一副是《嫦娥奔月》，这一幅是……”张珊不紧不慢地向大家介绍。“微风从昆明湖上吹来，使人神清气爽。”讲到这里同组学生拿起准备好的扇子，为观光组同学轻轻地扇了起来。“啊！太凉爽了，我感受到了昆明湖上的微风，我闻到了湖水的味道。”观光组的陈明闭着眼睛，晃着头说道。“哈哈哈……”同学们都笑了起来，我也跟着笑了起来，仿佛昆明湖的微风吹进了我的心里，心情一下子轻松起来了。“我是万寿山组导游员李春，我是昆明湖组……”小小导游员带大家畅游于一个又一个美景之中。

“学生表现得太棒了！听了他们的介绍，我都想马上去北京颐和园看看了。”听课老师纷纷竖起大拇指夸赞道。是啊，学生的表现完全出乎了我的意料，我的心彻底放到肚子里去了。现在的学生见识真广，他们知道的，有许多我都不知道，这节课让我也增长了见识。这可真是教学相长啊。

茶香四溢

走进五（3）班教室，一阵茶香扑鼻而来。八只茶杯环抱着一把小南瓜一样扁扁的茶壶，摆在每组同学的课桌上。洁白如玉的瓷碗中，片片嫩茶犹如雀舌，色泽墨绿，碧液中透出阵阵幽香。同学们一边品茶，一边聊天。

孩子们在干什么呀？上课怎么还喝上茶了？不要急，一会儿就知道答案了。

□ 五（3）班的同学在品茶

“要想了解一篇文章的内容，先要走近作者，与作者有一次心灵的对话。《草原》的作者是老舍，现在让我们走近老舍。跟大师来一次心灵的对话吧。”王老师穿梭于茶香四溢的书桌间向同学们讲解着。

话音刚落，各组同学就开始忙碌起来。“老舍著有长篇小说《小坡的生日》、《猫城记》、《离婚》、《牛天赐传》……”第一组小组长首先发言。一名组员接着说：“老舍，满族，原名舒庆春，字舍予，1899 年 2 月 3 日生于北京。老舍一生勤奋笔耕，创作甚丰，20 世纪 30 年代就成为最有成就的作家之一。”第三名组员继续说：“我知道老舍先生是地地道道的北京人，他是喝着大碗茶长大的，他的作品洋溢着北京味。”就这样，他们有条不紊地介绍着，小组长时不时地站起来，给组员们倒上一杯热腾腾的茶，组员们边品着茶，边听着别人的发言。王老师手里拿着暖壶，在教室里踱来踱去，看见哪个组的茶壶见底，马上倒满热水。此时的教室，犹如老舍先生笔下当年的茶馆，热闹非凡。在充满生机的“茶馆”里，王老师将她的学生带入到老舍的世界：老舍开始创作时，抱着“不管是谁与什么吧，反正要写得好笑好玩”的信念，愈近晚年，他的语言就愈纯净、老练，字字珠玑，充分体现了他的语言特点和成就。

正当同学们在老舍的世界里酣畅神游之时，王老师站在教室中央笑吟吟地问：“同学们，刚才我们在小组里边交流，边品茶，在品茶的过程中你们品出了什么？”

刘晶同学慢慢地站起来：“我觉得学课文要像品茶一样，慢慢品，细细悟，才能深刻理解课文含义。”

“刘晶，你的见解很独到，同学们鼓励鼓励她。”教室里响起了雷鸣般的掌声。

鞠然同学补充道：“‘品’字三个口，一杯茶需分三口品尝，且在品茶之前，目光需注视泡茶师一至两秒，稍带微笑，以示感谢。我们学习时也要循序渐进。”

杨宗航同学立刻附和：“学课文就跟品茶一样，先粗知，再细品，最后感悟。”

看着同学们各抒己见，欣慰的笑容在王老师的脸上绽放。孩子显然在轻松的氛围中理解了品茶的真谛。王老师时而像茶馆里的“掌柜”，时而像腿脚勤快的“小二”，用各种恰到好处的方式引领着孩子们的成长。

但愿我们每一位语文教师都能够成为“茶馆”里一位知识渊博，智慧无穷而又热情周到的“先生”。

小小“阿诺德”

阿诺德是语文课《差别》中的主要人物，他作为一名公司的普通职员，做事有思想、有主见，能根据自己的观察和理解创造性地完成任务。

在教学完《差别》一课后，孩子们都很佩服阿诺德，并渴望成为阿诺德那样的人。于是，我大胆建议：下节品德与社会课是《家乡的美景，家乡的人》，大家投票选一个“阿诺德”，让“阿诺德”代替老师，老师把讲台让给“阿诺德”。投票结束后，张蕊成为我班的第一个“阿诺德”。

课前，她让同学搜集整理家乡美景、名人的相关知识，让每个同学都有机会发挥聪明才智。

“同学们，下面进行小组内交流。”“阿诺德”站在讲台上宣布。

“看，这是我搜集到的名人故事，我给大家讲讲……”“我还知道……”教室中五六个孩子一组围坐在一起，每个孩子脸上都带着微笑，不时传出这样的声音，教室里一下子热闹起来了。“你们组都搜集到了哪些名人故事?”一个清脆的声音响起。“张蕊，我们搜集了……”“你们搜集的这些材料对我有用，能不能给我?”“好的。”“你们对哪个名人感兴趣，还想知道关于他的哪些故事?”“我们对于文华感兴趣，想知道……”“好，我记下了，谢谢!”一个绿色的身影在教室中来回穿梭，清脆的声音不时在各组中响起，她就是我班的张蕊同学，也是这次课堂中的小小“阿诺德”。张蕊手中的资料越来越多，她眉头紧锁，一会儿翻阅手中资料，一会儿拿笔记录勾画，忽然，她脸上露出了笑容，看向听课的老师。“老师好，”张蕊右手行队礼，对听课的陈老师说，“老师，您了解于文华吗?能不能给我们讲她的故事?”“对不起孩子，我不了解于文华。”“老师你知道听课的老师中谁了解吗?”“我想，坐在前面听课的校长可能知道?”“谢谢老师!”张蕊高兴地走到校长面前，行了一个队礼，“校长好……”

“行，一会儿我给同学们讲于文华的故事。”校长说。

“下面有请周校长为我们讲……”

教室响起热烈的掌声，同学们目光投向讲台上的校长。

“同学们好。”校长面带微笑，“于文华就在我们学校上的小学，她从小喜爱音乐，后来，又学过评剧，在音乐大师的培养下，经过自己的勤奋苦练，已经成为著名歌手……我们的校训是‘我是天材，我是人才’，相信你们一定会成为各个领域中有所成就的人。”校长的声音刚落，课堂上又响起一阵热烈的掌声。

这堂课上全班学生的表现超出了我的预料，不但张蕊出色地扮演了“阿诺德”，而且全班孩子都好像“解放”了一样，他们展现出的礼仪、气质、勇气、智慧和交际艺术，都不是考试分数能测试出来的。小小“阿诺德”第一次试验就成功了，孩子们的表现和收获超出了我的预想。

我们是“音乐家”

“清晨，我站在青青的牧场，看到神鹰披着那霞光，像一片祥云飞过蓝天，为藏家儿女带来吉祥，那是一条神奇的天路……”刚走到五（1）班的教室门前，动听的音乐便传入我的耳朵。“这节是语文课呀，怎么唱上歌了？”我心里暗忖。

悄悄地推开教室后门，只见黑板上写着“把铁路修到拉萨去”。再环顾教室四周，南墙上悬挂着茫茫的雪山、巍峨的山峰、嶙峋的怪石、泥沙满布的沱沱河。北墙上挂满了工人修路的画面：有的工人站在山顶上弯着腰铺路，有的挂着氧气瓶攀爬，有的在风沙漫天的荒野测绘……此时，我仿佛置身于西藏，我自己也变成了一名修路工人，在雪花飞舞的山峰上，一块块怪石挡住了前方的去路，我和我的同伴们正弯着腰搬走一块块巨石。天虽冷，我们却大汗淋漓。

“同学们，听完《天路》这首歌，让我们给这首曲子重新填一下歌词吧。”王老师说。如痴如醉的我一下子被拉回到现实。

我轻轻地走到了第四组同学身边。几个孩子正在讨论如何填词。“我们应该根据课文表达的内容填词。”小组长訾明辉一脸稚气地指挥着大家。张琳小声地嘀咕：“科技人员为了修路废寝忘食，这句得写上。”刘建雨一手翻着课前搜集到的资料，一边在纸上写下：为了西部的发展，征服沉睡的风火山，数百名队员数十台机械，一起探索与挖掘……就这样，第四组同学一边研讨，一边字斟句酌地填词。最后，一首《新天路》的歌词在第四组同学齐心协力的创作下诞生了。其他组的同学也创作出了一首首饱含深情的歌词，当他们一组一组地在台上唱着自己作词的歌曲时，我分明感受到，他们不仅对课文有了深刻的理解，而且表现出了对修路工人的敬佩，对西藏人民的深情厚谊和对祖国无限的热爱。

《新天路》

作者：訾明辉、刘建雨

为了西部的发展，征服沉睡的风火山，

数百名队员数十台机械，一起探索与挖掘。
阵阵的爆破声喂！一条铁龙正式开凿，
从新城格尔直到拉萨，机械的轰鸣传遍四方。
为了西部的繁荣，科技人员废寝忘食，
夜以继日的实验，拉萨古城遥遥在望。
一座大型制氧站建成啦！风火山低下了头，
隧道终于建成啦，各族儿女欢聚一堂。

不知不觉，一节课结束了，孩子们带着满足的笑容走出了教室。整节课我没听到王老师一句对课文的讲解，全是孩子们在自主学习。从课前收集资料，布置教室，建构情境，使同学们身临其境；到自学课文，感悟内容，升华情感，然后创作歌词。这种“音乐厅式的课堂”让学生在愉快的氛围中收获颇丰。

一节爱心拍卖课

一年级的一节公开课，讲课地点不在教室，而是在那个可以容纳200余人的多功能厅，上课的不仅有七八岁的一年级小孩子，还有他们的家长。执教的老师除了主讲教师刘秀娟，还有组内的四个助教。我们这些听课的教师，实在是有点丈二和尚摸不着头脑了。

上课铃声响后，数学老师刘秀娟笑容满面地走进教室："孩子们，我们认识了长方形、正方形、圆形、三角形这些几何图形，今天就让我们用这些图形做一幅作品。"话音刚落，教室里立刻炸开了锅，孩子们七嘴八舌地议论起来。

他们就是这次数学几何形体拍卖活动的主人，他们对"美"这一字眼有独到的见解，他们用自己稚嫩的双手出色地完成了任务，他们用尚不纯熟老练的言语表达了对这个社会的爱，他们用自己的实际行动践行了我们伯雍小学自主发展的办学特色，他们用自己的真挚情感传承了伯雍的大爱精神。下面我就给您讲讲这群孩子的故事。

一、投入地爱一次

"数风流人物还看今朝"是活动的第二个环节。孩子们在指导老师的帮助下，利用现场准备的材料和学过的几何知识进行创作。小主持人请一位家长朗读活动提示后，大家马上进入角色。第一组的方案是：用正方形彩纸折成百合花并插在圆柱形的花瓶里，作品名叫《盛开的百合花》，寓意是百事顺心、万事合意。第二组同学把七种不同颜色的海绵纸，裁成了长方形的条，用它们穿编一颗七彩的心。他们集体创作了一首短诗——《我有一颗七彩的心》（我有一颗七彩的心，装着家人的疼爱，载着老师的关怀。充满美丽的希望，铸造七彩的未来）。第三组做的是一幅纸贴画（《伯雍畅想曲》），还准备了一个三句半节目（《伯雍教师打头响》）。第四组做了一个风铃，他们用长方形的细纸条叠成小五星，再用渔线和针穿起来，大家一起合作，有说有笑，所以作品命名为《风铃里的笑声》。第五组同学们利用彩纸剪出不同式样的窗花，所以他们的作品叫《妙手生花》（一张彩纸、一把剪刀、一双巧手、悠悠几下，就能剪出一个奇妙的世界，挂在窗户上、壁橱上更是回味无穷）。第六组的作品叫《水墨丹青》，这也是最吸引孩子们的一组，多彩的颜料点在可吸水的宣纸上，马上就能呈现出一幅绚丽的画面，再加上瓦楞纸做的边框，作品十分精美。

起初，家长们还保持着大人的威严和矜持，随着活动的进行，他们再也 hold 不住了，纷纷加入孩子们的制作小组中。家长们兴高采烈，孩子们神采飞扬。李晨鹏的妈妈一边和孩子做水彩画，一边调侃着说："真感谢伯雍小学设计的这次活动，孩子们锻炼了自主能力，也让我回到了童真时代。"静国坤的奶奶说："平时我们只关心孩子的吃喝，从没想过孩子还要学习这些。"还有一位细心的家长，他把自己儿子在制作"七彩的心"的过程中的表现全部录下来了，感慨地说："这可是我儿子最宝贵的记忆啊。"穿风铃的同学争先恐后地要把自己做的小五星穿起来，有位家长教育自己的儿子说："咱们要懂得谦让，大家轮着穿，不要吵啊"。在这种场景下，我的心情可以用一句歌词来表达："投入地笑一次，忘了自己，投入地爱一次，忘了自己。"是啊，投入地爱一次，我们的身边就会发生巨大的变化。整个制作过程充满了智慧的碰撞、快乐的分享和亲情的涌动。

二、从鸦雀无声到雷鸣般的掌声

随着小主持人的一句"时间到"，活动进入了高潮"欲与天公试比高"，展示拍卖孩子们的现场作品。虽然孩子们的作品不是那么精致，虽然孩子们的展示不是那么完美，可正是这稚嫩赢得了大家热烈的掌声。对七八岁的孩子来说，有勇气站在这么多人面前，说出自己想说的话，彬彬有礼地上场、下场，在我看来，他们就是非常了不起的小伯雍。

我为孩子们的精彩展示欢呼，我也为老师们细致入微的指导喝彩。在李子萱同学为大家展示的时候，画挡住了她的脸，张艳萍老师蹲下身子，一步一步挨到她身边帮她把画放低一点，使她最光艳的小脸露给大家，这一幕不正是我们伯雍教师把小事做到极致的体现吗？

最有震慑力的语言不是长篇大论。这一点在周校长最后做的总结感言中最能体现出来了。他说："作为买家，今天我不能算是家长，可是，我是伯雍小学所有孩子的家长。"短短一句话，却博得了全场雷鸣般的掌声。

三、从"一锤定音"到"多锤发展"

拍卖会上少不了锤子，为了应急我们自己制作了一个拍卖锤——半截空的薯片筒，再用一根木棍从中间穿过去就成型了。

别看制作简单，它的寓意可不一般。锤子是力量的象征，有知识才会有力量，会用知识去创造才有价值。

拍卖会结束了，拍卖所得共计 920 元，刘老师轻轻地问孩子们："我们的拍卖资金应该怎么用呢?”调皮的刘林一本正经地说:“老师,咱们把钱捐给树仁小学的孩子们吧!他们一定会很高兴。”他的话音未落,文静的郝音轻声说:“咱们可以去敬老院,给爷爷奶奶们买点好吃的。”下面的孩子也开始议论起来。“设立爱心基金,帮助那些上不起学的孩子。”“给地震灾区的小朋友寄去,让他们买衣服。”听着孩子们稚嫩而又感人的话语,我被深深地感动着。刘老师睿智地引导孩子们讨论拍卖所得的钱应该怎样花是多么重要呀!使拍卖资金服务于社会,正是孩子们用实际行动践行“我是天材、我是人才”的校训的体现。

活动结束时,张弘毅的妈妈说了一句话:“我家孩子智商没问题,可情商有点低,希望老师通过各种活动,提高孩子的情商。”这句话让我感触颇深。今天我们的锤子砸向了垫板,那么在孩子们成长的过程中,我们的力量之锤应该砸向哪儿呢?我觉得它要砸向孩子们发展的方方面面,践行我校多元化人才培养的理念。不管我们的锤子砸向何方,都要有分量、有胆量、有度量。

目 录 课

2012 年 2 月开学的第一天，我主讲了人教版五年级语文的《开学第一课》。这节课从备课到讲课的过程，至今都历历在目。

我是 2011 年的 10 月调入伯雍小学的，以前一直从事小学数学教学。调入伯雍后，由于工作的需要，我开始担任五年级语文教学工作。为了尽快提高我的教学水平，2011 年 12 月周校长带领我和同事们，聆听了人大附小教师主讲的《可爱的小豆豆》及语文《开学第一课》，观摩中我不仅领略了人大附小教师的风采，他们的语文《开学第一课》的教学设计更是令我大开眼界，从事教学十几年，从来不知道语文《开学第一课》原来可以这样上。

按照老惯例，《开学第一课》就是对学生进行收心教育，强调一下日常行为规范，然后收收作业，发发新书，让学生自己预习一下课本，等等。尽管我已经意识到这样的第一课缺少价值，毫无生趣，但从未想过该怎么去改变。听了人大附小的课以后，我毅然决定不再墨守成规，给伯雍小学的孩子也上一堂精彩纷呈、热情激荡的《开学第一课》。

于是，我向周校长提出了自己的建议："我们也像人大附小一样，上一节新颖的五年级语文《开学第一课》，怎么样?"果不其然，周校长非常赞同，但语重心长地提醒："我们要创新，不能照搬，我们与人大附小的教材不同，还要根据我们学校学生学情的实际情况，进行有效的教学。"

有了周校长的支持，我信心大增。寒假前就开始反复思索，多方准备。我想：学生已经上五年级了，他们已经具备搜集信息、提取信息和运用信息的能力，因此，我决定这节课要大胆放手，让学生自主学习。同时，我还与五年级的全体教师进行了有效研讨，最后在放假前，基本敲定了具体的教学环节。

按照计划，2012 年寒假后开学第一天，周校长就会带领着学校的骨干教师来听我的人教版五年级语文《开学第一课》。

上课铃响，走进教室，同学们早已经准备好崭新的语文课本。我从容地打开电子白板，把任务布置给学生：让学生翻开目录，自己获取整本教材的单元数量、综合学习数量以及每个单元的主题信息等知识，借以培养学生学习兴趣。然后大胆放手，让他们小组合作，交流所获得的信息。通过交流，学生的信息量大增，在最后的汇报过程中，听课教师都很惊异。接下来是第二个大环节：走进单元，明确主题。课文原来都是以组别进行分类，我根据课前周校长的建议，让学生把每一组改为第一章、第二章、第三章等，并让学生根据每一章推荐的课题，综合概括出一个主题。孩子们在兴奋的讨论中很快得出了结论：第一章为“走进西部”，第二章为“永远的童年”，第三章为“语言的艺术”，第四章为“他们让我感动”，第五章为“中国古典名著之旅”，第六章为“走进信息世界”，第七章为“作家笔下的人”。从针锋相对的激烈争辩，到逐渐达成共识，孩子们的概括能力在这个教学环节中得到了充分锻炼。

接下来，我让学生具体走进一个自己喜欢的单元进行具体学习，可以概括课文的内容，也可以根据课文内容创编小诗。很多学生创编的小诗都很好，例如，杨宗航同学根据自己读的《草原》一课写下了“草原风光无限美，难忘主人好客情”的诗句，张思雨同学根据自己读的《丝绸之路》一课写下了“张骞出使西域路，文化繁荣大中华”的慷慨诗句，等等。

这样的《开学第一课》，学生们再也没有了以往的厌倦和不屑一顾，而变得热情奔放、积极主动。

我的开学第一课

今天是开学的第一天，我拿着英语课本提前来到了班上。同学们见到我很是兴奋，问东问西的。经过了一个寒假，感觉孩子们又懂事了许多。与孩子们互道平安，谈论完假期的见闻趣事后，该进入英语第一课了。

这是孩子们学习英语的第四年，新课本与其他教材一样有扉页、人物介绍等内容。这册书的话题分别是“你有多高”“你怎么了，迈克?”“上周末”和“我的假期”。如何让课本的内容与孩子们的实际生活无缝对接?如果新学期的知识建立在孩子们的生活认知基础上，那我们的教学就会轻松许多了。其实，我早有了自己的打算。

上课铃声响了，我和孩子们用英语互相问候，然后我又用英语介绍了我的假期。孩子们一边听一边看照片，在我所用的句子中，虽然有孩子们生疏的词，但他们通过看照片也就理解了我说的意思。我介绍一通后，带领孩子们对即将学习的教材“巡游”一遍，将本学期的评价标准、习惯规范、学习内容和目标进行讲解和说明。

接下来我带领孩子们了解教材中的人物，从人物角色出发，在小组中分角色，自由熟悉书中内容。当孩子们对人物有了一定了解之后，我开始布置任务了:“同学们，请看一下我们英语课本的封底上有哪些配套材料呀?”孩子们开始叨念着这些材料:“学生卡片，教师卡片，教学挂图，录音磁带……”“可是现在我们都没有啊!”此时同学们都安静了。“但是现在我想出了一个办法，不知道可不可以?”我停顿了一会儿，“我们自己制作行吗?”我的话音刚落，几个孩子就开始出声了:“我没问题，你行吗?”“你行，我当然也行了。”我们达成了一致。于是，小组合作，师生合作，开始制作教学卡片、教学挂图，分角色扮演人物录制磁带……

俗话说，“穷则思变”，课堂上缺少的挂图、磁带、录音带，由学生自己制作，这不正是孩子们自主学习的体现吗?

让爱更真实

2011 年 4 月，唐山市开展《品德与社会》优质录像课评比活动，我当时负责四年级数学教学工作。分管教学工作的唐校长找到我，推荐我参加评比。说实话，我有点犯愁，我以前在中学教过语文和历史，从 2009 年来到伯雍小学后只教过半年的品社课，几乎没有这方面的教学经验。唐校长看出了我的心思，鼓励我说："别害怕，录像课比现场课好讲，没有观众，讲不好还可以重新录，大家都会帮助你的。"我不好再说什么，只能硬着头皮干了。

翻阅书籍，查找资料，最终，我确定讲四年级《伸出爱的手——走进残疾人》这节课。课堂上，我将《千手观音》的舞蹈视频作为课堂的导入环节，一下子吸引了孩子们的兴趣。期间我又设计了蒙上眼睛取物、贴鼻子，用一只手穿衣服、系鞋带，用肢体语言表述猜词等游戏，让孩子们在课堂上体验盲、聋哑及肢体残疾人在生活中遇到的困难，引导他们感知身体健康的重要性，激发孩子们关心帮助残疾人的愿望……课下评课时，大家普遍认为整堂课结构严谨，气氛活跃，能称得上一节好课，但周校长却有不同的看法："虽然学生们在课堂上体验到了残疾人的困难，但那只是我们的想象，有几个孩子亲自接触过残疾人呢？不与他们亲密接触，怎么会有亲身的体验呢？"是啊，校长说的有道理，亲身体验，胜过说教 100 遍。我们可以把特殊教育学校的孩子接过来和我们的孩子一起学习一天，或者带领学生到特殊教育学校去亲身体验。考虑到特殊教育学校的孩子行动不便，我们选择了后者。可是到特殊教育中心我该说什么呢？想到此，我找到了周校长。周校长说："么老师，这次你就不用备课了，就让两校的孩子们自由交朋友去吧！他们一定会有深刻的感受，你放心，联系学校的事情就包在我身上了。"从校长室出来，我走进教室，把明天去特殊教育学校交朋友的事情告诉了学生们，他们兴奋极了，各个小组纷纷讨论明天参观学习的具体事宜。放学后唐校长和陶主任都没走，帮我梳理明天录像的具体环节，陶主任甚至帮我把引导语都想好了，一切准备结束后已经晚上 8 点多了。

第二天一早，我们来到了特殊教育学校，同学们按照安排，先与聋哑班的小朋友接触，他们向手语老师学习了简单的手语，和聋哑小朋友一起做游戏。几个小女孩还跟聋哑班的小朋友学习用珠子串联彩球。两个学校的孩子很快融合到一起。

走出聋哑班，我们又来到了盲班，同学们跟盲童小朋友了解了盲文，欣赏了一位曾获得省级朗读一等奖的盲童小朋友朗诵《荷塘月色》，他们为盲童小朋友出色的表现热情地鼓掌，纷纷投出敬佩的目光。

在智障班，他们小心呵护着这个和我们不一样的群体，与那些小朋友共同游戏。临别时，他们把事先准备的小礼物赠送给新朋友，与他们互相留下了联系方式。

按照计划，从特殊教育学校参观完要回到学校进行课堂总结，但是孩子们早就按捺不住激动的心情，还没走出大门口就已经打开了话匣子。正巧周校长赶来，见此状，决定趁热打铁，就在特殊教育学校进行课堂总结吧。孩子们跃跃欲试，这次孩子们的感受不用我引导了，谈的内容也不是简单的空话了，他们能从生活中的具体事件来谈怎样关心照顾残疾人，有的同学对残疾儿童才艺的展示赞叹不已，认识到残疾人成才需要付出比正常人更多的努力。还有的同学谈到了要爱惜自己的身体，珍惜生命。孩子们的话语是真诚的，感受是真切的，他们对这次到特殊教育学校的旅行意犹未尽。周校长对同学们说："同学们，我们这次的爱心之旅走进了特殊教育学校，下次我们爱心之旅要走进老年公寓、走进边远山区、走近白血病患儿等，我们的爱心之旅要一直进行下去。"孩子们对下一次的爱心之旅充满了期待。

图书馆就是课堂

课外阅读是个广阔的天地，孩子们升入中年级后，识字量增加，阅读范围扩大，如果缺乏有效的读书方法，就会导致读书效果不理想。因此，适时地有计划地对学生的课外阅读进行指导，使课堂教学与课外阅读紧密地联系起来十分重要。

小学语文四年级下册第三单元为哲理单元，“阅读链接”中介绍了几种常见的阐述道理的方式，如寓言、打比方、哲理诗、漫画等，目的在于引导学生通过阅读抓住主要内容，理解字里行间所蕴含的道理。结合本单元的“阅读链接”，我决定带学生走进图书馆。

孩子们的前期储备究竟如何呢？我想，必须先知道孩子们都读过了哪些书，因此我决定先听孩子们汇报课前阅读情况。“在课外你都读过了哪些故事书？从中懂得了什么道理？”学生纷纷举起了手，有的说，“我读过《小红帽》的故事，懂得了不要上坏人的当”；有的说，“我读过《巨人的花园》这个故事，知道了做人不能自私的道理”；等等。

听他们说完，我心中稍稍松了一口气。孩子们还是有一定基础的。那么我该如何具体指导孩子们了解和掌握阅读方法呢？我以《王羲之练字的故事》为例，带领孩子们在读的过程中反复体会，他们很顺利地总结出了故事阅读的三步阅读法：第一步粗读（了解主要内容），第二步细读（划语句、写批注），第三步交流（谈感悟）。有了三步阅读法，我们该牛刀小试了。我让各小组组长做代表去管理员处借书，孩子们运用故事阅读的三步阅读法，阅读不同类的图书。当然，在他们畅游书海的同时，我也提醒他们注意保持安静，要爱护图书等。

最后，孩子们又兴奋地汇报了读书情况。他们有的用手抄报的形式汇报，有的用 PPT 演示文稿的形式汇报，有的用表演的形式汇报，所有的汇报都非常精彩。

在图书馆上课，不同于普通的课堂教学，能够开阔学生的视野，发展学生的智力，全面提升学生的素养。让学生走进图书馆，引导学生更好地进行阅读，能够培养学生良好的借阅习惯，是让学生成长的重要途径。

趣味体育运动会

经过一个多星期的策划，2013 年 5 月 16 日，我校举行了第一届趣味体育运动会，并且取得了圆满成功。运动会的主题是“我运动　我健康　我快乐”，旨在展现伯雍人阳光、健康、快乐的风采。运动会是对每个运动员智慧、能力、品德的挑战和对各参赛班级的精神风貌、竞争意识、团队精神、集体荣誉感和顽强拼搏精神的大检阅。

袋鼠跳跳、传球比快、钓鱼等环节激发了学生勇于挑战自我、战胜自我的顽强意识。这不，运动会开始了！

袋鼠跳跳

第一项是“袋鼠跳跳”，一听这名称，你一定吃了一惊。说实话，我们也还从未听说过这游戏哩！莫非让我们像袋鼠一样跳来跳去？哈哈……其实，是这样的：

老师将全班同学分为两个小组，第一组组长是田径队大将李飞，第二组组长张丽？怪了，怪了，这位纤瘦的“弱女子”，恐怕自己还搞不好，拖本组的后腿，咋还能管别人？裁判呢？是家长代表！

游戏规则很简单，脚套麻袋，像袋鼠一样跳，哪个小组快，哪个小组就赢。裁判一声令下，比赛开始！第一组强将打头，李飞果然厉害，大概是经常在篮球场上奔驰的缘故吧！只见他熟练地套上麻袋，两脚用力一蹬，跳了出去，然后利落地双脚着地，看上去十分轻松，几下子就跳完了全程，令人叫绝！第二组呢？看起来不像是在比赛，倒像一只只悠闲的袋鼠在原野上散步。如果你觉得胜败已定那就错了，看，第一组后面的“小袋鼠”摔在地上起不来了，而第二组趁此机会，奋起直追，一下子反败为胜，看来“笨鸟先飞”、“后来居上”这些词也颇有道理。第二组可不能小看，真是“不鸣则已，一鸣惊人”啊！观众兴奋心情自然不言而喻了。

“袋鼠跳跳”这项运动主要考察学生的弹跳力和动作协调能力，比赛渐渐地落下了帷幕，可孩子们的内心却仍然很兴奋！

传球比快

如果让我推荐一项趣味的篮球运动，我一定会说：传球比快！这也是我们这次运动会的主要项目之一。

这个游戏的准备工作并不复杂：先准备篮球若干个，再在篮球场地上画若干组相距 3 米的平行线就行了。

游戏时，教师将学生每十人分成一组，每组排成两列横队，面对面，保持适当间隔站在两条平行线上，各组排头手持一个篮球。游戏开始，教师发令后，由排头开始，按规定的传球方法顺序传球，最后以球回到排头手中为止，以先完成的队为胜。

游戏的过程中必须按规定的方法传球，传球的顺序和路线不得变更。传球失误时，必须将球拾起并跑回失误的地点方能继续传球。传球时，脚不得踩线和越线。这些规则是不能破坏的。

你一定觉得这个游戏没什么意思吧！那就快跟我一起来观看李明小队的比赛吧！

队伍中出现了失误，欣然传给小关时太过猛烈，是扔过去的。因此小关接不住，球滚落到一边。这时已经落后一人了，“快啊，快点！”周围的同学帮不上忙，只能为她们加油。到了队长李明的时候，拍球总是低低的，为了不使球滚到后面去，他几乎是把球滚过去的。眼看着落后许多，后面的队员更着急了，却又失误了，这时，音乐响起，比赛时间到了，孩子们热情的心情不减，怎么时间过得这么快呢？

我们设计这款游戏时，怎么也没想到，同学们的热情这么高，看来，在以后的活动设计中，我们要更多地考虑学生的兴趣和爱好。

钓鱼

有趣的“钓鱼”游戏是孩子们的最爱。

同学们个个摩拳擦掌，准备迎接挑战。“鱼”是同学们用废旧纸板亲手制作的，“鱼竿”是废旧的电视天线做成的，而“池塘”是用牛奶箱子围成的。老师宣布游戏规则后，同学们便按抽签的先后顺序，每组四人分别比赛“钓鱼”。轮到小宇比赛“钓鱼”时，刚开始，他一脸不屑的样子，心里肯定在想：“我从小就玩这个游戏，他们肯定不如我呢！”可是，他猛地抬头一看，呀！其他人都钓上几条“鱼”了。而他自己呢？一条“鱼”也没钓着！手忙脚乱中，“鱼竿”晃来晃去，距离“小鱼”越来越远，可这有什么用呢？这些“鱼”都不听他的“命令”，仿佛有生命一样，一会儿游到东，一会儿钻到西，机灵地躲着鱼钩。这时，他抬头看见了班主任王老师，也是他们的指导教师，只见王老师微笑着向他点点头！也许正是这坚定的眼神启发了他，小宇静下心来，睁大了眼睛，目不转睛地盯着一条“大鲤鱼”。过了一会儿，“鱼儿”终于上钩了。只听见老师说：“时间到，把钓到的‘鱼’举起来，看谁钓得最多。”他高兴地把钓到的四条“大鱼”高高举起！

后来，学校的小记者采访了小宇，他说，通过这次有趣的游戏，我懂得了做任何事情，一定要沉着，细心，还要多动脑筋，才能把事情做好！

除此之外，我们的趣味运动项目还有很多：班级间的集体跳长绳比赛，考验孩子们的合作能力；家长参与的“两人三足跑”考验家庭成员之间的默契配合；传统游戏“跳房子”，发展单双脚交替跳的能力与投掷能力……

下午三点半，经过将近一天的角逐，伯雍小学第一届趣味体育运动会在全校师生的共同努力下，圆满地结束了。

这是一场精神的盛宴。这次活动把学生单纯的体育竞技转换成了竞技加游戏的形式，多了一份趣味，多了一份童真。让孩子们体验运动的快乐、竞争的乐趣、参与的欣慰，培养了孩子们的规则意识及协作精神，激发了孩子们的运动潜能。

“话剧课堂”诞生记

2012年6月的一个周一的早晨，孩子们陆续走进教室，翻开书本开始早读，和往常一样，黑板上写着早读的任务：预习25课《三个问题的答案》。打开25课，许多孩子皱起了眉头，有人在小声嘀咕：“课后要求全篇背诵。内容太多了吧，足足有5页，怎么背呀？”马上有人附和：“老师太过分了吧？”“这是课本要求的，不是老师让背的，考试是必考的。”班长解释道。“能不能和老师说说，挑重点的背一背。”马上有人赞同：“好主意。”班长说：“谁知道要考什么，万一考的我们没背，不就白忙活了吗？”于是大家安静下来，开始了早读。而这一切，被检查早读的我看在眼里，记在了心上。

第一节课是语文，当我走进教室时，这群平时的捣蛋鬼正无精打采地在座位上发愁。“今天我们学习25课《三个问题的答案》，早读大家预习了课文，谁来说说课文里一共有几个人物？你最喜欢哪个人物？为什么喜欢他？”我像往常一样，开始了今天的课堂。寥寥几个人举起了手，等待老师点名回答。但我并没有点名：“下面我们先在小组内交流一下。”孩子们慢慢腾腾地转身，情绪低落地交流，和往常的小组讨论大相径庭。显然，孩子们还没从背诵的阴影中走出来。当教室安静下来的时候，我说：“25课我们要采用一种新的学习方式——话剧表演，大家都有喜欢的人物，大家就饰演自己喜欢的角色，台词要记住，动作、表情也要自己设计一下。而且，我们准备在两周后对外公演，到时我们要卖票，社会上的人只要愿意，都可以买票来看我们的话剧，我们会张贴海报，大力宣传。”老师的一席话，同学们既雀跃又担心，“我们行吗？”有人发问了。“行吗？这个问题得问你们自己。这次演出，你们要自己组织人员、排练、准备演出，我只会作指导，不会参与。所以，这节课剩下的时间，你们要选择导演、演出策划、活动主要负责人等。”于是，教室里开了锅，大家七嘴八舌议论开了。本节下课班长把导演、策划、活动负责人名单报给了我。

于是，一个演出筹备会议在教室召开了。“亲爱的导演、策划、负责人们，你们这次可以大展拳脚了，回去你们要研究一下如何选演员、怎么排练、什么时间排练、演出准备、场地、人员分工等，写一个详细的策划，排练时间不能占用上课时间。你们回去研究吧。”

接下来的几天，筹备组和导演一有时间就开会研究，晚上，还会邀请家长召开会议，三天后，一个完整的话剧公演策划案交到了我手里。策划案中排练的时间定在每天大课间，全班都参与演出，分出角色组，如小嘟嘟组、小木偶组等，导演、剧务、活动负责人这些职务也都有了家长的加入，筹备组阵容强大。

接下来的一周，孩子们课间排练、傍晚放学自动留校排练，家长们也利用下班时间来到学校指导演出、准备活动材料等，大家忙得不亦乐乎。仅一周多的时间话剧排练及公演就准备好了，大家一致决定在周五傍晚放学公演。巨大的彩印海报贴到了校外，吸引了过往的许多行人，询问者比比皆是，有人甚至想买票，孩子们积极解释：“我们在演出完毕才会收取票钱，1 元起价，如果您觉得好可以多给，我们会把本场演出的所有费用捐给七彩教育同盟的北京树仁小学。”

话剧在学校舞蹈教室公演，当天舞蹈室内座无虚席，小工作人员忙前忙后，家长助理更是忙得不亦乐乎。当小主持人介绍完相关事宜后，话剧正式演出，台上孩子们用心表演，台下观众感动不已，掌声、欢笑声不绝于耳，演出结束，掌声雷动，观众纷纷慷慨解囊，10 元、20 元、50 元、100 元，一张张面额不同的钞票，是观众对孩子们的肯定，也是爱心的传递。

又是一个周一，黑板上早读的任务是：背诵 25 课《三个问题的答案》，还是这群捣蛋鬼陆续走进教室，看见早读的任务大家不以为意，翻开了 26 课，预习了起来。

第一节还是语文课，当我走进教室时，大家神采飞扬，有人甚至主动要求：“老师你检查 25 课背诵吧。”“不用检查了，大家台词准确无误，而且对话流利，全篇课文你们肯定都背下来了。”当初第一个嘀咕内容太多的孩子站起来：“老师，这是我们背诵最熟练、最用心的一课，无论怎么考，我们都会是 100 分。”

看着孩子们自信的笑容，我知道，他们在快乐中既学到了知识，又提高了能力，还创造了经济价值……我成功了！这堂课，不但解决了背诵问题，更重要的是孩子们学会了解决问题，我相信在人生的舞台上他们会越走越好、越走越远。

广告课堂

2010 年 5 月 9 日，在伯雍小学与唐自头、黄家铺联合教研活动中，张淑杰老师所做的五年级略读课文《刷子李》一课，因其独特的教学设计，大胆放手，变教师讲为学生讲，让学生真正成为课堂的主人，赢得了在场教师的赞赏。这节课不仅对教材进行了大胆的改编、创新，而且让学生从中实实在在地享受了语文学习。

这节课给我留下最深印象的是张老师不仅将广告引进了课堂，而且还鼓励学生创作。

张老师站在学生中间："刷子李的技艺如此高超，为了让更多的人知道刷子李，我们来给刷子李设计点广告语吧。"

"怎么设计广告语呀?"同学们带着疑问看着张老师。

此时，张老师站在大屏幕前："老师给大家带来几则广告，我们一起来欣赏。"欣赏完幻灯片，张老师问："刚才的广告给你留下印象最深的是哪个?"

经过讨论，学生们一致认为摩托车的广告给大家留下的印象最深刻。而那个广告只有一句话，就是"风驰天下"。至于为什么对这句话印象深刻，第一个发言的同学说，这句话很简练，后面发言的同学也纷纷发表意见，有的说"'风驰'一词很好地形容了摩托车的速度"，有的说"这句话具有其他的品牌无法阻挡的气势"。这样，孩子们一下子明白了广告语的特点。

这时，孩子们三五一群地围坐一起讨论起了广告语，不一会儿，孩子们便争先恐后地举起了小手。

一个小男孩快步走到讲台前，边说边挥舞着手臂："刷刷刷，刷刷刷，黑衣不添一点白。"

张老师听完他的广告语笑着说："你的广告语真凝练!"

一个小女孩摇晃着脑袋站了起来："在天堂之家，享受天伦之乐，唯有刷子李。"

张老师赞赏地说道："你还道出了人间真情。"

"刷子李，刷呀刷，刷出了人间仙境。"

"刷子顶呱呱，要是身上有白点，白刷不要钱。"

"一样的刷子，不一样的质量。"

"让刷子李刷墙，又快又省钱。"

"百闻不如一刷。"

"一滴不掉就是刷子李。"

…………

就这样，一条条精彩的广告语倾泻而出。显然是广告创作的形式激起了同学们的兴趣。

课下我听张老师介绍，广告中有很多凝练、简洁的语言，尤其是很多商业广告，一句话就能传达许多潜在含义，这些语言对于语文教学来说是一种资源。对于学生们来说，重视并学习这样的语言也能提高语文素养。

画家课

《五彩池》是一篇文质兼美的优秀散文，作者描绘了五彩池神奇、美丽的景观。

初读课文，学生就被五彩池的美丽和神奇所吸引。再读课文，引导学生读中悟，悟中想，使他们了解到五彩池的美丽、神奇在于池的数量众多，大小不一，形状各异，池水色彩变化莫测。他们由衷地赞叹："太美、太神奇了！"

在此基础上，教师用生动的语言加以引导："闭上眼睛，在头脑中想象自己正站在五彩池边，满眼的水池，大大小小，形态各异，有月牙形的，有马蹄形的，有你想象中的各种形状。在灿烂的阳光下，呈现出多种不同的色彩：葫芦形的是绿色的，镰刀形的是黄色的，盘子形的是蓝色的，最有趣的是莲花形的那个，外边是金黄色的花边，里边的花瓣红粉交错，正中间的花蕊却是紫色的。一阵风吹来，吹乱了水池的颜色，色彩缤纷、五光十色、明艳艳的一大片。真美啊！"这时，学生的脑海中是一幅幅的五彩池的画面。想象不同，留在孩子们脑海中的画面就不一样。学生向往五彩池，渴望见到它的美景。

情之所至，教师让学生将脑中的画面用手中的笔画下来，学生兴趣盎然。很快，绘画作品就出来了。"大大小小、形状各不相同的水池遍布整个山上，在灿烂的阳光下，呈现出多种色彩。"学生的想象力是很丰富的，他们绘画出的作品各个不同。为完善绘画作品，教师引导学生一遍又一遍地读课文，一次又一次地感悟作者的语言之美、五彩池景色之神奇，使学生在已有想象、绘画的基础上不断完善，将五彩池的美景跃然纸上，学生如临其境，享受着五彩池带来的精神盛宴。

最后，让学生将自己的作品用语言描绘出来，学生跃跃欲试，他们的语言不再匮乏，有话可说，有话要说。在表达的同时，学生的情感得到了升华，与作者的情感产生了共鸣——原来，天上的五彩瑶池只是神话传说，虚无缥缈的，谁也没见过，人间的五彩池才是实在的，远远胜过了传说中的五彩瑶池，对大自然的赞美和热爱之情油然而生。

在小学语文教材中，有很多这样的课文，它们文字生动、优美，为我们展示了一幅幅美丽的画卷。对于这样的文章，教师可以通过指导学生有感情朗读，启发学生展开联想，并动手去描摹文字表现的画面，再用自己的语言去描述，即读、想、画、说相结合，打通思维，在发展学生语言能力的同时发展思维能力，激发想象力和创造才能，提高理解和鉴赏文字的能力。以读代讲，以画代悟，同时培养孩子们多方面的能力。

画家课已经深受学生喜爱。

玉菜飘香

2011 年 12 月 26 日，伯雍小学的校园迎来了中国人民大学附属小学郑瑞芳校长和她带领的团队，今天，这里要进行一次地方课程的教学研讨活动。

作为主讲的我内心激动不已，这节课是学校领导精心策划的，参与教学的除了我自己，还有来自不同岗位的专业技术人员、政府工作人员和多名教师。

本次活动，我们试图以了解、研究玉田土特产品——包尖白菜（又称玉菜）为主要内容，充分挖掘和利用乡土资源，从一个侧面来突出“热爱家乡”的主题，活动过程不仅能够激发学生对家乡的自豪感，而且能提升他们的综合素质和能力。开展这样的活动，学生热情高、兴趣浓。

主题确定了，要将活动开展得有内容、有特点，还应该走近玉菜，深入地了解它们。课前找学生谈一谈：都可以从哪些方面了解家乡的这一特产？学生你一言我一语，有的说可以亲自去田间地头参加生产活动，研究玉田白菜的生长过程；有的说可以了解适宜生长的气候、水质、地理位置；有的说可以亲自去收获、品尝；有的希望找出玉菜与其他地方的白菜不同的独特之处；还有的想去发现这些特产的销售情况……孩子们对这一课题充满了兴趣。

我的心里高兴极了，有了兴趣作为引导，我们的课堂就成功一半了！冷静下来，我才发现，在玉田这片土地上长大的我对于玉菜也停留在粗浅的认知上，收集到的资料有限，真的是不敢妄言。

怎样弥补专业知识的不足，让课堂充满灵动和生气呢？周校长带我走进人大附小的多学科发表课的现场进行观摩学习。回来的路上，谈及“玉菜飘香”这节课，周校长问我：“看了今天的课堂，你有什么收获？”我想了想说：“我也可以请学校有专长的老师和我共同来完成这节课!”“很好，”周校长肯定了我的话，“其实我们的思路再放宽一些，那些专业的知识完全可以请农技师来解决；关于玉菜的收获和储藏技术我们不妨找当地的农民来指导；关于玉菜的营养价值，我们请个营养师来不就行啦?”我茅塞顿开，赶忙掏出随身的笔记本："我现在就开始重新策划这节课!"

实践活动在我们的策划中有序开展起来：我鼓励孩子们按照自己的爱好，自由结组，小组成员共同邀请喜爱的老师来参与他们的研究。

刘老师带着实践小组的学生们在农民陆爷爷的指导下，忙碌在菜地里：施肥、浇水、拔草、捉虫、扎菜……在这里他们感受着种子破土而出的欣喜，体验着白菜长高带来的快慰，品尝着收获后的喜悦……每一个新的发现，都令他们欣喜若狂；每一次出现问题，他们都认真地记录、讨论、分析；每解决一个问题，他们都会兴奋地抱在一起。学生们在活动中增长见识，体验劳动的艰辛，感受学习的乐趣!

时老师领着学生代表，走机关、去菜地、进酒店、到医院，逐一邀请到现场的嘉宾，为他们发放邀请函。

县蔬菜推广站的李站长对玉菜的了解最全面，可是讲课那天，他还有其他工作，不能来参加这次活动。为了满足学生的求知需求，我带着小记者走出伯雍小学采访了李站长，带回了清晰的录像资料。

经过一番精心的准备，我们的开放课堂开始了：不同专长的教师对学生进行有针对性的指导；蔬菜站李站长的采访视频让学生了解更多关于玉菜的专业知识；农民陆爷爷亲自上阵，教学生动手实践；营养师给大家介绍玉菜的营养；外教带领大家用英语介绍我们家乡的这一特产……课堂得到了观摩者的充分肯定。

原来，课还可以这样上!

通过这次教学，我才发现，课堂之外有十分丰富的教育资源。打开课堂之门，教师、家长及其他校外人士都可以走进课堂，让教室成为开放的空间。它会使教师突破资源局限性，使更多的教学资源服务于学生!

小“草船”大“三国”

“老师，我认为诸葛亮神机妙算，是一位了不起的伟大军事家。”宋思嘉的话音刚落，“智多星”王向杰马上站起来发言了，“诸葛亮足智多谋的确不假，但我认为，用伟大一词来形容尚不合适。伟大是指十分崇高卓越，超乎寻常，令人钦佩敬仰。诸葛亮谋略出众，我认为杰出一词更恰当。”

…………

这是一节《草船借箭》的教学辩论课。

叶圣陶老先生曾说过：“教材无非就是一个例子。”我们要善于借助例子，满足学生发展的需要，使他们有兴趣、有知识、有好的习惯、有一定的方法、有良好的个性。让文本的工具性与人文性相辅相成，在学生身上得到统一的发展。为了让学生有更大的空间，在“以生为本，育人为本”的基础上，大胆开放，让学生自主学习。为此，我设计了这堂辩论课。

学生是一个独立的个体，讲台是他们展示信念的舞台。为此，我把辩论赛推上了讲台，尽可能让每个学生都参与，从而培养学生的自信心，为他们的自主学习插上翅膀，使之真正成为课堂的主人。也让文本真正起到例子的作用。事实证明，这样组织课堂的效果远远超出了我的预期。

为了这堂辩论课，学生们做好了充足的准备。从主持人、评审组到发言人，到第一、第二助手，到智囊团的选拔与组建，从图片到文字，到文献，到文献出处的搜集整理，准备细腻而精当，俨然一个个小大人，孩子们的模仿和创新能力真是不可小觑，我为之兴奋不已。不难猜想，孩子们课下如何用功了。我想，无论这节课能否达到预期效果，教材的例子作用已经达到了，学生的需要得到满足了，文字的工具性与人文性也得到了很好的结合。

课上的情形远不止于此：

“杰出是指才能、成就出众。诸葛亮草船借箭，借东风，七擒孟获……虽然展示了他杰出的军事才能，但我认为一位伟大的人，还要有高远的目光和博大的心胸。诸葛亮只为报刘备的知遇之恩，而三分天下，并不是为老百姓着想。他虽然事必躬亲，但却使蜀国后继无人……”天啊，这简直就是一部大“三国”啊。小小年纪，有如此看法，虽然还不成熟，但也难能可贵了。

“我欣赏和佩服曹操。”薛明的一句话，使刚刚平息的战火又起波澜。

“曹操是汉室奸雄，这是本书作者的立场，也是大多数人的共识。”杨林接口道。

“不错，历代好多人都给曹操冠以奸雄的称谓。岂不知，这称谓好不公平！我个人认为应该为曹操平反昭雪。”“小眼镜”王戈推了推眼镜，开始了他雄辩的发言，“曹操提笔成文，挥刀战场杀敌。有勇有谋，指挥千军万马，平定北方半壁江山。他使摇摇欲坠的汉室江山固若金汤，他让黎民百姓安居乐业。天下是人民的，德才兼备者，各领风骚数百年，请问，曹操何罪之有?”

…………

是啊，历史车轮滚滚向前，势不可当。孰是孰非，留与后人评说，孩子们能理解到这一点，是多么值得庆幸的事情啊！

辩论课能让学生们积极展示，大胆质疑，真正体会到自主学习、高效学习的快乐。他们倾听对方辩词，挖掘对方用词及观点论据漏洞，反唇相讥，针锋相对，寸步不让，这不仅锻炼了学生们的思辨能力，还提升了他们的语言表达能力和自信心。学生的价值观、人生观在交锋中得以碰撞和提升。一艘小“草船”，带出了一部大“三国”，展示了大人生。这不正是课改最想实现的教学目标吗?

教师是播种梦想的人，在课堂上，老师应该给予学生更多的权利，让他们自己去选择；给予学生更多发挥的机会，让他们自己去把握；给予学生更多的条件，让他们自己去创造……这样才能真正培养学生自主学习的能力，明白自己要学什么，变被动的接受为主动的汲取。在快乐学习的过程中，绽放出他们自信的笑容和阳光般的魅力。

游览澳大利亚

Graham是一位来自澳大利亚的学者，是伯雍小学的友好外教，经常来我校与学生交流，对教师进行培训指导。他来中国已有十余年，是中西方文化的交流使者。让我记忆最深刻的是他给伯雍小学的学生上的一堂英语情景对话课。

英语情景对话课就是在英语教学中，创设一定的话题情景或社交活动的情景场面，通过师生互动或生生互动的语言交流来实现学生对语言知识的掌握、听说交际能力的培养以及综合素质的提高。对话课的最终目标是在相同或相似的交际场合，灵活运用所学口语进行交际。

开课之初，Graham巧妙地创设情景，利用澳大利亚的动物，如袋鼠、考拉等图片导入，介绍对话课内容的活动背景。孩子们对动物感兴趣，学习动机被激发出来。

接下来，Graham通过掩盖图片的一部分、猜图等各种形式展示情景，让学生猜，以这种方法使词汇在学生头脑中不断重现，达到复习巩固的目的。接着呈现对话内容，通过听或视听，让学生用听觉感悟新知，再利用情景讲授新语言点，以帮助学生理解。学生们在猜的过程中，锻炼了思维，也运用了语言知识，提高了学习兴趣。

有了前面的基础，Graham带领学生进入情景角色，去掌握语言知识，并进行必要的机械操练（这是一个机械性地操练、模仿、重复、套用句型等的环节）。从引导学生读，到分角色读，从中体会不同角色、不同语境的语音、语调以及语言的表达习惯，为下一步交际操练奠定基础。

交际操练以对话练习为主，以师生自由表演对话为主，是句型在情景中的实际运用，也是Graham最得意的环节。Graham在让学生谈论澳大利亚的动物和一些标志性建筑的同时，还与中国的特有动物和标志建筑进行了对比谈论。如此层层递进，调动了孩子们的兴趣。

课堂结束前，Graham拓展了交际对话情景，让孩子们谈论学校、同学、老师等身边的人和事，这样既让学生所学接近生活，又让课堂环境轻松活泼，还使对话内容在身边生活中得以演绎，增强了学生学习英语的信心，强化了学生的英语交际能力。

通过这节课，学生的感受颇深。从学生开心的笑脸中就可以感受到他们膨胀的热情。课堂上的每一个游戏都有目的，都锻炼着学生的组织能力和英语听说能力。老师又说、又唱、又跳，来回走动于讲台、黑板、学生中间，充满激情地投入教学，用自身的情绪来感染学生，学生在老师的调动下兴致高涨。

在轻松愉快的气氛中，孩子们学会了英语句型。

30 个小朋友，1 名外教，40 分钟的课，从最初的些许陌生，理解困难，到最后的熟练和默契，Graham 用他充满激情又富有实效的教学，让孩子们感受到了英语的魅力，也使我们这些听课的英语老师有了更多的认识和思考。

校长“扰乱了”课堂进程

天气炎热，进入期末复习阶段，教师往往害怕浪费宝贵的时间，喜欢独霸课堂，采取车轮战术，无休止地讲解。孩子们自然毫无兴趣可言。“老师，分数这章我们想自己复习。”周玲汶怯怯地询问。“OK!”我爽快地答应了。于是周玲汶、郭相杉、张子萱、李春洋等同学开始根据自己的复习方式做准备。他们这样分工：周玲汶负责整堂课流程；郭相杉负责分数的认识的复习；张子萱负责分数比较大小的复习；李春洋负责分数加减法的复习。他们还准备了好多“教具”，如苹果、蛋糕等。这群可爱的小精灵还不忘邀请周校长来听听他们的课，这就给了周校长“捣乱”的机会。

今天这节课是分数的复习，郭相杉把自己的1/4苹果又平均分成2份，送给了周校长一份，也就是1/8。校长很高兴地接受了，并且品尝了一小口。郭相杉的问题来了：“校长，您分到了这个苹果的几分之几?”校长回答：“还是请你说说吧。”“校长分到了1/8!”郭相杉毫不犹豫地说。“我分到了1/8，对吗?”校长问同学们。同学们喊着：“是!”“是吗?”“是!”“是吗?”“是!”“不是!”张子萱好像突然明白了。“为什么呢?”大家有些奇怪了。张子萱不紧不慢地说：“校长您刚才吃了一口，所以这块苹果不够1/8了。”老师和同学们响起热烈的掌声。

校长又问：“如果一直分下去，一共可以分多少份数，小组与小组的表述不能重复，一分钟讨论时间。”王家兴说：“一直切下去，由1/2切成1/4，再切成1/8、1/16……”；这时张子萱站起来说：“一直分下去，直到不能再分了。”校长说：“真的有不能再分的时候吗? 能不能永远分下去? 希望你们长大后，好好研究明白了再回答这个问题!”

不知不觉，她已被校长引到微积分的世界了。我可是上大学才学的微积分！校长也很高兴，当时就决定奖励张子萱同学。校长拿来一幅画送给了张子萱。这是校长昨天从一（6）班拍卖会上拍来的，150元呢！全班响起了热烈的掌声。

校长奖励给张子萱的这幅画不仅仅是一幅画，那里还饱含着他对学生仔细观察和思维开放的肯定和赞扬。

“游”水乡

2012年5月，我从人大附小研修归来，学校安排我为全校教师展示自己的学习成果。

为了准备展示，我陷入了深深的思索中：如何能让四年级下册的《水乡行》焕发出生机和活力呢？以前的诗歌教学，我们大致都是这样进行的：先创设情境，让学生身临其境。接着是指导朗读，让学生读中悟情。正所谓“三分诗，七分读”嘛！第三个环节是品味语言，对学生渗透写作方法的指导。最后一步是让学生进行仿写。多少年下来，我们并没觉得这有什么不妥，课上得中规中矩，没出现过大的失误，自然也没有多少惊喜。

研修归来，我已经不安于这种现状，我要改变，让课堂灵动起来，让学生真正动起来！我利用课下时间和孩子们聊天，发现很多孩子已经预习了这首诗，由于诗歌内容浅显，不需要过多的教师讲解，如果上成传统的讲读课，显然不能满足学生的需求。

在和学生的沟通中，我问他们：“通过诗人沙白的《水乡行》，你印象中的水乡是什么样的?”

他们争先恐后地发言，有的表演划着小船；有的跳起了水乡的舞蹈，有的动手在地上画水乡的房子；有的绘声绘色地讲述水乡的故事……我恍然大悟：这才是孩子心目中的水乡啊！

我决定打破原有的诗歌教学模式，尝试用一种全新的方式来进行这节课的教学。这个想法立即得到了周校长的支持，同组的贾卫忠老师也对此产生了浓厚的兴趣，我们多次沟通、研讨、交流，准备共同完成语文创新课堂——《水乡行》。

讲课的地点在三楼连廊的音乐教室，这里有浓厚的艺术氛围，我们按照水乡的特点重新布置了教室，同时播放《梦里水乡》的音乐，走进教室，仿佛置身江南水乡，让人心旷神怡。课上，孩子们用小品、绘画、书法、舞蹈、快板、韵律操等多样的形式展示着他们心中的水乡。特别是第三小组的孩子们用《采菱》的曲调伴奏，载歌载舞，表演了歌舞版的“水乡行”。我被孩子们的热情感染了，用《九九艳阳天》的音乐，用歌曲重新演绎了《水乡行》，几个孩子专门为我的歌声伴舞；贾卫忠老师则参加了仿写小组的活动，他的《伯雍赞》大气恢宏。当大屏幕上出现孩子们课下认真研读文本，交流学习体会，精心准备的精彩瞬间时，全场响起了雷鸣般的掌声！

现场气氛活跃，领导、老师和孩子们被生动的表演吸引着，被优美的音乐和舞蹈陶醉着，被出色的表现感动着。下课铃响了，孩子们有的边走边唱，有的谈论着课上发生的小故事，真是意犹未尽呐！

诗歌教学的重点在哪里？是感悟意境。这节课上，我们根据学生的特点，将活动设计得可感可知，与文本相呼应，学生完成了体验式学习的过程。回想这节课的创作过程，如果没有人大附小的研修之旅开拓我的视野，没有周校长开拓创新的教育情怀和积极鼓励，我这样一个普通教师很难在教学上有这么大的突破。不难看出，孩子们对这种用自己喜欢的方式来表现文本的创新课堂形式非常感兴趣。看来，不是孩子没有创造力，而是教师没有给他们一个尽情展示的舞台！

这就是我，一名伯雍教师，在2012年5月，奉献给伯雍的一份研修礼物——让诗歌教学活起来！

资源库——宝贝库

在伯雍小学教学楼，每层都有一间特殊的屋子，大约20平方米，四周摆放着各式书橱，里面摆放着各色物品。瞧，这边书架上有一叠彩喷图片，拿起图片只见标签上写着：四年级语文《水乡行》教学者：王海玉、贾卫忠。在对面教案书架上有一叠纸质教案，拿起一看："四年级语文《水乡行》教学设计，教学者：王海玉、贾卫忠。"教案有十几页，另一篇教案皮上写着《水乡行》二次教案，翻开一看，只有简短的几行字：讲这节课要注意学生已有的知识水平……这到底是一间什么屋子？告诉您吧，这就是我校的教学资源库。

资源库这个词在当下并不陌生，随着计算机多媒体技术和现代通信技术的发展，现代多媒体网络技术已经被广泛应用于教学，校园网络如雨后春笋般在各个校园应运而生，校园网络教学资源库的建设也在不断完善。教师教学中需要的教案、课件、视频等资料都可以通过网络获取。在如此便捷的网络时代，我校建立实物资源库的想法来源于校长的一次外出听课。

这是一次大型的公开课，讲课教师在利用先进的多媒体的同时，还制作了精美的教具。课讲完了，教具不见了，在哪里——垃圾桶里。这一现象引起了校长的思考：教师耗费大量精力制作教具，讲课后丢掉太浪费资源了。一位老师这样，我校有几十位老师，那每年会有多少课堂教具？如果这些教具保留下来，循环使用，则既节省了教师制作教具的时间、精力，又节约了资源，这是一件多么好的事情啊！

于是，资源库就这样建立了起来，随着时间的推移，现在的资源库越来越完善，不但有精美的各类教具，还增添了教师的一次、二次备课，甚至多次备课的教案材料。现在老师们备课时都喜欢去资源库看看，看一看别的老师讲这节课的思路及教学后的二次备课心得，根据学生情况进行备课；看一看有没有自己需要的教具。于是，在教师之间经常会出现这样的对话："杨老师，你上次讲课的思路真好，给我很多启发。""李老师，你制作的教具很符合儿童特点，我使用后一下子就提高了学生的兴趣，谢谢你!”“不用谢!”“资源库真好!”“什么资源库，我看就是宝贝库！哈！对！宝贝库!”

资源库的建立既节省了教师备课的时间、精力，让教师将更多的精力放在学生身上，还可以不断地完善课堂教学，提高教学效率。同时，它又是我校教师之间经验交流、思维碰撞、灵感火花的源泉，是我校教研工作的延伸，也是教师成长的一条捷径。

没人肯吃的苹果

一堂“同课异构”的英语公开课一直让我汗颜并始终耿耿于怀。在阐述自己的“心结”之前，我先来解释一下什么是“同课异构”。

“同课异构”，指同一节课由不同教师按照不同的教学思路来上，体现不同的教学效果，从而深化对某一课堂内容的深入研究。在比较中各取所长，以此来指导教师的教研活动。对同一教学内容，几位教师有着各自不同的设计思路，对教学重难点的突破方式也是各有千秋，但最终都能较好的完成教学任务，有着异曲同工之妙。最早接触“同课异构”教研是在 2012 年 3 月，我参加了北京市美术欣赏观摩课研讨交流活动，教学内容是欣赏自选教材《富春山居图》。三位美术教师共上一节课，老师和学生们配合得精彩绝伦。研讨的时候，在座的各位专家向我们讲解了“同课异构”的思路。

带回实验的种子，我们便在自己的土地上开始尝试“播撒、栽培”了。可没想到的是准备了许久的“同课异构”研讨公开课却让我内心焦急，无地自容。那堂课我们主要学习“It tastes good.”这个句式。为了让课堂真实、生动起来，我为孩子们准备了许多苹果。上课之前我满心期待孩子们愉快地品尝，发自内心地呼喊出这句英文。可是，当我满怀深情地跟学生说:“孩子们，你们不妨尝尝看，也许会出现 It tastes bad”。出乎我意料的是，小家伙们依然端端正正地坐在板凳上，小手老老实实地放在身后。任凭我怎么启发，没有一个孩子相信，课上老师居然会给学生准备水果吃。整节课下来，没有一个孩子越雷池一步，那些苹果还是完好无损地摆放在桌子上。当然，那句“It tastes good.”肯定也是善良的孩子们在课堂上帮我打圆场罢了，他们真正地体会到了这句英语的含义了吗？没有!

到了研讨环节，大家对这些“完璧”的水果产生了兴趣。周校长说:“一节课可以作为研究的案例，教学中的一个点同样也可以作为研究的案例，今天就这个没人肯吃的苹果，我们来讨论一下。”苹果之事虽小，却引发了我们深刻的思考。我们的课堂究竟是怎么了？为什么就不能还给孩子本真？难道我们一直在做的就是无情地扼杀他们的灵性吗？这样培养出来的孩子到社会上会是什么样？课堂教育是给予了他们成长的力量，还是折断了他们原本能飞翔的翅膀？碰撞中我们似乎明白了什么。通过对这一“点”的探讨，我们找到了学生不肯吃苹果的根源了。在长期的应试教育下，孩子们已经习惯了被动接受知识，而忘记了知识跟生活的联系。

整个研讨都围绕在“苹果”上进行，让大家想不到的是，“同点异构”教研模式在此基础上破茧而出了。

“同点异构”是伯雍小学在“同课异构”研究模式的基础上创设的一种教研模式，该教学行动研究是在伯雍文化要点的指导下形成的，同点异构的教研模式可以概括为以“点”带“面”，以“面”构“体”。

一、同点异构中的“点”

所谓的“点”，可以理解为一个对整个课堂起关键作用的环节点，一个贯穿整个课堂的情节点，一个体现明显教育思想的情景点……这些点往往对整个课堂结构起关键作用，致使教师采取不同的点开展教学，产生不同的教学效果。对这些点的研究恰恰能够起到画龙点睛的作用。

二、“同点异构”的研究内容指向

“同点异构”的研究内容指向：（1）师生角色的变化；（2）课堂模型的创建；（3）课程资源的开发利用。同点异构的研究特点：（1）研究范围更集中；（2）研究重点更明晰；（3）研究方式更具体生动；（4）研究效果更精要；（5）对未来的教学更有具体的指导作用。

通过第一次“同点异构”的课堂研讨，我明白了唤醒孩子的生活本真，是我要做的首要任务。于是，我绞尽脑汁想办法让孩子们在我的课堂上“活”起来。课下与孩子们一同游戏，消除陌生感；课上和孩子们平等交流，建立良好师生关系；课余时间进行家访和召开家长会，形成教育合力……通过不断的努力，孩子们由最初的不敢在课堂上“放肆”，到尝试着放开自己并“察言观色”，再到终于可以无拘无束表达自己的真实想法，我的课堂上终于出现了欢声笑语！

第十章　创新作业

（一）心智作业

别用老眼光看我

这是开学第一天，杨老师正在给五（1）班上目录课。

“老师，长方体、正方体在一年级已经学过了，五年级课本上怎么又出现了？现在还有必要学吗？”王红说。

“是呀？既然这部分内容在低年级学过了，现在五年级课本上为什么还安排这部分内容呢？”杨老师说。

“老师，我看了看这本书的内容，我发现一年级我们只是对长方体、正方体有了简单的认识。而到了五年级是对长方体、正方体的点、面、体进行深刻的研究、探索。”刘凯站起来说。

“是呀，随着年级的升高，知识点有了很大的丰富。因此，我们的思维也要随之发生变化，不能用静止的眼光看待问题，有些知识并不是一年级学过了，高年级就不用再研究了，而是有更深奥的方面等待我们去探索。人和事物都在随着时间的变化而变化。”杨老师语重心长地说。

“老师，我知道了，世界万物都在发生变化，我们很想研究一下，不如作为我们的心智作业吧！”杨阳同学说。他的话音没落，教室里一片欢呼。因为同学们喜欢心智作业，心智作业不只是做题，它综合了所有学科的知识，能发散孩子们的思维，孩子们在心智作业中能享受成长的快乐。

第二天，杨老师给我看了一名学生的作业。

“花儿开了，又不知不觉地凋落，草儿绿了，又不知不觉地枯黄，世界上万事万物都在变化。我现在已经升入高年级，学到了许多知识，当我又回顾起一年级学的知识时，觉得那么简单，就拿长方体和正方体来说吧，一年级时，我对它们的认识寥寥无几，只知道它们‘长什么样子’；然而到了五年级，当我翻开新书的目录时，竟然又看到了‘长方体和正方体’这几个大字。我不禁想：咦？这部分内容我们一年级就学过了，为什么再次出现在五年级的书上？我疑惑不解地翻到长方体和正方体的那部分，浏览了一遍，顿时恍然大悟——五年级的书上有一年级没有的有关长方体和正方体的新知识：长方体、正方体的面、棱、顶点、底面积、表面积、体积等，五年级的知识比一年级多得多，需要进行更深入的研究。知识永远在变化和提高着。不仅知识在变化，我们自己也在发生变化。每当我拿出一年级时的照片，看到上面那个又瘦又矮、傻乎乎的孩子，我都会发出快乐的笑声。我拿着照片来到镜子前，镜子里面那个高高的、戴着眼镜又略显稳重的小姑娘真的是我吗？我的相貌怎么变了这么多？还有变化更大的就是我的心灵和判断力、理解力、分析力。我从一个不懂事的小孩子变成了妈妈的好帮手，变成了学校里一名优秀的学生。啊，原来一切都在改变！随着年级的增长，学的知识越来越多、越来越深了，我也长大了，学到的本领也越来越多了，我的想法也越来越成熟了，别用老眼光看我呦！”

一节目录课引发了同学们的思考，心智作业让同学们张开思维的翅膀，用心去记录他们收获的果实。他们有丰富的想象力，他们的学习能力在增强，他们在完成作业的同时也在不断地成长。

盗火之举可取吗？

陈艳凤老师在四（1）班讲了一节语文教研课——《普罗米修斯》。这篇课文讲述了天神普罗米修斯冒着生命危险为人类盗取了火种，为人间带来了光明和文明，他因此遭到了宙斯的残酷惩罚。当陈老师正和同学们赞扬普罗米修斯英勇献身的精神并指责宙斯的残暴时，杨宗航同学突然站起来说："老师，我认为普罗米修斯的行为属于偷盗行为，这种行为是应该受到惩罚的。"此刻教室里立即安静下来。过了一会儿，王蕊同学也站了起来说："普罗米修斯是为了人类的利益才这样做的，他的做法是正确的，你不能那样说。""是呀，他的行为是正义的"……教室里你一言我一语地争论开了，每个人都各自发表着自己的看法。陈老师凝思了片刻，说："同学们，既然你们对普罗米修斯的'偷盗'行为有不同的看法，不如就将此作为我们周末的心智作业，好吗?""好!"同学们大声回答。

第二周，同学们都带来了自己的作业，张思宇同学先发言："我认为普罗米修斯为了人类的生活幸福，不惜冒着生命危险去盗火，他的行为是正义之举，他的精神值得我们学习。宙斯是非常残暴的神，缺乏爱心，和他讲道理是行不通的，普罗米修斯只能以偷盗的手段为人类取得火种，为人间带来光明。他应该得到全人类的崇敬与爱戴。"此时，教室里响起了一片热烈的掌声。

杨宗航说："我认为'偷盗'是一种非常不道德的行为，也会给自己带来危险，给别人带来伤害。如果我是普罗米修斯，我会先找宙斯谈判，向他说明给人类火种会给人和神都带来好处，让宙斯召开众神会议，共同商讨是否给人类火种。除此之外，我还可以鼓励和帮助人类靠自己的智慧探寻、发明、创造火种。"教室里又响起了热烈的掌声。

李兵说："普罗米修斯为了人类走向光明，冒着生命危险去盗取火种，这种义举得到人们的称赞、颂扬。然而在真实的社会中，偷盗是不道德的行为，为了伸张正义，做好事，也要通过正当的途径，采取恰当的方法，否则会出现好心办坏事的后果。比如，前几天新闻中有这样一则报道：一名男子为了尽快筹钱给患有癌症的母亲治病，竟然抢劫了一名出租车司机，并焚尸灭迹，被法院以‘抢劫杀人’罪判处死刑。母亲非但没有因儿子的‘孝行’得到医治，反而因不能接受儿子被判死刑的事实而提前结束了生命。这样的‘大义’之举我们能赞扬吗?”此时，教室里又是一片雷鸣般的掌声……

为了完成这次心智作业，孩子们认真思索，查阅了许多资料，理智地分析了盗火行为的对错。在作业反馈中，老师又让全体学生发表了自己的观点，同学们又能相互学习。他们由此懂得了做事情前应先考虑这件事应不应该去做、要如何去做、这种行为是否正确，得到了多元化成长。

有最好的朋友吗？

那是 2014 年 5 月的一天，六年级的王海玉老师正在进行《毕业赠言》的试讲，为了准备七彩教育同盟青年教师成长展示活动的语文课，老师们不知疲倦地进行着一次又一次的研讨。

课上，王老师播放了学生“小学生活”的视频资料，然后引导孩子们：我们相聚在同一个班级，共同学习、共同成长；忘不了拔河比赛，我们同心协力取得了第一名；忘不了汇操比赛，我们动作协调；忘不了上课时，我们专注的眼神；忘不了运动会上，我们一起呐喊助威。此时此刻，你最想对谁说一说心里话？你想说什么？

短暂的思考过后，聪慧可爱的婷婷站了起来，大声地说：“我想对我最好的朋友——”此时，同桌琳琳的眼睛里充满了期待，琳琳是婷婷的好朋友，每天一同上学，一同回家，婷婷的妈妈不在家时，她还去琳琳家吃过饭呢！

“她就是孙文清，在我刚转入伯雍小学的时候，心里紧张、担心、不安，走进四（2）班的教室，我……”婷婷继续动情地回忆着往事，句句充满了真情实感，孙文清听到婷婷讲的是自己的故事，略带羞涩地挺直了腰板倾听着。婷婷旁边的琳琳眼神顿时暗淡了下来，不好意思地动了动身子，目光转向了其他的地方。

婷婷好像并没有注意到琳琳的表情，继续着她和孙文清的故事……

等她讲完了，一旁的校长站了起来，和蔼可亲地蹲下身子：“婷婷，你的故事很感人，我发现，刚才你说，孙文清是你最好的朋友，是这样吗？”

“是的。”婷婷点点头。

“你确定是‘最好’的朋友吗？那其他的小朋友听了以后会怎么想？你考虑过他们的感受吗？”

婷婷愣住了，这个十多岁的孩子好像真的没有考虑这么多，面对校长的提问，她答不上来了。

校长笑了笑，接着说：“孩子，其实我们身边的每个人都是很重要的，朋友是没有‘最好’的。就像我们每个人都有自己的特点一样。”

考虑片刻，婷婷小声说：“我觉得她是在四年级我刚转来时，对我帮助最大的朋友！”

“这样说就好多了，同学们以后也要注意，不要轻言‘最好’的朋友，那样你可能会失去更多的朋友！”

婷婷用力点了点头，她鼓足勇气，大声说：“同学们，我更正一下，刚才的故事，送给我的伙伴，她是我的好朋友之一——孙文清！”

婷婷、孙文清紧紧拥抱在一起，教师里响起了热烈的掌声，琳琳游走的目光又回到了婷婷的身上。

孩子，在你们的一生中，一定会有很多相互欣赏、相互理解、相互包容、相互支持、坦诚以待的朋友。无论何时何地，请你们记住校长的忠告：不要轻言“最好”的朋友！

（二）小课题

我与“种子”共成长

科学课上，孩子们学习了种子的构造，但是孩子更好奇的是种子怎样萌芽，又是怎样长出幼苗的。请看孩子们的小课题日记吧：

第一天，妈妈给我准备了十颗黄豆。我心里甭提有多激动了，心想：咱也当一回农民。我用铲子小心翼翼地把十颗黄豆均匀地放在花盆里，然后盖上土，最后浇了一杯水。

第二天、第三天，花盆里一点儿反应都没有，我有点儿失望。妈妈劝我要耐心，因为种子发芽是要有一定时间的。我真希望时间能过得快一点啊。

第四天，“奇迹”终于出现了，两棵黄豆芽破土而出，像两个刚出生的小宝宝一样，趴在土面上。“小宝宝”才不到2厘米高，可它们的可爱却深深地吸引了我，我打算好好地养护着它们。于是，我又给它们浇了一遍水。

第五天早上醒来，我就迫不及待地跑到阳台，“哇——”我吃惊地叫了起来，因为又有两棵“小宝宝”羞答答地探出了头。而早出生的那两棵已经长到了5厘米高了，颜色也由黄色变为绿色。妈妈说，这是因为它接触到了阳光，进行了光合作用的结果。我迫不及待地想看看还会有什么奇迹出现。

第六天终于来了，我想：“今天是不是又该诞生几个小宝宝了呢?”来到阳台，果然不出我所料，又有一棵黄豆芽冒出土面。而最早出生的两棵黄豆苗已经长到了10厘米高了。明天的结果会怎样呢?让我们拭目以待吧。

第七天终于来了，我跑到阳台一看，花盆里又多了一棵黄豆芽。前面几棵出生早的，有的竟然又长出叶子来了。身高也在突飞猛长，最高的已由10厘米长到了15厘米，其他的高度参差不齐，有13厘米、11厘米、8厘米、4厘米不等，它们就像一家人一样共同成长着。

第八天、第九天，时间一天天过去了，小豆苗也在快乐地成长。它们的高度也不断发生着变化，最高的“宝宝”高度由 15 厘米变为 17 厘米，又由 17 厘米变为 19 厘米，它们的形态也在发生着变化，原先看上去还弱不禁风，现在已经亭亭玉立了。

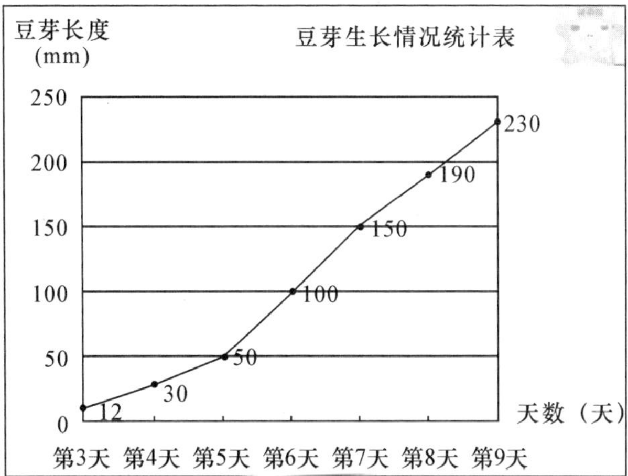

通过上面的观察，我得到了两点启示，一个是关于种子发芽率的；另一个是种子从发芽到生长的成长过程。

不会花钱的孩子们

听了一年级下册《认识人民币》的课，我发现，在“小小购物”游戏中，只有一小部分学生表现很出色，而另一部分孩子反应较慢，这是怎么回事呢？我带着这个问题回到我班，和同学们聊起这个话题。我班的韦一凡同学说：“老师，我有个小妹妹，上二年级了，给她钱都不会花，因为她从没买过东西，都是她妈妈给买。”刘雨林同学说：“我的东西都是我奶奶给我买，从来不用我去买，我也很少花钱。”“现在的父母包办的东西也太多了，我有时候想自己去买东西，可家长就是不放心。”王东同学说。“老师，我和他们不一样，我的东西从小都是自己买，现在我家里有要买的东西都是我来买呢。”李昊笑眯眯地说。看着这些不会花钱的孩子们一脸不满的表情，我说：“假期要到了，我们能不能做一个调查，作为我们假期中的小课题研究之一呢？”闫潇说：“我要做这项调查。”

暑假过后，闫潇同学交给我一份完整的调查报告。

一、研究课题：《认识人民币》

二、研究时间：暑假

三、研究人员：五（4）班　闫潇

四、研究目的：

针对现在生活条件越来越好的现实，了解优越生活环境中的孩子们对人民币的认识情况和社会实践能力。

五、研究方法：问卷调查法、访谈法

六、研究过程

（一）问卷调查

认识人民币

在生活环境越来越优越的条件下，许多孩子的事情都由父母包办了，所以孩子们对人民币感到很陌生，也有的孩子为此不满。因此做以下调查，请您在下面的（　）里填写A或B。

1. 您认识人民币吗？会进行人民币简单地换算吗？（　）

A. 会　　　　　　B. 不会

2. 您是一个人去商店买东西吗？（ ）

A. 是 B. 不是

3. 您了解大部分商品的大致价格吗？（ ）

A. 了解 B. 不了解

4. 您想自己去买东西吗？（ ）

A. 想 B. 不想

（二）调查结果分析

本次调查共发出40份，调查问卷收回40份。调查情况如下：

年龄（岁）	6岁以下	7～8	9～10	11～12	13～14	15～18
人数（人）	8	10	8	5	5	4

1. 孩子们认识人民币情况

年龄（岁）	6岁以下	7～8	9～10	11～12	13～14	15～18
人数（人）	1	7	8	5	5	4

从上表中我们可以发现，上过一年级的学生都认识人民币，因为一年级课本中已经学习了认识人民币，而没上过一年级的孩子大多数不认识人民币。

2. 孩子独自去商店买东西的情况

年龄（岁）	6岁以下	7～8	9～10	11～12	13～14	15～18
人数（人）	1	2	2	3	4	4

3. 孩子对商品价格的了解情况

年龄（岁）	6岁以下	7～8	9～10	11～12	13～14	15～18
人数（人）	0	1	2	3	4	4

从以上两表中我们可以看出，孩子在10岁以下，大多由父母包办买东西，自己没有去买东西的意识，对商品没有价格观念。10岁以上父母开始让孩子买东西。孩子才开始了解商品的价格。可见，现在的家长对孩子的照顾太多了，导致孩子们有了依赖思想，社会实践能力降低。

4. 孩子自己买东西的愿望情况

年龄（岁）	6岁以下	7～8	9～10	11～12	13～14	15～18
人数（人）	7	6	6	5	5	4

从此表中我们发现，孩子们是有独立做事的愿望的，可是家长们剥夺了他们的权力，这既会让孩子产生不满的情绪，又会让孩子将来面对社会感到不适应。

（三）家长采访

我在小区里采访了一些家长，家长们对孩子自己买东西的看法差不多，大多数家长认为孩子太小，自己去超市买东西不安全，到超市找不对东西，付钱付不好等，还是和孩子一起去才放心。也有部分家长认为不能让孩子从小养成乱花钱的坏习惯。还有部分家长赞成孩子独立买东西，想锻炼孩子的能力，但也会跟在孩子的身边。

（四）调查总结

通过调查，孩子们的安全问题是家长最担心的，家长们总是认为孩子小，不相信孩子的能力，家长把事情给做了就是爱孩子，他们没想过孩子们的真正想法。孩子们愿意自己去尝试，他们有自己的想法，只有让他们通过亲身经历总结经验，增长见识，才能懂得如何面对社会，如何自我保护。

通过闫潇同学的调查实例，我们看到，如今的孩子们受到父母的关爱太多了，从小失去了很多社会实践的机会。假期中的小课题研究给孩子们创造了参加社会实践的机会。他们在假期中可以研究自己想研究的东西，从而培养动手实践能力和创新能力，接触社会，增长社会知识，提高解决社会问题的能力。

钟表的历史

暑期到了，学校为丰富学生们的假期生活，布置了小课题研究作业。同学们有的想一个人研究，有的想两个或三个人一组一起研究，按同学们的要求，二（1）班的同学们也自由结了组。高圣霖小组在假期中对钟表进行了研究。

一、研究课题：《有关钟表的历史》

二、研究成员：高圣霖　黄天奇　李明昊

三、课题来源：

李明昊：我家住在供销大厦附近，每天都会听到咚、咚、咚的声音，妈妈告诉我这是供销大厦楼顶的钟表为我们报时呢，那声音响几下就告诉我们是几点了。现在它就是我家不可缺少的报时员了。

高圣霖：本学期我们学习了《时、分、秒》。我想研究一下有关钟表的历史。

黄天奇：我有一个漂亮的小闹钟，每天早上催我早起。我还发现钟表店里有不同款式的钟表，有的很便宜，有的却很贵，我想它们应该是有区别的。

四、研究目的：通过了解钟表的历史，增长见识，拓宽知识面

五、研究过程

研究前，我们小组做了分工，我们各自带着自己的任务在假期中进行了研究。

1. 钟表的历史

高圣霖：在妈妈的帮助下，我通过上网查阅，了解了钟表的历史。

时间	计时方法	作用
公元1300年以前	人类主要是利用天文现象和流动物质的连续运动来计时。例如，日晷是利用日影的方位计时；漏壶和沙漏是利用水流和沙流的流量计时。	开始研究计时方法。
北宋元祐三年（1088）	苏颂和韩公廉等创制水运仪象台，已运用了擒纵机构。	开创了钟表史。
16世纪中期	在德国出现了摆在桌上的钟。	时间准确至最近的15分钟。
17世纪	逐渐出现了钟摆和发条。	钟运转的精度得到了很大的提高，也为钟的小型化创造了条件。
18、19世纪	发明了垂式上弦钟表，同时又生产了如永久性日历表及秒表等。	机械化大批量生产手表。
20世纪初	护士为了掌握时间就把小袋表挂在胸前，人们已经很注重它的实用性，要求方便、准确、耐用。尤其是第一次世界大战的爆发，袋表已经不能适应作战军人的需要，腕表的生产成为大势所趋。	手表产生了。

通过上表我们可以看到，不同时期的科学家和钟表研究者们不断地用他们的聪明和智慧在创建时光的隧道，同时也勾勒了一条钟表文化和科技发展的轨迹。

2. 钟表的演变

黄天奇：我的小闹钟小巧精致，我在电视里也看到过很多式样的钟表。那么钟表有怎样的演变过程呢？我和妈妈一起查阅资料，知道了钟表的演变大致可以分为三个阶段，那就是：

（1）从大型钟向小型钟演变。

（2）从小型钟向袋表过渡。

（3）从袋表向腕表发展。

也就是：水运仪象台（它高约12米，7米见方）→惠更斯单摆钟→座钟→航海钟→怀表普及→手表普及。

3. 钟表的分类

黄天奇：爸爸戴了一块手表，他每天都给表上弦。爸爸告诉我，这块手表是他上中学时候用的，是一块机械表，不用电池，是靠上发条带动里面的齿轮运转，从而推动表针走动的。我想钟表的种类是不同的，于是我做了调查发现：

现代的钟表可分为机械表和电子表。

机械钟表是一种用重锤或弹簧的释放能量为动力，推动一系列齿轮运转，借擒纵调速器调节轮系转速，以指针指示时刻和计量时间的计时器。

电子钟表是一种以电能为动力，液晶显示数字式和石英指针式的计时器。

4. 钟表的用途

李明昊：钟表在人们的日常生活中必不可少，但有哪些用途呢？我做了如下总结：

（1）看时间。几点上学，几点放学，几点演某个动画片或电视节目等。知道了时间我们才不会误事。

（2）计时。活动或比赛时记录时长。

（3）提醒作用。钟表可以设定闹钟，提醒时间到了。

（4）用于电子产品。如用于手机、电脑上。

（5）装饰房间，使房间更美观。

总之，钟表与人类的各种行为和活动有着密切的联系，我们的生活离不开它。

在假期研究中，我们互相学习了各自的研究成果，然后又一起走访了几家钟表店。通过店主的介绍，我们见识了许多品牌表，如百达翡丽、劳力士、宝玑、飞亚达、伯爵等。我们还了解到在市场上也出现了一些假冒伪劣商品，买钟表一定要到正规的商场买，千万不要上当。

六、课题结论

随着科技的发展和人们的需要，钟表的质量和样式在不断地进步，钟表对时间的记录也越来越精确，钟表在人们的生活中必不可少。通过课题研究，我们拓宽了视野，收获了知识，掌握了研究方法。今后我们还要多进行这样的研究来丰富我们的假期生活，充实我们的头脑，提高我们的综合实践和探究能力。

第十一章　创新社团

（一）社团活动

马年灯笼

秋去冬至，纷纷扬扬地下了几场大雪，人们走在半尺厚的积雪上，发出咯吱咯吱的声音。这对于孩子们来说，可是一件有趣的事情。

一个周五的早晨，我早早来到学校门口值班，此时校门口已经聚集了几名四五年级的小同学，他们正在开心地玩着雪，其中一名女同学看见我过来了，赶忙跑过来问好，其他几名同学也纷纷围了过来。

我自从操办学校的社团活动后，可成了学校的名人，孩子们见了都感觉分外亲切。这不，他们又开始围住我问这问那了。其中一个四年级的女同学问道："贾老师，离放寒假还差两周了，咱们还举办社团活动吗?"

"这段时间同学们都在忙着期末复习，老师打算放假回来后再举办。"我答道。

"喔，要等到年后哪!"学生们发出了一阵"嘘"声。

"老师，你能先透露一下后面的活动内容吗?"另外一名男孩小声地问道。

我笑了笑，说："老师想了好几天，真的没有想出方案。"我机警地把话题一转："你们喜欢什么，我们就举办什么活动。"

"是这样啊！太好了！太好了!"高兴之余，又有同学说："老师，春节我看别人家门前挂着五颜六色的灯笼，我好羡慕，也想有一个属于我的灯笼，最好我们自己亲手制作，不花父母的钱。"

"好主意，那你心目中的灯笼是什么样子？什么图案?"我问。

"新年是马年，创作与马有关的灯笼多有纪念意义呀，这个活动就叫'马年灯笼'好不好?"

"就这个主题了!"我一锤定音，孩子们听了兴奋地抱成一团。

我又说："看见你们，我好像也回到了童年。我小时候嘛！那时家家没有电视，吃完年夜饺子，三五成群的小朋友就在街上打灯笼，比现在看春晚还有意思呢!"

"啊？灯笼不都是挂的吗？还能打吗！不会打坏了吧!"男孩听了，哈哈地笑了起来。

后面一个女孩忙推了他一下说："这都不知道，打灯笼就是用一根棍子提着灯笼，谁说是用手打它呀，你以为是打球啊!"

我听了也笑了起来，说道："由于古代没有发明电，灯笼就是照明的工具，如今有了电，就有了手电筒和照明灯，也就没有人出行用灯笼来照亮了。现在我们看见的灯笼，一般挂在门前，起到吉庆和美观的作用，所以，这位男同学不知道打灯笼是什么意思，也是可以理解的。"

几位同学听了老师的话，似懂非懂地点了点头，然后他们排队走进了校园。我望着他们的身影却陷入了沉思：要创新发展，首先要继承传统。中国是世界四大文明古国之一，中国文化绵延五千年，为世界各国人民所敬仰，但随着世界各国文化的交融，要立足新时代的发展，首先要知道自己的根在哪里，才能借鉴别人好的东西，在交融中发展自己的文化，我们的责任艰巨而伟大……

树上的一对喜鹊在叽叽喳喳地叫着，好像在说："预祝学生的社团活动成功!"我从沉思中抬起了头，脸上露出了一丝微笑，起初我一直认为学生社团活动不好搞，让人头疼。如今，我明白了，孩子喜欢的事情都可以成为活动内容，老师有时瞎发愁，看来要开展好学生活动，就要围着孩子的生活去设计。我仿佛看到了无数形态各异的马年灯笼，既彰显着中国的味道，又有洋溢着创新的火花。

鸡蛋撞击地球

2013 年 9 月 17 日，对于伯雍小学的孩子们来说可真是难忘的一天。

陆陆续续走进学校的学生，除了背着书包，每个人手里还会拿着一个特殊的东西——或是纸盒，或是塑料球，或是一个降落伞装置……而且他们三五成群地一边走一边相互探讨着什么。这是怎么回事呢？原来，伯雍小学的孩子们都在积极准备参加 9 月 17 日下午举行的“鸡蛋撞击地球”挑战社团活动呢。

本次活动是伯雍小学举办的第一期社团活动，我借鉴了 20 世纪 80 年代英国科促会青少年部组织的青少年科技活动：利用降落伞材料、缓冲包装材料等制作装置使生鸡蛋撞地而不碎。我在模仿中还进行了创新，准备将“鸡蛋撞击地球”分为两个阶段举行，第一阶段是入围赛，保护装置可以由学生自己随意设计，从三楼扔下鸡蛋不破损即可入围；第二阶段为决赛，要求入围的同学在 20 分钟内利用 4 张 A4 纸制作一个保护装置，从四楼扔下鸡蛋而鸡蛋不破损即为最终获胜者。自从我将活动公告向全校同学公布后，在短短两天内就有 860 余人报名，可以说是火爆异常。

比赛时间还没有到，在三楼露台上已经排好了长长的参赛队伍，从一年级的小同学到六年级的大同学，每个人脸上都洋溢着兴奋的笑容，并向周围的同学展示着自己的作品。露台下的操场上也站满了观赛的同学，大家都期待地踮着脚，望来望去。终于到了 14：30，我手里拿着指挥旗来到了露台边缘，举起小旗子走到一旁，喊了一声：“前排同学预备——扔！”随着一声令下，各种各样的保护装置就从三楼露台飞了出来，同时也引来了一阵阵小观众们的尖叫声，有的装置落地直接就摔得粉碎，有的装置竟然能像皮球一样在地上跳来跳去，还有的张开了降落伞，在空中飘飘荡荡，久久才落下……可以说真是五花八门、各具特色。“听，这个鸡蛋肯定摔坏了，落地的声音那么大。看那个，落地速度那么慢，肯定没问题……”小观众们不时地议论着，好像他们都成了鉴定专家。比赛整整持续了两节课，赛后，负责检查的教师很快公布了结果，有 300 多人成功通过了第一阶段的比赛，远远超出了我们的预想。

比赛结束后，我及时将许多设计新颖、独特的保护装置收集了起来，并找到设计者进行采访。

三年级杨海宇同学是一个很活泼开朗的小女孩，她制作的六芒星保护装置设计得非常独特，当问及是如何设计的时候，她兴奋地回答道："其实我设计了几个实验方案，但在家里进行实验的时候都失败了，主要原因就是鸡蛋总会在保护最为薄弱的地方撞击地面，后来我想到了小刺猬，因为小刺猬缩成团后它的身体就不能和地面直接接触了，它身上的刺就起到了保护的作用，我想，如果将我的鸡蛋用纸筒也包成一个刺球，应该也能行，结果真的成功了，老师我告诉你吧！其实我的装置从5楼扔下都没有问题的。"我看着她那神采奕奕的目光，也是满心欢喜。后来我又先后采访了几名设计者，一提到设计过程的时候，基本上每个人都能滔滔不绝地说上一通，甚至有很多平时不爱发言的孩子也都像变了个人似的，而且讲得有理有据。通过这次采访，我了解到，社团活动的开展是极为成功的，它就像一粒石子扔到了平静的湖水里，激起了孩子们思考和创作的热情。

在2014年10月5日的这天，更为精彩的决赛又开始了，当然，这更是不平凡的一天，因为在这天有十几名同学创造了新的世界纪录，他们成功地仅用4张A4纸就使鸡蛋从4楼扔下而不破。由此可见，我们的孩子是不缺乏创造力的，相信他们在以后的社团活动开展中还将会创造出更多的奇迹。

叶落知秋

10月下旬的北方，天气逐渐转凉。伯雍小学大门口簇拥着一群叽叽喳喳的孩子，在围观伯雍社团公告栏，一个小男孩在认真地念着公告：

亲爱的同学们！

秋天是丰收的季节，秋天也是草木休憩的季节，草木将美丽献给了夏季，但在他们凋零之后，我们是否也能将他们的美留在秋季呢？为了培养大家的动手能力和想象力，学校挑战社团特意在秋季推出了“叶落知秋”杯树叶画创意大赛，希望大家能够在这寓意收获和成熟的季节里，动用“发现”的眼睛和“灵巧”的双手，拼画出心中最美丽的秋季。活动可以以个人、小组和家庭为单位参加，三周后进行评选，请同学们积极做好准备，老师期待着你们的精美作品。

这一期社团活动公布后，孩子们立刻就沸腾了，并纷纷行动起来。

我们玉田县最大的植物公园就属伯雍公园了，公园内草木茂盛、花木繁多，秦岭—淮河以北的树种基本都有种植。秋末，公园内的路面已是积了厚厚的一层落叶，一阵秋风拂过，各色的树叶就纷纷扬扬地飘洒下来，不时地落在人们的脸上和肩上，给来散步的游人带来了很多乐趣。但近期游人们也发现了一件奇怪的事，那就是来公园的孩子特别多，而且都带着爸爸、妈妈或是爷爷、奶奶，手里面还拎着一个手提袋，不时在地面上拾起一片片树叶，并仔细端详，不断地扔扔捡捡，认为满意的叶子就放到自己手提袋里。而后面跟着的爸爸、妈妈们也没有闲着，不停提着建议：“捡的树叶要尽量完整啊。枫树叶适合做红帽子，银杏树叶做女孩的裙子或是蝴蝶。那边树上的小红果做小白兔的眼睛挺不错的……”这到底是怎么回事呢？很多好奇者不禁走过去问询，原来他们都是伯雍小学的孩子们，为了做好树叶画可以说都是全家总动员啊。公园内到处都有他们的身影。

我也来逛公园了，周围的孩子发现我后，一下子就把我围在了中间问这问那，我耐心地回答着他们的问题，并聆听着孩子们的想法，最后笑着对他们说：“谢谢你们这样支持学校的社团活动，你们的想法老师感觉都非常棒，现在你们要做的就是选好合适的树叶，今天老师也被你们的热情给感染了，老师也要做一幅树叶剪贴画参加活动，大家一起去捡树叶好不好?”同学们一听我也要参加他们的活动，高兴得一下子跳了起来，欢呼道：“好！太好啦!”于是，他们就像一群欢乐的小鸟一样，伴在我身旁，一会儿飞到这边，一会儿飞到那边。

三周后，树叶剪贴画的评选活动如期开始了，学生上交的作品达到了1 000余幅，很多学生上交了多幅作品，将整个收藏室都塞满了。经过活动组的教师认真评选，选出了120多幅精美的作品，有些画甚至被收藏到了伯雍小学校史室。

本次活动后有位家长找到了我，他说：“你们的社团活动开展得真好，对孩子能力的培养效果很明显，做树叶画期间我儿子连最爱看的动画片都不看了，说实在的，我常年在外做生意，孩子和我生疏得平时都不说话，这次回来后他竟然主动要我和爱人带着他去捡树叶，我也第一次和孩子玩得这么开心，儿子和我说的话比一年说得都多。我想好啦！以后你们学校只要有活动，我一定要赶回来和儿子一起参加。”

听了这位家长的话，我也是满心感动。真是没想到，我们的社团活动不仅锻炼、快乐了孩子，还促进了家庭的和睦与幸福，看来，我校的社团活动开展已经得到了许多家长的认可，也相信会有更多的家长会参与到学校的活动中来。

□ 伯雍小学的同学制作的树叶画

制作伯雍水桶

最近，负责社团活动的我突然犯了难，不时地在办公室内走来走去，怎么回事呢？我正在准备第三期的社团活动创意呢！我是想搞一次废旧物品再利用的社团活动，让孩子们明白一个道理，“世界上不存在没有用的东西，垃圾也是放错了位置的资源”。在人大附小学习期间，有件事对我启发很大，在人大附小的楼道和办公室内，摆放了很多附小老师和学生做的手工艺作品，它们都是用废旧材料做的，尤其是开放会议室旁的那面彩虹墙，全是用不同颜色的瓶子盖拼成的，可以说是巧夺天工。在人大附小的校园内，艺术和环保的气息可以说无处不在，对孩子们的影响也是潜移默化的。我也很想搞一次这样的活动，加强伯雍小学孩子们的环保意识，但我遇到了两个困难，一是如果孩子们做不同的作品，评选起来就会很困难，作品间缺少了可比性；二是缺少一个有意义的主题，只有主题深刻，对孩子的教育与引导作用才大。

一天，周校长从办公室外走过，看到我心事重重的样子，知道肯定有事，于是就亲切地问：“小贾，看你的样子就知道，有什么心事吧？能不能跟我说说？”我一见是周校长，忙走了过来，就将自己的想法向周校长倾诉了一遍。周校长听完后思索了片刻，然后手指着操场上的伯雍像说：“我们学校以伯雍之名命名，以伯雍精神治校，我们学校的孩子们都了解伯雍的故事，你看能不能在伯雍上找点主题呢？伯雍手提水桶，施水路人，他的水桶可以说就是伯雍精神的载体，让孩子们都做伯雍水桶怎么样？”我一听，眉头立刻就舒展开了，连忙答道：“制作伯雍水桶，这个点子真是不错，我怎么就没有想到呢？既统一了制作主题，又让孩子们加深了对于伯雍精神的理解，还进行了环保教育，可以说是一举多得啊！以后我再有什么疑难事一定要多请校长指点。”周校长听了，呵呵一笑，说：“没问题！我的想法仅供参考，也不要打乱了你原来的计划，以后有什么问题可以随时找我。你的社团活动孩子们都很喜欢，我也会鼎力支持的。”就这样，第三期的社团活动主题，就定为了“用废旧原料制作伯雍水桶”。

活动公告发出后不久，孩子们就动起来了。现在的孩子们大部分只看到过塑料桶和铁桶，对于古代时候的水桶是什么样的都很茫然。这不，伯雍像前的孩子就突然多了起来，都是专门来研究古代水桶的，他们纷纷用手触摸着那伯雍像旁用汉白玉雕成的水桶，还不停地感叹着："这就是伯雍施水用的水桶啊！可真够大的，我得好好研究研究这古代水桶是怎么用木头做出来的。"那段时间，来研究伯雍水桶的人可以说是络绎不绝，但每个人想做的水桶，却都是与众不同的。

两周的制作期很快就过去了。这天下午，同学们纷纷来琢玉斋交作品，交上来的水桶可让评选的老师们开了眼。学生们做的水桶大小不一、形态各异，什么样子的都有，什么材料的都有。小的可以用一个手掌托起来，大的则要两只手抱着；有的仅做了单只，有的则做了一对，而且还带着扁担；材料就更加繁多了，有的用竹签，有的用吸管、有的用饮料瓶……但不管用什么材料做的，不管做成什么形状的水桶，配上彩线、各色的包装纸和认真绘制的图案后，都显得那样精美，每个作品都能体现出小作者的匠心独运之处。

总体来说，这次社团活动的开展，基本上达到了我们的预期目的。平时身边的废旧物品，在孩子们的眼中都变成了有用的制作材料，他们精心设计的伯雍水桶，也被学校精心地收藏了起来。

□ 学生制作的伯雍水桶

（二）社团故事

只有一个人的比赛

“鸡蛋撞击地球”社团活动的初赛已经结束3天了，我可算能休息休息了，由于这次社团活动参与的学生太多，从组织到评审，可把我忙坏了，但当我看到孩子们那高涨的参与热情和成功的喜悦的时候，我却感到无比的欣慰。因为我认为，只要孩子们能够开心并喜爱上社团活动，一切辛苦都是值得的，这就是对我工作的最大认可。

这天的大课间，我正坐在办公室内统计社团活动的数据。一个靓丽的身影走进了办公室，并来到了我的旁边，用手轻轻敲了敲桌子，我侧头一看，原来是一（1）班的刘秀娟老师，秀娟老师笑吟吟地说：“小贾工作挺专注啊，进来人都没看见呀，你有空吗？我有件事我想和你说一下。”

我连忙站起身来，说：“你就别客气啦，有什么事尽管说就是。”

秀娟老师收起笑容，推了推眼镜，说：“是这样的，我们班有个叫宸熙的小同学，这几天上课一直都不在状态，我正奇怪呢！结果今天她的妈妈找到了我，是想让我求您一件事，您看成吗？”

我一听是和自己有关的，立刻好奇起来，忙问道：“说吧！我能帮忙的一定帮！”

秀娟接着说道：“前几天你不是组织了‘鸡蛋撞击地球’的社团活动嘛，宸熙同学由于没看懂社团活动公告，结果就错过了这次初赛，看着周围的同学都比赛了，她非常伤心，一回到家就和她的妈妈哭，现在连上课都不在状态，今天她的妈妈找我，是想让我问问你，能不能给宸熙一个机会，让她也比一次。”

我听完后，不知为什么，感觉鼻子莫名地酸了一下，望着秀娟老师想了想说：“其实这事我也有责任啊！没有提前考虑到低年级同学看不懂公告的问题，我要是能用广播多给孩子们说明一下就好了，那这样吧！你告诉宸熙，明天下午第二节课，我专门给她一个人安排一场比赛，让她把自己做的保护装置准备好吧！”

“行，我立刻就去告诉她，也代她的妈妈谢谢你了！”秀娟老师说完，满心欢喜地走了。

当天下午第二节课，阳光显得分外明媚，湛蓝的天空就像洗过的一样。此时，在伯雍小学教学楼三楼的露台上，出现了两个身影，一个高大，一个矮小，高大的身影手里拿着一面高高扬起的小旗，矮小的身影双手抱着一个被塑料包裹得严严实实的球体，当小旗落下的瞬间，一双小手同时也用力地将球体远远地抛出了露台，小球在空中划出一条美丽的弧线飞向了地面。

一个人的比赛就这样结束了，我照例认真检查了鸡蛋，发现鸡蛋已经撞破了，但此时，我的心情却无比轻松。

关于科学课与社团活动的反思

这是周四的一个上午，第二节课下课的铃声刚刚停止，三（1）班的同学们就从教室里蜂拥而出，然后迅速地纷纷站在楼道两侧，脸上还带着期盼的笑容，并不时地望向楼道的尽头，好像在等待着什么人。看到这场景您一定也会好奇，他们在等谁呢？答案很简单，因为三（1）班下一节课是科学课，来上课的正是我！

2013年下半年，我不仅负责学校的学生社团活动，而且还担负着6个实验班级的科学课，由于我的课跳出课本，从学生生活实际出发，自编教材，极大地激发了学生们学习科学的兴趣，因此，每到我上课的时候，孩子们都兴奋得不得了，要是哪天我有事没去上课，孩子们就会遗憾得上什么课都没心情了，可见，孩子们是多么喜欢我的科学课。

我走到了楼道口，手里拿着各种实验用品，三（1）班的同学看到了，纷纷围了过来，有的帮拿课本，有的帮拿实验用具，还有的向我打探这节课会讲哪些内容。我低声地和同学们说了几句，一个瘦小的男同学就像风一样地最先奔回了教室，就像得了什么重大新闻一样，大声喊着："贾老师来上课啦，今天咱们要研究风是怎么形成的，老师还拿了很多教具要做实验呢！"教室内的同学听完后，一下子欢呼起来。接着，我在同学们的簇拥下走了进来，走在后面的一个班干部开始喊了起来："外面的同学都快点进来上课，教室内的都坐下，今天咱们早上课，让贾老师多给咱们上会儿课。"我摆放了一下教具，望着纷纷跑回座位的同学们，无奈地笑了笑，说："还有6分钟才上课呢，大家不再玩会儿了吗？"结果孩子们却齐声回答说："不玩啦，老师您快点上课吧！"我将两只手紧紧地握了两下，走到讲台中间，也兴奋地说道："好！咱们上课！"

接下来，我就和孩子们一起开始了对科学的探索。在课堂上，我们或是实验，或是探讨，或是质疑，再加上我幽默的话语，孩子们完全沉醉在了奇妙而欢乐的氛围之中。

课下，经常有班主任问我："你的课到底有什么魔力让孩子们那么喜欢啊？"我是这样回答的："因为我的课从生活实际出发，从孩子们的兴趣出发，孩子喜欢什么、关心什么，我就讲什么。还有，我是学校社团活动的负责人，孩子们特别喜欢将自己的想法和我说，而我的很多社团活动也都是听取了学生们的建议组织的。我是学生的代表，他们能不喜欢我吗?”的确，科学课的内容是根据学生喜欢的内容讲，社团活动是根据学生喜欢的活动组织，孩子能不喜欢他吗?

我想，学生们这份特殊的爱，是值得我们所有的教学工作者反思的。孩子们为什么那么喜欢我呢?主要是因为我能够按照孩子们喜欢的内容去讲课，会按照孩子们喜欢的活动形式去搞社团活动，我在孩子们的内心深处完全成了他们求知与探索的万能钥匙，只要握住我，好像什么智慧之门都可以打开，自己想做什么都能心想事成一样。究其原因，是我明白如何去按照学生喜欢的方式去教学。试想，我们学校开展的一切教学活动，如果都能听取孩子们的建议，按照孩子喜欢的方式去做，那又将会是一番什么样的景象呢?

第十二章　创新德育

练好“童子功”

“童子功”是指在任何具有技术要求的行业中，从小就打下基础的一种练习方式。伯雍小学的“童子功”，注重了孩子们在小学阶段行为习惯的培养以及德育安全的渗透，与孩子们的成长相伴相行。

——题记

“Class is over. Please go out and play!”随着伯雍小学叮铃铃的下课铃声，温馨的英语提示语响起。咦，伯雍小学的校园里怎么没有听见孩子们的欢声笑语？怎么没有看见孩子们活动的身影？仔细一听，从各班的教室里传出琅琅的“读书声”。下课还读书吗？随手推开二年级（1）班的门一看，班主任和本班科任老师站在台前，孩子们正对照着大屏幕“练功”呢！再看看别的班，也是如此，有的班的孩子们正坐在座位上随着音乐拍着手说唱，有的班的孩子们正站着做动作，有的班的孩子们正在欣赏视频，脸上带着微笑……

读到这儿，您肯定心中充满了疑惑：该下课不下课，圈着孩子们干什么？剥夺孩子们的休息时间吗？听我跟您说——

伯雍小学童子功的创作背景

通过学校的检查和各科任老师的反映，我校相当一部分学生行为习惯很差，表现在：课上不会倾听；回答问题不是不敢回答，就是声音太小别人听不见，而且说起话来语无伦次；高年级的一部分同学还不会正确握笔，写出的字歪歪扭扭；课下不作课前准备，追打逗闹，安全隐患严重；有的同学不会交流，更不用说见到客人要注重文明礼仪了……孩子们暴露了很多很多的毛病。怎么办？学校强调了很多次，班主任老师也磨破了嘴皮子，可是孩子们这耳朵进了那耳朵就出了，收效甚微。

小林是三年级从偏远的地区转入我校的。他的父母是做买卖的，在城里买了楼房，由奶奶照顾他的饮食起居。他聪明伶俐，才思敏捷，课上讲的知识，他一听就会，但他总是站不直，坐不正，写字总是歪着头。每次上课，老师总是纠正他的坐姿，并给他讲坐姿对视力和身体的影响，还让他的同桌监督提醒他。怎奈几年的习惯养成了，纠正起来谈何容易，他总是在坚持一小会儿后就又松懈了，他一到家就更没说没管了：躺着看电视、看书，趴着写作业。就这样，一晃小林上了高中，成绩一直名列前茅，但视力较差，而且脊柱严重歪曲。他的高考成绩遥遥领先，报考了他梦想的北航，可是因为视力和脊柱，与北航无缘，没有圆自己的梦，没办法只能去了一所自己不喜欢的学校，学一个自己不感兴趣的专业。小林与北航失之交臂，痛心疾首。坏习惯让他遗憾终生！

小林的事例发人深省，而后2014年6月的七彩教育同盟的教学大赛就要在我校举行，这更让我们深深感到培养学生的综合素质势在必行。为了履行教育者的责任，为了对孩子们的未来发展负责，也为了2014年的七彩教育同盟的教学大赛在我校的顺利进行，从美国考察回来的周校长想出了好办法：教育家陶行知先生提倡寓教于乐、知行合一，武术上要求孩子练童子功，我们小学阶段本着以人为本的原则，更要让孩子们在小学阶段练好自己的习惯“童子功”，而且要用孩子们喜闻乐见的方式，让孩子在活动中约束自己，提升孩子们的综合素质。

“童子功”创新的内容选择和呈现形式

说干就干。伯雍小学开始创编适合我校学生的“童子功”操。首先是写词。时玉芳和贾卫忠两位老师根据学生存在的问题，编写了《伯雍童子功》第一稿。光有文字不行，还要有动作，又请音乐老师选音乐，由动作优美的张帆老师做动作。在大家的努力下，有音乐、有动作的《伯雍童子功》第一稿就出炉了。随后由学校领导审核，师生们提建议后，时玉芳老师对文字再次进行了修改，把“童子功”编成了朗朗上口的儿歌。《伯雍童子功》（第二稿）就这样问世了！请您欣赏：

伯雍童子功（第二稿）

创作：时玉芳

1. 序

阳伯雍，余校名，燕山脚下一新星。
传美德，承遗风，大爱无疆好品行。
学为用，习品行，凡事细作智气勇。
行有范，做有样，邀您共享童子功。

2. 伯雍风采

卧似一张弓　　站似一棵松
不动不摇坐如钟　　走路一阵风

姿势和习惯　　伯雍童子功
读书写字坐端正　　伯雍童子功
读书要身直　　头脚不乱动
头正肩平背挺直　　胸离桌一拳
书本手中拿　　稍稍向外倾
眼离书本一尺远　　伯雍童子功
写字重姿势　　做到手轻松
笔尖朝下右手拿　　拇指食指捏
中指无名托　　小指藏在后
手离笔尖有一寸　　腕平掌控力适中

3. 伯雍课堂常规

伯雍人　承古训　新课堂　童子功
课下休　请莫忘　课前物　准备齐
上课铃　叮铃响　进课堂　坐端正
师生情　互问好　师还礼　轻轻坐
腰挺直　腿放平　老师教　须敬听
认真想　记心中　要发言　先举手
吐字真　声音亮　他人说　我倾听
字字句　斟酌行　意不同　提出来
有遗漏　可补充　用敬语　莫纷争
组活动　要参加　有分工　尽职责
重探索　求实践　人主动　大家夸
规矩定　勤练功　伯雍志　吾辈成

4. 伯雍精彩课间

听那叮铃铃的下课铃声送来十分钟
来吧来吧来吧，大家来练习童子功
让我们那疲劳的眼睛看一看蓝天
让紧张的大脑吹进清风
哦，你好，书本收起来
哦，课前，准备要齐全
一起来检查脚下的卫生
教室卫生共保持真轻松
听那叮铃铃的下课铃声送来十分钟
来吧来吧来吧，大家来练习童子功，

让我们那握笔的手指摸一摸皮球，
让快活的叫喊冲出喉咙
哦，你好，不要来追打
哦，欢迎，欢迎做游戏
有益的活动我们一起做
锻炼身体又能休息轻松
哦，来练，伯雍童子功
哦，欢迎，伯雍童子功
这些常规牢记我们心中
博大精深伯雍童子功

5. 小结

有伯雍　童子功　成长路上伴我行
练身姿　养习惯　时时刻刻记心中
重德育　抓安全　我们修身又养性
童子功　始初成　且行且创永无终

学校让学生熟记成诵，并印发给家长，让家长配合学校，使学生养成良好的习惯。

怎样让动作更规范呢？学校师资很匮乏，没有专职的体育老师，正在我校研训的孙福中老师急学校之所急，想学校之所想，孙老师利用课下和晚上休息时间自己创编“童子功”操，并且在每班的体育课上，耐心地、手把手地教孩子们做“童子功”操的每一个动作。“童子功”像歌谣一样，读起来朗朗上口，又配上了孩子们喜欢的音乐，动作简单好记，孩子们一下就喜欢上了！每节体育课，孩子们都做得像模像样。

“童子功”练习如火如荼

为了便于全校学生学习，学校挑了几个动作优美的学生录了视频，又配了朗诵和音乐，发布在校园网上，让各班利用自己的空余时间收看并练习。

大课间做完眼操后，各班就开始按照“童子功”操视频进行巩固练习。学校还对各班学生的练习情况进行摸底验收，评选“童子功”操做得优秀的班级在学校进行展示。自从学校把“童子功”作为每天到校的必修课之后，“童子功”风靡伯雍校园，伯雍小学的学生练习“童子功”蔚然成风！孩子们课上课下随着音乐做着“童子功”动作，同时吟诵着歌谣一样的“童子功”，回家也坚持练习。三（6）班赵思雨的妈妈和老师说，赵思雨天天在家教一年级小妹练习，有时想不起来就特别着急，妈妈就到校复制了一份视频，在家督促两个孩子练习。在爸爸的同学聚会上，姐妹俩还展示了伯雍的“童子功”，让所有的朋友刮目相看！

童子功带来的功效

当您读到这儿，就明白了故事开头是怎么回事了吧。“童子功”就像丝丝春雨滋润着孩子们的心田，无形中孩子们就知道了课上课下该怎么做，怎么与人交流，并付诸实践。于是，我们在课间看到的乱扔杂物现象少了，主动搞卫生的人多了；死气沉沉的课堂少了，积极主动的发言多了；歪歪扭扭的字迹少了，清清楚楚的作业多了；打闹的少了，安全意识提高了……

一年级的张子轩和王一恒，生性好动，经常课间在教室闹、在教室滚，有一次险些从楼梯上滚下来！但自从练起了童子功，再也看不到两个孩子打闹的身影，他们在规规矩矩地练童子功呢！2012 年 5 月 28 日，当地震来临时，学生听到警报，马上藏在桌子底下，余震过后，同学们在老师们带领下两分钟内安全疏散到操场，避免了危险的发生。

四年级的赵鹏在日记里写道：“课下十分钟原来是我‘大闹天宫’的时刻，现在‘童子功’督促我下课先准备下节课物品，然后喝水、去厕所、捡卫生区的垃圾……是童子功管住了我！”真想不到，伯雍的“童子功”给我们的孩子们带来的变化这么大！今年 6 月，七彩教育同盟的教学大赛在我校顺利进行，所有参赛的教师和听课者无不赞叹：“伯雍的孩子，素质真不错！”

伯雍小学的“童子功”深深印在了孩子们的心里，溶入了孩子们的血液里，贯彻到了孩子们的行动中，强化了学生的习惯养成，为孩子们未来的发展打下了坚实的基础。

□ 伯雍 “童子功”

别样的“六一”

一年一度的“六一”儿童节又到了，这在孩子们心里是一个快乐的日子，对于家庭和学校来说也同样是一个重要的日子。在这一天，家长和学校都会想办法让我们的孩子过得快乐、有意义。而在家庭中，随着人们生活水平的提高，这一天父母和亲友似乎约定俗成：消费。在“六一”儿童节给孩子送一份礼物，而购买服装、玩具以及带孩子去游乐园“消费”娱乐项目等则是首选，大家并没有想到其中存在很多问题。

问题一：新意少，节日消费趋同的趋势特别明显。其中购物、到游乐场所游玩是家长为孩子们过节的主要方式。但是这种千篇一律的消费不利于培养孩子的创造力和独立思考的能力。

问题二：没计划，只是简单满足孩子的需要。大多数家庭只要孩子张口，一般家长都会满足。

问题三：有一部分家长对孩子的培养是高消费，不利于孩子的健康成长，反而容易培养互相攀比的心态。

我校针对以上问题，在校领导和全体教师的共同努力下，想到了一个别样的“六一”活动——献爱心义卖会。

各班教师动员同学们将自己不玩的玩具、看过的书籍、自己制作的手工作品带到学校来，进行分类标价。

在这个过程中，让孩子们对自己平时玩的玩具、书籍进行价格了解；同时也让孩子认识到平时自己买玩具是要花掉很多钱的，而这些钱是父母辛苦工作得来的，要懂得珍惜。通过观察我们发现，有些玩具、书籍几乎是全新的，可见这些东西买来并没有玩过、用过，造成了浪费。整理过程中孩子们可以懂得合理的选择、合理的消费。“六一”当天，孩子们带着这些玩具、书籍、手工作品等来到学校小广场上，孩子们分类摆放、自主售卖、现钱交易，锻炼了学生的表达、交流能力。家长、学生、教师都可以参与买卖，这次义卖会所得的款项全部捐献给北京树仁小学，让那里的农民工子弟也能享受节日的快乐，表达伯雍小学孩子们的一点心意。

故事一：小鬼当家

（孩子们兴高采烈地站在自己的“宝贝”面前，当起了“小小义卖员”。烈日也阻挡不了他们的热情！这一过程培养了孩子吃苦耐劳的精神。）

我是三（1）班的刘雨萌，看我带着太阳帽像个售货员吗？今天是“六一”，是小朋友的节日，可早上妈妈说什么也不让我参加义买活动，因为我病了。妈妈说：“小广场上多热呀，你这病没好，到时再中暑可咋办？”听了妈妈的话我的心情一下子从节日的快乐中跌到了“冰点”。妈妈爱我，怕我的病更严重，可我就要白白浪费这个节日吗？而且义卖活动是我听说过的最有挑战性的节日活动。我灵机一动，对了，戴个帽子不就行了吗？于是，我开始劝说妈妈：“妈妈，一年才过一个儿童节，我虽然病了，但你这么坚强的妈妈生出的女儿可不是懦夫，这点小病不算什么，我再戴个帽子不就行了吗？您就让我去吧！”好说歹说妈妈终于同意了。

时近中午，真的很热。我晕晕的，可看着大家都在坚持，我想我也是伯雍小学的一员，再热再累我也不能当逃兵，一定要坚持！

故事二：5 元钱的故事

（讨价还价可以培养孩子的人际交往能力、语言表达能力。）

今天任江浩的妈妈给了他 5 元钱，并嘱咐他别乱花，买东西可以先还还价。任江浩要独立掌管这 5 元钱了，说实话，他很少自己买东西，平时买东西也没有还过价，一手交钱，一手交货。今天不同了，妈妈要看看他怎么花这 5 元钱。他先来到一个五年级大哥哥的摊位前，挑选了一把他喜爱的木制小手枪。那是大哥哥去蓟县梨木台旅游买来的，他看着任江浩手里的 5 元钱说：“就给 5 元钱吧！”。任江浩一听就急了：“别呀，哥给我剩点吧，俺妈只给这点儿，我还想买点别的呢！”经过协商，任江浩最终以 3 元的价格买下小手枪，大哥哥说：“那你可要好好爱护它啊！”任江浩说：“我一定不会让你失望的！”还剩下了 2 元。任江浩又到一个小妹妹卖文具的摊位，挑了一支他喜欢用的 0.7 碳素笔，她要 2.5 元，任江浩说：“我只有 2 元了。天这么热，你快卖了吧！”小妹妹答应了。任江浩用 2 元顺利买到了心仪的笔，心里很是激动。心想：还是妈妈说得对，买东西是要还价的，这样钱花得更有意义。

周围的同学们都有了自己的收获，不管是卖了东西的，还是买到喜爱的东西的，脸上都挂满了笑容。这次拍卖会既锻炼了同学们花钱的能力，又增进了同学间的友谊，而且大家还总结出了一句话：“你不理财，财不理你!”

故事三：不舍的笑容

(我的宝贝童话书，你就要离开我了，让我再看你一眼！看到自己的“宝贝”被好心的叔叔阿姨买走，孩子们心中虽有不舍，脸上却笑开了花!)

今天我带来参加义卖活动的是今年爸爸送我的生日礼物——一本《安徒生童话》。

我叫刘凯航，今年7岁，活泼好动。爸爸为了帮我改正好动的毛病，生日时专门送我一本书，希望我多读书、多学习。我可喜欢这本书了！每天都要看上几个故事，我好动的小毛病也改正了不少。爸爸说都是这本书的功劳，让我好好保护它。

当老师向我们介绍今年的“六一”活动时，我第一个就想到的就是这本书，虽然它是我的“宝贝”，但要为树仁小学的小朋友做点事，我想这本书也是愿意的，于是把它带到现场义卖，不少哥哥姐姐对我这本书感兴趣，讨价还价后它终于要实现自己第二次的价值了，我真有些不舍。于是，我重新翻开书一页一页地抚摸着。书中的故事告诉我要做善良的孩子，我依依不舍地合上书，把它递给了买书的哥哥，希望它也像我一样珍惜。拿着卖书得来的钱，我仿佛看到了树仁小学小朋友灿烂的笑脸，于是我也开心地笑了。

故事四：儿子长大了

(一向不敢在众人面前发言的我，敢拍卖了！我虽然失去了心爱之物，但换来的是开心和快乐，我能为树仁小学献上一份爱心，我很兴奋!)

学校一楼多功能厅此时座无虚席，如火如荼地进行的是大爱拍卖会。

姚一鹏也参加了这场拍卖会，只听主持人在说：“二年级姚一鹏的妈妈去年在北京人大附小研训期间，从人大附小的‘小妙会’上给他买来了2008年奥运会的吉祥物——福娃，姚一鹏对这个礼物爱不释手，在妈妈的开导下，他把福娃带到了现场进行拍卖，下面请他来发表自己的拍卖词。”

以下是姚一鹏的拍卖词：

各位领导、老师、同学们：

大家上午好！我是二（3）班的姚一鹏，欢迎大家参加“六一”拍卖会。

我的拍卖品是2008年奥运会的吉祥物，现在已经绝版了。你知道它是从哪儿买来的吗？是去年5月妈妈在北京人大附小学习时，从人大附小的“六一”爱心义卖场上买来的。可见，我的拍卖品有纪念意义，很有收藏价值啊！

作为伯雍小学的一员，我要发扬伯雍的精神，将爱心传递给树仁小学的小朋友。我的作品底价是每件 10 元。我非常希望得到大家的支持。谢谢大家！

听了姚一鹏的拍卖词，家长们给的价位直线上升，由起价 10 元，最后由陈园长以 100 元的价格买走，准备带到幼儿园，让小朋友们分享。

姚一鹏的妈妈在拍卖后是这样说的："作为孩子的妈妈，我觉得钱多少并不重要，孩子有这份爱心，勇于为自己的爱心付出，战胜怯懦，站在这个拍卖场上，孩子就是进步了，也是家长最欣慰的。这不仅仅是一次活动，这是孩子成长道路上的一次转折，一个挑战自我的新起点。"

综述：

这次义卖会后，孩子们说这是他们过得最有意义的儿童节！不再仅仅是"得到"，而更多的是"给予"！孩子们从中得到的是任何礼物所不能替代的！这样的儿童节是别开生面的，更是有意义的。这是孩子成长中的重要一课，必将珍存于孩子们的美好记忆中！

同时我们也要引起家长们的思考：什么是送给孩子最好的礼物？儿童节，为人父母者无不希望给自己的孩子送上一份礼物，但作为家长应该意识到，礼物不完全等同于礼品，不一定非得要贴上价格标签，更不是价格越高的礼物就越好。究竟选择怎样的方式过"六一"对孩子更合适且更有意义，虽然没有一定之规，但应该有一个基本的前提——既能让孩子满意，又要有利于孩子的身心健康。

Hand in Hand（牵手）

快乐分享，分享快乐；
真情相拥，爱心相伴。

——题记

“爸爸、妈妈，明天我们学校要去树仁小学一起过‘六一’啦!”

“是吗?”

“你去吗?”

“当然啦!”

这天，伯雍小学通知部分学生和家长，明天要去北京树仁小学一起过“六一”，这是二（1）班的李宗进同学一家在晚餐桌上的对话。

镜头一：准备礼物　全家总动员

吃晚饭了，爸爸、妈妈刚坐下，李宗进就打开了话匣子，兴奋地宣布去树仁小学的消息。爸爸说：“这可是一件大好事啊!”妈妈说：“是啊!”“爸爸、妈妈，你们谁跟我去呢?”李宗进满眼期待地望着爸爸妈妈。“哎呀，我不行，我是班主任，得看班呀!”妈妈迟疑一下说。“我也不行，明天上午局里召开各科室会议，下午我要赶出一个稿子发到各学校。”爸爸端着碗说。“那我怎么办呢?”李宗进一听就急了，“家长如果不去，就要换人，我不愿意失去这个机会，我想去!”此时的李宗进已带着哭腔，干脆把筷子放到了桌上，用手抹着眼泪。“儿子，别急，我和你爸商量商量，会有办法的。”经过协商，妈妈照常上班，爸爸向局里请假。李宗进破涕为笑，脸上又浮现出笑容。

“我们去树仁小学和那儿的小朋友过‘六一’，给那儿的小朋友送个礼物吧！妈妈，您说我送什么呢?”李宗进说。

“礼物呀，有什么愁的?”妈妈指着客厅的玩具和书籍说：“拿上你的玩具或好看的书不就行了嘛。”

“不行，老师说要自己做的才有意义。”李宗进坚持说，并且开始翻箱倒柜找原料，不一会儿，地上就一片狼藉。“做什么呢?”李宗进自言自语着，一会儿用彩纸做了个小船，不行，太小气！一会儿用卡纸做了个坦克，不精致！这时已是晚上九点多了，每天这时间李宗进已经进入梦乡了，爸爸看着他还在为礼物发愁，就说："儿子，该睡觉了，你别做了，我有个礼物你拿出去准行。"说着爸爸从书房拿出一件工艺品，是一个用珠子串成的中国龙，很精致，那是爸爸去南方出差买来的。可是，李宗进说："爸爸，您的礼物是好，但不是我自己做的。我要献出我全部的爱心，自己做，不拿现成品！"看着孩子坚定的神情，父母的脸上露出了欣慰的笑容。爸爸说："好，那就听儿子的，现在就做礼物——全家总动员！"

妈妈说："我提个建议，我们遵循学校的理念，废物利用吧！"说着妈妈从窗台搬出了一个用过的小花盆说："我们做个花或树吧！"爸爸说："做个七彩花就更有意义了。""太好了，我去找原料。"李宗进从奶奶屋里拿出了假花饰品，又找来各色海绵纸，兴奋地说："我们用这个饰品做枝叶，用海绵纸做七色花吧。""主意不错呀！"爸爸竖起来大拇指，"你们娘俩先做，我去楼下找沙子"。爸爸打着手电，拿着花盆走了。妈妈和儿子用各色的海绵纸折花朵。不一会儿，赤橙黄绿青蓝紫七色花朵在大手和小手中绽放了！此时爸爸也端着装满沙子的花盆回来了。妈妈把枝叶牢牢插在盆中，儿子把七色花插在了花枝上。七色花做好了！一家人望着这个朴实的作品笑了。

"快想想它的寓意吧，你到树仁还要讲给小朋友听呢。"妈妈提醒道。一家人总结出了七色花的寓意：七色花代表着我们每一个学生都有自己独特的色彩，独特的美；七色花也代表着七彩教育同盟的学校，在七彩教育同盟光环照耀下，每一所学校都绽放出不同的色彩。

爸爸说："儿子，假如我就是树仁的小朋友，你该怎么向我介绍呢？"李宗进拿起了花，像模像样地介绍自己的作品，妈妈在一旁指导着礼仪……就这样演习了一遍又一遍，直到家长和孩子满意为止。屋里柔和的灯光照在一家三口的脸上，他们没有丝毫的倦意，有的是兴奋，是喜悦，是去树仁的憧憬……

镜头二：幸福时刻　难忘的旅程

早上，李宗进早早起床，拿好自己的礼物，和爸爸一同来到学校。很多同学和家长都来了，大家都小心翼翼地拿着自己亲手做的礼物，李思源和妈妈花了半天时间做了个脸谱，刘璐垚和妈妈花了一晚上做了一个漂亮的布贴画，高年级的赵佳艺发挥了自己的特长，写了书法，还拿了自己获奖的美术作品呢！其他小朋友也都带了不同的礼物。

不一会儿，在周校长的带领下，孩子们和家长们怀着激动的心情登上了去树仁小学的大巴车。大巴车带着伯雍小学所有拍卖款、赠送的书籍和学习用品、带着所有师生和家长的爱心出发了。"我们要什么时候到呢?""树仁小学离我们有多远?""树仁小学什么样呢？有大楼吗?"孩子们在车上唧唧喳喳地谈论着，恨不得早点到达树仁小学。

经过一路漫长的等待，汽车终于停下来了。校长告诉大家，前面是小路，车不能开了，大家要步行到学校。校长迈着稳健的步伐走在最前面，家长们大手拉着小手，领着孩子秩序井然地走着。此时的天空骄阳似火，孩子们脸上渗着汗珠，家长们汗流浃背，可是没有一个人抱怨，都在期待着早点见到树仁小学的小朋友。路好长啊！而且是在一个二手货交易市场的里面，据说这还是换了好几回之后环境比较好的一处呢！此时，孩子们的心一下子就凉了一大截。校长说："树仁的学生都是农民工子弟。赵生杰校长克服重重困难，带领全体教职工为农民工子弟开拓了一片成长的沃土，为农民工子弟撑起了一片教育的蓝天啊!"我们听了，一股敬佩之情油然而生。

李宗进顺着爸爸的手势看到了"树仁小学欢迎您"的牌子，"热烈欢迎伯雍小学'亲子献爱心'活动走进树仁小学"的大红条幅映入大家的眼帘。

一进校门，就看到树仁小学的校长、老师和同学们非常热情地列队迎接我们的到来。赵校长和贺校长笑着对我们说："孩子们一路辛苦了！热不热呀？渴不渴呀?"

在赵校长的带领下，我们进入了二（1）班。这里的教室都是平房，很简陋，没有我们的教室宽敞，也没有我们的教室亮堂，很闷热，但室内整洁干净，班级文化布置得井然有序。二（1）班的小朋友很有礼貌地和我们打着招呼。同学们很快都找到了自己的小伙伴，结成了对子。伯雍的同学首先拿出了自己的礼物，并绘声绘色地介绍着，树仁的小朋友听得那么认真，回赠自己亲手做的小礼物。

孩子们一会儿就熟了，刚才的拘谨一扫而光。他们互换礼物、交换名片、谈心、玩耍，还约定一起努力学习，互通书信汇报收获，比比谁的本领大！大家兴奋地交流着，伯雍的孩子们还体验了一下坐在树仁的书桌前的感受，孩子们又是说又是唱，俨然就像一家人。家长们站在一旁倾听着孩子们的交流，并用相机留下了一个又一个精彩的瞬间。

李宗进向树仁的小朋友讲了七色花的制作过程以及七色花的寓意，博得了树仁小学师生的阵阵掌声。伯雍小学三（1）张淑杰老师和全班 47 名同学，利用课余时间折了 48 只千纸鹤，为树仁小学的孩子们带来了深深的祝福……

天下没有不散的筵席，我们该走了。赵校长紧紧拉住周校长的手一再挽留，树仁的老师拉住了伯雍老师和家长的手诉说衷肠，树仁的孩子们拉住伯雍的孩子们难舍难分，有的在拥抱，有的在留影，有的在抹眼泪，“以后再来啊！”“有机会去伯雍！”“我会想你们的！”……

镜头三：不虚此行　收获满满

大巴车徐徐开动了，车窗内外的孩子们还在频频挥手，还在道别……

家长们兴奋地谈论着自己孩子的表现，也谈论着树仁小学和那里的孩子们。不知是天热还是感动，孩子们的脸个个红彤彤的，还不住地向已经被大巴车超过很远的树仁师生们挥手说再见。大巴车已经驶出北京了，但孩子们那一颗颗驿动的心还久久没有平静，还在回味刚才的幸福时刻，还在诉说着自己的感受。树仁的赵校长送给伯雍每个孩子一个树仁小学的手提袋，里面有一份树仁小学的精美图册、一根七彩的跳绳，还有一盒牛奶、一瓶饮料和一瓶水。孩子们一路看着树仁小学的精美图册，摸着七彩的跳绳，喝着饮料，心里有说不出的高兴，都说：“我从没喝过这样好喝的饮料！”

孩子们在这次活动中践行了伯雍精神，懂得了心中要有他人，要关爱他人，要懂得分享，要珍惜友情……他们收获满满的。下面我们也不妨分享一下几个孩子的感受：

一（1）班的李思源在日记中写道：通过这次活动，我不仅向树仁小学的同学们表达了爱心，还结交了新朋友，更从他们的身上学到了积极向上、热爱生活的精神，让我更加珍惜现在的学习和生活。

四（1）班的李昕然在日记里写下了这样几句话：

北京之旅
李昕然

车轮滚滚去北京，
我的朋友在树仁。
结识朋友胡诗远，
童年诗友加友情。
童心稚语叙友情，
场面热烈动人心。
树仁伯雍建友谊，
两校携手万事兴。

此次活动让孩子们成长，也让我们的家长和孩子们一起在成长！

“祖父母节”

大家都知道“父亲节”和“母亲节”，怎么还有“祖父母节”呢？这可是周校长的“发明”。周校长发现孩子的爷爷、奶奶对孩子生活照顾有加，但往往过分溺爱娇惯，如何让孩子们主动减少爷爷奶奶对他们的照顾，增强他们为长辈服务的意识呢？我们设计了这样一个创新的节日。

2012年5月20日（星期日）早晨六点，六（1）班的杨秋丽就起床了，她看到奶奶睡得正香，就悄悄叠好被子，到洗手间洗了脸，开始扎小辫子。哎呀，怎么扎不好？每天都是奶奶给她扎小辫，还戴上蝴蝶结。“我就不信我扎不好！”杨秋丽又重新扎了一遍，嗯，也不错嘛！然后她快步来到厨房，她要在奶奶起床前为奶奶做一顿早餐。做什么呢？煎蛋，煮面条吧，说做就做。每天杨秋丽都要看着奶奶做饭，她也总想自己试试，可奶奶总说：“你还小，烫到了怎么办？等长大了再做也不迟！”

杨秋丽决意要为奶奶做早餐！她先用煎锅煎蛋，没等锅完全热就倒上了油，油花溅出来，她心想：这要溅到了我的小手上，肯定疼得流眼泪。做饭真是不容易啊！要不就不做了，等奶奶做吧！可又一想，今天是“祖父母节”，要为奶奶服务，再大的困难也不怕！于是她戴上了奶奶做饭用的胶皮手套，模仿奶奶平时煎蛋的方法，好不容易煎了三个鸡蛋，铲到盘子里。然后在锅里烧上水，水开后放上一小把龙须面，放上作料，再放几棵绿油油的菠菜，还切了一根火腿肠。“奶奶的牙齿不好，面条多煮一会儿。”杨秋丽边做边自言自语着。一会儿，一锅色香味俱全的面条就做好了。杨秋丽盛好面条就去叫奶奶吃饭。

“奶奶，吃早饭了！”此时的奶奶已经起床，边叠被子边说：“饿了吧？奶奶这就给你做饭去。”“奶奶，今天不用您做饭，我已经做好了！”说着，杨秋丽拉着奶奶到餐桌旁坐下。“你爸爸、妈妈在外地打工也没回来呀，这是你做的吗？”奶奶望着桌上的面条和煎蛋，眼睛瞪得大大的，满脸都是疑惑。“奶奶，这是我在您起床前做的。快尝尝我的手艺吧！”杨秋丽把筷子递给奶奶说。奶奶没有去接筷子，而是攥住杨秋丽的手，从上到下打量个没完，“哎哟，烫着没有啊？火关好了吗？”奶奶急急忙忙跑到了厨房看了看，然后嗔怪着说："孩子，以后不许做饭了，要是烫着可不得了，想吃什么让奶奶来做就行了。""奶奶，我都多大了，还总把我当成小孩！快吃饭吧！"说着，杨秋丽边把两个煎蛋夹到了奶奶的碗里边说："祝奶奶节日快乐！""什么节日啊？我的生日不是已经过了吗？"奶奶更是丈二的和尚摸不着头脑。

杨秋丽说："奶奶，听我给您说，上周不是母亲节吗？学校为了教育我们懂得感恩，周校长把今天定为'祖父母节'，伯雍小学的每一个学生都要为爷爷、奶奶或姥姥、姥爷过节！""是吗？我活这么大岁数，还是头一天听说有'祖父母节'，你们的周校长真有办法！"奶奶这时才恍然大悟，边吃着饭边说："香！香啊！我大孙女的手艺真不错！""好吃您就多吃点！"奶奶和孙女的脸上都乐开了花，幸福的一天就这样开始了。

周一那天，各班举行了"祖父母节"主题汇报活动，并请孩子们的祖父母参加。会上，孩子们纷纷讲述着自己为爷爷、奶奶、姥姥、姥爷所做的事情：五（2）班的李洋一大早就出门了，走了很远的路给爷爷、奶奶买早点，因为爷爷特别爱喝那家的羊汤，奶奶爱吃那家的油饼；三年级的宋佳俊给奶奶梳头，给爷爷擦鞋油；一年级的小同学陈子航为姥姥洗脚、帮姥爷按摩……

主题汇报后，孩子们用作文的形式汇报了自己在"祖父母节"中的感受，分享了成功和喜悦，觉得自己的事情应该自己做了，也真正感觉到了自己的小小举动加深了祖孙亲情……

讲坛上的家长

2012年7月6日下午两点半，骄阳似火，知了在树上叫个没完，伯雍小学一楼的多功能厅却座无虚席，还不时爆发出热烈的掌声，这大热的天，人们不在家里凉快，都跑到学校干什么？

走进多功能厅一看，原来伯雍小学正在召开家长会。大屏幕上显示了大会的主题“珍爱生命　远离危险”，陈艳凤老师正在宣读会议的议程。和以往会议不同的是，今天发言的既不是校长，也不是班主任老师，而是家长们。暑假快到了，暑假学生安全问题让家长怀着一丝担忧，怎么让孩子们度过一个安全、文明、健康有意义的暑假，成为学校和家长最关心的问题。负责学校安全的我和学校家教委员商议，由我校具有专业知识的家长为我们的学生家长们做有关假期安全的讲座，我们之所以请家长来为家长讲座，就是为了充分利用我们身边的教育资源，家长给家长讲，听起来更通俗易懂，拉近大家的距离，有利于培养学生和家长的安全意识。

首先是六（1）班学生杨笑宇的爸爸给大家做“怎样培养孩子的健康人格”的讲座。他旁征博引，引发了我们对孩子心理健康教育的思考，阐述了“心理孤儿”现象产生的原因、危害以及帮助孩子走出心灵孤独的方法。尽管多功能厅里开着空调，可还是酷暑难挨，与会者各个满脸流汗，可是家长们都听得神情专注，有的侧耳倾听，有的不住点头，有的在认真记着笔记……

一阵雷鸣般的掌声过后，五（2）班学生任凤鸣的妈妈李国丽开始给大家讲“暑期小学生常见病的预防”。她给家长们讲了与我们密切相关的几种常见病的预防，如狂犬病、细菌性痢疾（菌痢）、流行性乙型脑炎等的症状和预防。她的讲座贴近孩子们的生活，比医院的医生讲得更通俗易懂，家长们听得更是投入。多功能厅内没有谈笑声，没有接打电话的声音，有的是任凤鸣妈妈耐心的解答声和台下爆发出的掌声。“今天真是来对了，让我们增加了许多医学知识，谢谢你！”“以前孩子老有病，我们也不知道怎么预防，就会给孩子瞎吃药！”家长们由衷地说。

一（1）班李思源的妈妈康凯是学校家教委员会的主席，她对教育孩子很在行。今天，她为大家做的讲座主题是“合理安排　快乐度假”。假期安全教育不容忽视。李思源的妈妈从家居生活、交通、外出、食品等多方面强调了孩子假期的安全问题，以引起家长们的高度重视，同时也为家长们怎样为孩子合理安排假期做了指导，让家长们为孩子们的假期提前作好规划，确保孩子们度过一个快乐、丰富、有意义的暑假。

像这样的家长讲座，在伯雍小学屡见不鲜。一（3）班刘凯航的家长给一年级的家长做过“怎样更好地幼小衔接”讲座，为一年级家长们对刚入学的孩子教育导航；针对孩子们的行为习惯问题，二（2）班杨云睿的爷爷，给全校的家长们做过“家校结合　共同督促孩子成长”的讲座，收到了好的效果；五（3）班刘畅的家长为家长们做过“怎样防止孩子受到性侵害”的讲座，让家长们增长了安全防范常识；四（1）班李欣然的姥爷给全校的家长们做过“多元评价　学生家长共成长”的讲座，给家长们解开了素质教育的枷锁，在多元评价中，学生家长共成长；三（2）班李鸿儒的妈妈给全校的家长们做过“展望孩子发展的新方向”的讲座，让学生学会学习、学会生活、学会做事、学会生存，让家长们看到了伯雍小学新理念的曙光……

一直以来，我校一直充分发挥家委会的作用，充分利用家长资源，形成家校合力。正是家长们的大力支持，才使学校的工作得心应手，使学校的管理事半功倍，正是家长们的真情付出，才使学校的发展突飞猛进！

伯雍的发展离不开家长的关注，孩子的成长离不开家长的关心！

第十三章　创新评价

爱就大声说出来

创新活动的第二环节——真情告白——正在进行中。一个个动人的场景在上演着，一个个感人的画面定格在人们的记忆中。

“爸爸，我知道，我在您心中一直不是个听话、懂事、乖巧的孩子，时不时地惹您生气。虽然您时常骂我，偶尔动手打我，可因为我的脾气很倔，从没向您承认过错误，今天在这里，我想对您说：爸爸，我知道您一直是为了我好，您对我严格要求是希望我早日成才，我一点都不恨您。有一句话一直在我的心中，却从未对您说过，爸爸，我爱您……”伴着泪水，我的学生康玉婷完成了她的真情告白。那个站在她旁边的看似严厉、不善言谈的爸爸一下子将女儿揽在了怀中，眼中噙满了泪水。

看着此景，我不禁回想起前些日子发生在教室门口的一幕。

“让你不听话，让你不写作业，让你撒谎……”“啪啪”两个响亮的耳光，孩子躲闪着，没想到爸爸又抬起了腿，我一把把孩子拽到了我身后，爸爸的脚落在了我的腿上。忍着疼痛，我忙对着孩子说：“快跟爸爸承认错误，让爸爸别再生气……”可孩子一言不发，瞪着爸爸，不肯承认错误。而一旁的爸爸更是怒气冲天。这父女俩在教室门口就拉开了阵势。“老师，你别管，我今天非得打她，这孩子从不认错……”“我怎能不管，您这管教孩子的方法太简单、粗暴。我这还没说完，您怎能就动起手来呢？我找您来，是让您上这儿打孩子来的吗?”虽经过劝说，父女俩平静了许多，但还是谁也不理谁。

而此时，看着拥抱在一起的父女俩，谁又会想到他们之间曾发生过那样的事呢！

“婷婷，一直以来，爸爸都忙于工作、忙于挣钱，以为有了更多的钱，就能让你吃得更好、穿得更好，却忽略了你在成长，忽略了你心中的想法，使咱们之间缺少沟通，不能真正地了解对方。爸爸有时比较急躁，今后爸爸一定尽量控制。其实，爸爸一直都是爱你的。婷婷，爸爸爱你。”

“爸爸，我也爱您。”

父女俩任由泪水从眼中流出，再一次紧紧地相拥在一起。

“五一”中的数学

2012年的“五一”小长假，也是期中考试过后的第一个假期。学生的基础知识检测虽已结束，但老师们思考着：试卷没考察到的，课标中还要求学生必须掌握的能力部分，该如何评价？经过四年级数学组的精心设计，一项特殊的作业被布置给了学生：要求他们利用这三天小长假找一找身边的数学，题目就叫作“‘五一’中的数学”。

假期结束后，在多功能厅进行了展示活动，我们邀请了家长及学校领导参与评价。下面的几则小展示很有代表性。

“五一”节那天，李坤、李浩和张佳程三名同学去超市帮妈妈买日用品。琳琅满目的商品使他们眼花缭乱，同类商品品牌繁多，一时真的不知道选择哪一种好。

他们来到洗衣粉货架前，超市阿姨说：“大袋碧浪比小袋碧浪更划算一些。”

李浩问：“那大袋碧浪比小袋碧浪便宜多少呢？”于是李坤拿出事先准备好的计算器一边算一边说：“1.7千克＝1 700克，19÷1 700＝0.011 176 4（元），3.5÷300＝0.011 666 6（元），0.011 666 6－0.011 176 4＝0.000 490 2（元），0.000 490 2×1 700＝0.833 34（元）。”

通过计算他们得出结论：大袋碧浪比小袋碧浪便宜8角3分，买大袋划算一些，而且使用时间比较长。

他们为妈妈选择了一大袋碧浪之后，货架上的洗衣液又引起了他们的注意，张佳程提议再买一瓶洗衣液，看看它们有什么区别。

通过自己亲手漂洗和网上调查，他们得知，洗衣粉在硬水中不易溶解，溶解过程放热，在洗涤过程中容易伤害衣物纤维以及颜色，且容易伤手。但洗衣粉的去污力强于洗衣液。洗衣液不伤手、不伤衣，洗后会令衣物蓬松、柔软、光滑亮泽，并且具有除菌和持久留香的功效，但去污力不太强。

李浩小组怀着好奇心，对同学家中洗衣用品的使用做了详细的调查，了解到妈妈们都更喜欢用洗衣液，预计将来洗衣粉的市场会被洗衣液取代。

孩子们学习的阵地由学校搬到了商场，孩子们充满智慧的精打细算，关心家人的亲情流露，不是更有利于学习吗？

任风鸣同学跟家人到北京旅游，他们 00:30 骑着自行车去火车站，到达火车站的时间为 00:51，中途骑车去火车站一共用了 21 分钟。火车是 1:22 开，可是车晚点了，直到 1:50 才开，火车晚点了 28 分钟。火车到达北京的时间是 3:07，一共坐了 1 小时 17 分钟的火车。（1 小时 17 分＝77 分）

玉田距北京大约 117 千米，火车平均每分钟行驶 117÷77≈1.52（千米）。

他们到了颐和园划船时还遇到了租船问题：大龙舟的票价是每人 20 元，准乘 18 人。包船票价是 300 元。码头上有 16 名游客要坐船，任风鸣还帮他们算了算怎样租船合算。

如果每人买票共用：16×20＝320（元）

320 ＞300

平均每人 300÷16≈18.8（元）

经过计算比较，16 人包船合算。

他们一家人不仅在北京欣赏了优美的风景，还参观了名胜古迹，更重要的是还用数学知识解决了生活中的问题。

同学们的展示内容不仅有购物比价、出游计划，还涉及了装修方案、视力调查、公园晨练等生活的方方面面，就连买大饼这样简单的事情中也有数学知识。在表现形式上，有的学生制作了幻灯片，有的学生制作了手抄报，有的学生绘制了精美的连环画，还有的学生用讲故事的形式表现。同学们综合运用了统计、混合运算、时间的计算、分数、路程的计算等数学知识。家长和同学们对展示者纷纷投来赞赏的眼光，多功能厅内连连响起热烈的掌声，同学们在活动中得到了自我表现和自我发展的机会，大大增强了自信心。每个同学的脸上都洋溢着成功的喜悦。

刘畅同学展示了“近视眼情况的小调查”，分析了近视眼形成的原因，带领全场观众做了眼保健操。对于一个腼腆的小姑娘来说，这已经是突破了。刘畅的爸爸正巧是被学校选中的家长评委，在评委点评的环节，刘畅的爸爸说：“孩子在假期里准备得非常认真，如果在台上展示的时候能像小主持人杨笑宇那样声音洪亮、灵活机智就好了。”听到爸爸夸奖别的孩子，刘畅流下了伤心的眼泪。这时周校长走到了台前：“刘畅同学也是非常优秀的孩子，在她的身上也有许多杨笑宇同学不具备的优点。我们不能只看到其他同学的优点而忽略了自己孩子身上的闪光点。我们在欣赏别人的同时，也要学会欣赏自己。”刘畅同学听了校长对她的肯定，脸上露出了开心的笑容。

我们每个人都是独一无二的。这个独特的“我”，既有优点，也有缺点。一个人只有充分地自我接纳，懂得欣赏自己，才能有良好的自我感觉，才能自信地与人交往，出色地发挥自己的才能和潜力。

“‘五一’中的数学”在考察了学生应用能力和动手实践能力、小组合作能力的同时，学生的情感态度及价值观也得到了提升。

为学生量身定制

在教育部对高考进行改革的同时，我校也在教学评价上作出了探索性改革，实施了以试卷考查和活动体验相结合的多元评价，借以提高学生的表现力以及对知识的理解运用能力，通过活动体验，激发学生思维，提高创新和实践能力，同时也践行了校训“我是天材，我是人才”，最终实现学生能力与素养的全面均衡发展。

在面对全校被评价个体的年龄差距与知识储备量不一时，主题的确定、方案的设计尤为重要，大家思索着、寻找着……

周校长见大家愁眉苦脸，安慰道：“没什么大不了的，多观察学生，他们会给你带来意想不到的惊喜。”

就在这时，一个学生委屈着跑过来：“赵老师，你快管管他们吧！”

“怎么啦？”赵老师诧异地问。

“我帮着小静做道具，其他人做完自己的，谁也不管集体的那个，第三节课就要用了，真是急死人！”说完呜呜地哭起来。

赵老师和蔼地说：“别哭，咱们到教室看看。”

师生俩人刚走到办公室门口，只听“有了！”赵老师立刻转头，循声望去，只见同年级的张老师不住地点头。

大家纳闷：“有了什么？”

张老师笑笑：“有活动评价的主题了！”

“快说说，是什么？”

“赵老师他们班的这事不就说明学生缺乏团队意识吗？围绕这个主题，再加上行为、礼仪、表达等方面作为考核内容，我们可以把主题确定为‘我体验、我成长’，你们觉得呢？”

“太好了！适合咱们一年级学生。”

经过这个小插曲，大家的思路顿时打开，有的回忆起班里有些学生对知识的实际运用不太熟练，有些学生不善交流等。

李老师想起自己班里单亲的孩子比较多，甚至有的父母经常吵架或不在家，这样家庭的孩子缺少关爱。

王老师根据自己班里孩子的生活条件优越，想到了现在的孩子大多在父母的百般宠爱下成长，没经历过什么失败与挫折。

…………

经过老师们观察、研讨，同年级集思广益，一套套适合本年级学生特点的主题评价方案孕育而生。

一年级学生发展评价方案

主题：我体验、我成长

活动内容：以活动形式考查学生综合知识应用能力；学生在活动中的纪律观念、团队意识、表达能力、礼仪习惯也作为考核内容。

活动意义：在创新的活动中体验知识来源于生活，应用于生活；在活动中践行伯雍校训：我是天材，我是人才。

活动流程：

1．活动提示：

（1）注重测试学生运用知识解决生活中的问题、口语表达、习惯礼仪等方面的能力。

（2）在测试过程中，家长可以配合。在和孩子交流过程中注意评价孩子的礼仪习惯、交流表达能力等。

2. 学生抽选题目，开始活动，家长负责测试并填写评价表。

二年级学生发展评价方案

主题：我是天材，我是人才

活动内容：（1）考查学生对基础知识的理解与运用；（2）思维敏捷度；（3）团体协作能力。

活动流程：

1. 学生分组，在抽词箱中抽词猜词（画中猜词、猜成语、猜诗句、情境猜词……）。

2. 活动开始，组长记录时间，一名学生在钟面拨出这一时刻，全组学生观察钟面上时针、分针所形成的角，并记录。

3. 学生开始活动，家长全程参与。

4. 组长记录活动结束时刻，计算本组活动经过的时间。

三年级发展评价方案

主题：快乐闯关　健康成长

活动内容：考查学生对所学知识的理解、掌握情况及语言表达能力等；学生在活动中的纪律观念、团队意识、合作竞争能力等。

活动意义：

1. 激发学生的参与热情，培养学生的合作与竞争意识。

2. 增进亲情，开拓学生的生活领域，开拓心智。

活动流程：

1. 自我介绍。

2. 快乐闯关。

第一关：你来比划我来猜。

第二关：健身我最棒。

第三关：我爱我家。

第四关：团结起来力量大。

四年级学生成长评价方案

主题：最炫伯雍风

活动内容：“创意画”推销

活动意义：让学生在活动中体验知识在生活中的运用，展现学生各方面能力，让学生在活动中成长，体验成功与失败，进行胜不骄、败不馁的心智培养。

活动流程：

1. 利用四年级所学知识做创意画并设计制作画框。

2. 自己创意推销形式，推销语言包含所学知识，必须加入英语（形式不限，但必须让别人欣赏你的作品）。

3. 活动当天进行推销体验（允许学生用各种方式为自己拉票，如赠送自己制作的小纪念品、唱歌等；鼓励家长向学生发问，形成互动）。

4. 活动结束后，表演歌曲《最炫伯雍风》，歌词由学生自主创作，内容为伯雍创新活动，允许加入英语。

5. 课后撰写作文：总结自己推销的小妙招。

五年级发展评价方案

主题：我是舞台的主角

活动意义：让学生在活动中体验知识在生活当中的运用，展现学生的多元发展，让学生在活动中成长，发现自己的亮点，培养学生合作交往、审美等能力。

活动流程：

1. 主持人宣布活动要求和细则：表演内容要体现出学习的知识。

2. 学生T台表演：第一组三句半，第二、八组课本剧《守株待兔》，第三组歌曲《左手右手》《蜗牛与黄鹂鸟》，第四组歌曲联唱，第五组小品《功夫》，第六、九组课本剧《白雪公主》，第七组竹板《说环保》，第十组诗朗诵《感恩》，第十一组魔术，第十二组相声《珍惜时间》。

3. 家长评委打分点评。

4. 活动总结（采访学生家长对本次活动的意见）。

六年级学生发展评价方案

主题：幸福一家人

活动目的：通过活动让孩子和家长进行心灵的交流，迸发爱的火花；让家长发现孩子的能力亮点。

活动流程：

1．用各种废旧物品或其他材料（布、纸及各种材料），制作自己家人的模型或贴画。

2．自己设计介绍家人的形式。

介绍家人情况时要用到英语，阐述设计原理、用料、理念时可以加入数学知识的应用，形式不限。

3. 晒幸福：

（1）介绍家人（夸夸自己的家长）。

（2）和家长一起，用自己喜欢的形式讲述家庭内发生的幸福小故事。形式可以是歌曲、书法、绘画、演奏、讲笑话、讲故事、成语接龙、课本剧等。

（3）其他家长可以向展示的学生提出幸福问题，形成家长与学生互动，根据表现出的幸福指数，大家投票评选出“幸福家庭”。

4. 评选结束后，在“大声说出你的爱”卡片上写知心话语：妈妈/爸爸/爷爷/奶奶，我想对你说……互赠知心话语和一个拥抱、竖起大拇指等，家长学生一起合唱《相亲相爱的一家人》。

不同主题的设计，让孩子们受益匪浅：

一年级小蕊说：“我终于敢在大家面前说话了，太高兴了！”活动后六年级的杨宗航趴在老师的耳朵旁：“告诉您个秘密，父母从来没看过我跳霹雳舞，刚才他们的眼睛睁得大大的！”四年级的小乐兴奋无比：“你们看，我今天得了这么多的红花，太幸福了，我喜欢这次活动，因为要出作品，我发现自己还能创新……”

六年级的张同学因为要和家人同台表演——晒幸福家庭，终于看见了久别的父亲，因为父亲在场，他表现得特别卖力。通过活动，学生们也改变了哑巴英语的现象。四年级的同学因为要推销自己的创意画，很多同学事先和家人查找了营销策略，以选出适合自己的推销方法，大大改善了学生平时不爱查阅资料，不想说、不会说的现象。

具有年级特点方案的实施，更让家长欣赏到了孩子们的亮点：孩子长大了，做事有信心了，爱参与、爱交流，还爱动手了，学会了创新……面对自己孩子的成长，家长们笑得合不拢嘴。

分主题活动评价的实施，让整个评价活动全方位、多角度地对学生进行了评价，使学生锻炼了动手动脑、操作运用、表达创新等方面的能力，加强了对学生知识、能力、方法、情感态度及价值观的培养。同时创造了亲子交流机会、培养了自信、拓展了知识、调动了学习积极性，达到了真正的素质教育与人性化考察相结合。

“约 定”

“妈，明天有空吗?”小静边吃早饭，边抬起头来。

“有空，怎么了?”妈妈放下碗筷。

“我们考试，想邀请您监场。”小静用试探的目光看向妈妈。

“什么? 你再说一遍!”妈妈露出疑惑的眼神。

小静怯怯地摇摇头。

“没事，你刚才说什么?”妈妈平静地说。

“让您给我们监场。”小静说完，立刻拿起书包走出家门，到门口还不忘回头，“您别忘了，明天早晨7:40。”

第二天妈妈准时走进教室，班主任发完考试卷，走到小静妈妈跟前：“今天您是主考官，请您行使权力吧。”说完退到一旁。

铃声响起，学生们在纸上刷刷地写着。小静妈妈怀着好奇心，三步并作两步来到了小静桌前，看着小静流畅地答题，满意地走开了。

时间滴滴答答走得真快，只听广播响起“距交卷还有15分钟”。小静妈妈往小静方向一瞧，孩子正皱着眉头，思索着什么，走近一看，原来是道排列组合题，就在小静妈妈攥着拳头暗暗着急的时候，小静舒展眉头，快速地写起来。妈妈也露出了满意的笑容。

考试结束，小静妈妈又加入了阅卷队伍。望着眼前堆积如山的试卷，小静妈妈对老师们竖起了大拇指：“这么多的卷子，还要在半天内阅完，太佩服你们了。”说完，拿过一份试卷判阅起来。只见小静妈妈时而摇头，时而点头，时而唉声叹气，老师们好奇地看着小静妈妈。

“你们看看，这张试卷上的字写得多差劲。”

“这个孩子答题习惯好!”

“这个学生的卷子，上面还有鼻涕，哎……”

“通过监场，我发现小静答题速度快了，字写得也漂亮了。这都是老师我们俩平时对她督促与监督的结果!”

小静妈妈滔滔不绝地讲着，老师们笑了。

“通过阅卷，我明白咱们学校和学生、家长三方签订《玉质人才成长意向书》（简称《意向书》）的目的了。”小静妈妈无限感慨地说。

大家会心地点点头。

这时参加四年级阅卷的李妈妈走过来：“是啊，开学初我们在《意向书》上签的是孩子书写要字迹工整，通过努力，闺女卷子上的字俊秀漂亮。”

“我儿子当时在《意向书》上签的是语文 95 分，没想到半年下来，真的从 85 分提升到 95 分了。”门口响起了五年级赵爸爸浑厚的声音。

“你们只看到了试卷上的成绩，孩子的提升我是看在眼里，平时在家里整理家务把我累得腰酸腿疼，没想到在我的影响下，现在孩子自己都能把家里整理得井井有条。就冲这一点，我要在《验收表》‘会做家务’这项上给个大大的 A。”王妈妈眉飞色舞地说着。

“我儿子也是，自从签了《意向书》的‘爱心助人’一项，哪里需要帮助哪里就有他的小身影。每天爷爷奶奶洗脚、剪指甲、梳头的活计，他全包了。”刘妈妈乐得合不拢嘴。

参加阅卷的家长们你一言我一语地诉说着《意向书》给孩子们带来的变化，给家庭带来的惊喜。

其实，《意向书》就是给孩子的成长制定一个个可以触摸到的小目标，有了目标才有前进的动力。而《验收表》就是对目标是否实现进行的简单评价。但评价的意图不是为了证明，而是为了改进。评价的目的不是鉴定孩子，而是为了激励孩子，促进孩子的发展，着眼于孩子的未来成长。

《意向书》的设置让孩子变被动为主动，提高了孩子们的主体地位，将评价变成了主动参与、自我反思、自我教育、自我发展的过程。而在实施过程中，教师、学生和家长又联结成紧密的成长共同体。

在孩子成长的舞台上，每个意向内容都是他们前进的一阶，许许多多个意向就构成了迈向成功的阶梯。而每实现一次意向约定，就会前进一步。就让我们挥动约定的翅膀乘风破浪，大踏步地前进吧！

学生出题考自己

“耶!”

“太棒了！听到这个消息真轻松!”“嗯！一下子放松了许多呢!”“对呀！再也不用担心考不出好成绩了!”

那时，我们把这个“自己出题，过关考试”的好消息告诉了学生，当看到他们那满脸天真、阳光灿烂的笑容时，当听到他们那此起彼伏的欢笑声时，我们心中涌起一种从未有过的奇妙感觉，那感觉是一种发自内心的兴奋，是一种用语言无法表达的愉快。

说实话，我们真的非常赞同校长这种做法。

以前，我们期中、期末考试的试卷只是为了要成绩，按成绩的高低排名，然后给年级排名、给各校排名等。从始至终的目的就是成绩单上的那几位数字而已，从来没考虑过学生的感受。

这样复习和考试，让学生感觉枯燥无味。有时候考试前，学习成绩不太优秀的同学经常会被嘲笑，或者被老师、家长施压，考试无疑是最令学生们苦恼的事。但如果用这种“自己出题，过关考试”的方式，就不会出现那种情况了。这种方式是满分制的，比如语文，考的全是基础知识，什么时候得一百分什么时候停。学生们知道这种考试有很多次机会就不紧张了，可以充分施展本领。如果你第一次答完题后认为自己不会的，可以去请教老师或同学，直至考一百分为止。这样既掌握了所有知识，又能增进师生之间的关系，岂不是一举两得!

题怎么出？谁来出呢？大家都想做考官，争先恐后加入出题组。这下可给我们出了一道大难题，打消哪个孩子的积极性都不行，怎么办？“老师，让组长们出吧。”冯逸凡说。“不行！不行！我们还想出呢!”郭婷她们都要急眼了。关宗琳不紧不慢地站起来：“大家不要争了，每人出几道，老师从中选题，这不就解决了吗？遇到问题要想办法!”老关的一席话让我们茅塞顿开：“同学们，从现在开始你们自己复习，遇到问题可以组内解决，也可请教老师。把你认为重点的、有价值的题出几道，交给老师。我负责选出精品题，最后根据各组入选的题数排队加分，发奖。大家同意吗?”“同意！同意!”大家终于赞同了。

于是，各组都开始抓紧时间积极复习了，他们还时不时地讨论一下。晚上老师也不留作业，根据自己的情况自行调节。一天，田丰笑眯眯地走到我面前：“老师，你看我这道题出得好吗？以前我一做这种类型的题就容易错，昨天我和郭相杉研究出了一个好办法，以后再也不会错了!”同学们连连拍手称赞。看着孩子们学习的热情这么高，我们感到由衷的高兴。

孩子们出的题很丰富：有根据自己身边的事物，结合典型例题改编的；有易错的；有父母根据孩子的情况帮忙出的；等等。我斟酌了几天，出了两套试卷：基础卷、提升卷。学生可以自由选择，也可两套试卷都参与。

最后，所有的同学都参加了两套试卷的检测。如果达不到自己的理想成绩，可以自己做试卷分析，请教老师、同学解决问题。然后再考一遍，直到满意为止。检测结束后，所有的学生都十分高兴。“老师，这次考试我第一遍就得了一百分。以前总紧张，怕考不好妈妈会伤心，现在终于不用担心了，可以一直考到一百分。”徐蕴航兴奋地对老师说着。王迪高兴地说：“老师我基础卷考了 97 分，做错题是因为马虎了，我没考第二遍。”“只要你愿意，就行。”我们尊重孩子的选择。

让“问题”“生辉”!

2014年6月6日，七彩教育同盟校的校长们齐聚伯雍小学，大家心手相握，笑声一片。“咦?”几位校长循声望去，只见天门一小的龚副校长低着头研究着什么。大家顺着他的视线一看，原来地上有很多文字。

“光顾着老朋友见面高兴，我怎么没发现啊，这是干什么用的?”石城乔校长面带疑惑。

“是不是装饰地面的?我们学校弄上一定也很漂亮。”树仁赵校长感慨。

“你们为了让孩子们巩固知识，把文字都放到地面上了，真会利用空间。”国人夏校长拍拍周校长的肩膀。

周校长笑着摇摇头。

“三哥，快说说!”林大附小高校长那甜美的声音响起。

一直沉默不语的西田各庄王校长略带深思地开口：“如果我没猜错的话，应该是每个孩子承包一块或几块地板砖，负责相应的卫生清扫。”

周校长会心地笑笑。

“就为大家解答疑惑吧!”人大附小金副校长说道。

周校长无限感慨：“哎！说来话长，时间要追忆到大赛前，当时由于正在施工……”

校园每个角落的卫生“惨不忍睹”！不是这里被浮尘淹没，就是那里面目全非、脏水成片……

如何让校园洁净，如何将卫生问题和学校教育有机结合，让“问题”成为学校教育的“财富”?如何使卫生习惯成为学生的终身素养?如何将净地行为上升到道德的洁净?我们探索着，尝试着……

郭玉红副局长的一次到访为我们指点了迷津：“卫生要包干到人，把每块砖都贴上学生的名字，让他们负责相应的卫生。”

于是我们着手制定《伯雍小学学生日常卫生管理制度》，规定每处的卫生标准，并以图例的形式对各处标准做详细解读。

为了让学生爱上清洁，大家又设计了许多“笑脸＋名字”、“童趣＋名字”的小彩贴附于墙体、地面。

但周校长的一句话点醒了大家：要有创新精神！周校长意味深长地说：“要让每块砖会说话，让每个地方都有文化!”还提示：卫生要与文化合并，要成为一道文化风景，还要接近学生生活。

根据校长的建议，查看学生所学知识，结合学生行为习惯养成要素，最后我们归纳出拼音、古诗、公式、课堂素养等 17 种地面文化设置内容。

地面文化具体设置

- 教学区楼道：
- 南一层：汉语拼音
- 南二层：汉字
- 南三层：古诗
- 南四层：成语
- 北四层：数字代数、数学公式
- 北三层：英文字母、单词
- 北二层：卫生、纪律、环保
- 北一层：课堂素质

- 连廊区楼道：
- 各层楼梯：安全
- 连一层：礼仪
- 连二层：音符、舞蹈术语
- 连三层：人生格言
- 连四层：推荐书目
- 专用教室区楼道：
- 北西四层：体育项目地面
- 北西三层：电脑部件及技术名称
- 北西二层：美术用具及专业名称
- 北西一层：科学用具及专业名称

每处地面文化设置的内容，既要考虑到年级特点，又要与相应的教室设置及具体地方的使用功能相结合。如：

基础知识我们设置在教学区和专用教室区：一年级的学生以识字为主，那么地面文化就以汉字为设计内容，而走在科学教室外低头看到的是科学名词和仪器名称。

行为礼仪放在学生每天必经的一楼楼道，让大家每天迎着礼仪来，带着素质走；楼梯的每处还设有安全文化，提醒大家每个安全动作。

整个连廊三层既是办公区又是学生成长引领区，我们设计了励志文化内容，使学生每天看到地上的人生格言，就会朝着自己的人生目标前进一步。

每处地面文化都以伯雍元素为主要呈现形式。如：

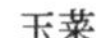

玉莱

校花：太阳花

青苹果

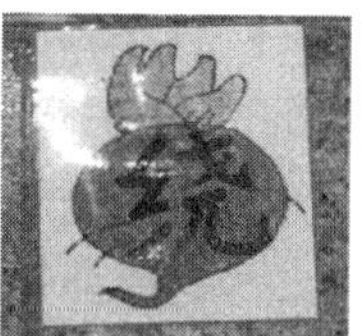

萝卜：大气

随后一个文化制作军团诞生了：有出谋划策的“诸葛亮”、妙手丹青的“张大千”，还有巧手慧心的“张秀芳”……

经过大家加班加点地制作，一条条地面文化长廊跃然眼前：拼音的、汉字的、古诗的、数学的、英语的、佳篇名作的、行为习惯的、人生格言的……让人流连忘返。

北四层：青色，数学公式

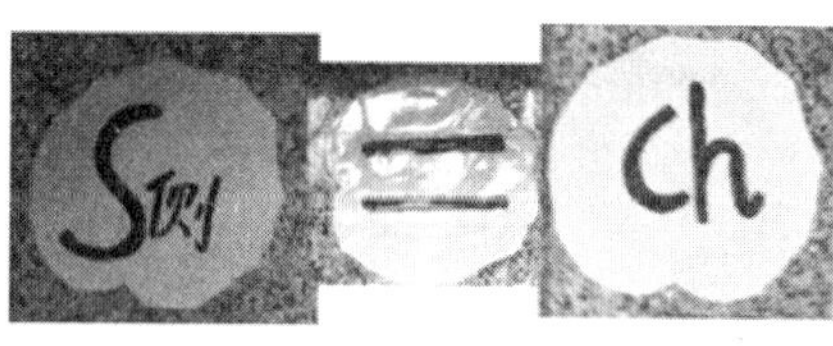

南三层：绿色，古诗

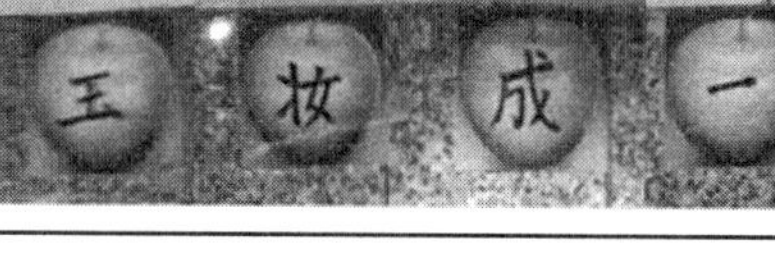

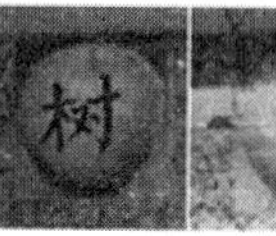

接着让学生自己认领几个地面文字，并负责相应区域的卫生清扫，这样就让每块砖、每个角落真正找到自己的“主人”。一个月下来，学校的“砼玉争辉阁（班级综合评价表）”中的卫生评比结果如颗颗靓玉闪闪发光。每个班都向学校、向我们美丽的校园交上了满意的答卷。

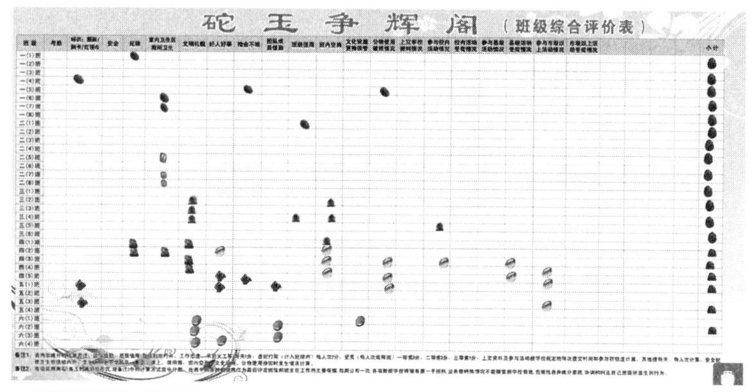

正如赵靖涵同学在日记中写的：每天看着这么绚丽的地面，就想蹲下来和它亲近，上面的每个知识点都深深地吸引着我。手更是不由自主地去抚摸，害怕灰尘掩盖了它的光彩。只要发现调皮的小颗粒在它旁边嬉戏，我就用手帕来驱赶……

随着“京冀川鄂杯”青年教师成长展示活动的到来，伯雍小学的每个角落，干净整洁，知海泛波。学生手帕飞舞，乐在其中。

孩子的心是纯真的，学生的心更是一片净土，通过地面文化的设置，学生不仅净化了环境、美化了校园，还学到了知识。一个小小的设计，既达到了学生主动去做的目的，又实现了“我爱做”的初衷，更让学生真正地爱上了“它”，爱上了这个培养洁净终身素养的方法。正因为它的设置，“问题”才变成“财富”。

这次看似简单的卫生管理，达到了知识与道德素养的融合。不是文化没有用，而是我们不会用，创新势在必行。

第四篇　开放共进

七彩教育同盟成立了，我们七所学校有了自己的“家”。我们这个大家庭里有许多有趣的教育故事，同时，还有我们与同盟之外学校的故事，在乡镇，在山村，在闹市区，在美国……

第十四章　七彩之桥

暑假培训“奇遇”记

故事发生在2010年那个炎热的暑假，在玉田一中的大会议厅，玉田教育局举办“首届校长论坛”活动。

论坛开幕式上，特邀中国人民大学附属小学郑瑞芳校长做报告，唐山市几百名校长聆听了郑校长绘声绘色的报告。在这次论坛活动中，这位在教育界享有盛誉的女校长，给大家留下了极为深刻的印象。她引领人大附小走适合本校发展的特色办学之路，她说：“老校长提出要创造适合于儿童发展的教育环境，在经过校舍搬迁之后，我们在实践中深化这一思想内涵。学校发展，孩子成长是第一位的，让他们体验多彩的人生是我们的责任，从课堂模式的探索到校园文化的设计，处处彰显着人性化，让孩子们在自尊、自信中快乐地成长。让七彩教育的光芒熠熠闪烁……”精彩的演讲赢得了大家的阵阵掌声。

论坛活动要求每位发言的校长，都要向与会代表介绍自己学校的发展现状、办学思想和办学理念。

轮到周文清校长发言了，他步履从容地走上台，注视着台下来自各地的同行，对于这个同样怀揣着教育改革大梦想的追梦人来说，这一天他已经等了太久。

有着演讲天赋的周校长简短的开场白，立刻就吸引了所有人的目光，大家此时的目光都聚集到了他一个人的身上，整个会场顿时鸦雀无声。所有人都屏住呼吸，认真地倾听着这个来自偏远小镇的校长如数家珍般地介绍。艰难的办学历程、对教育未来的美好憧憬瞬间引起了大家的共鸣。人们都被这样一个有思想、有魄力、有担当的校长深深感动着。

当他讲到“我们不仅要让校园里的孩子们幸福，也要让所有的教职工幸福，更要让家乡的父老乡亲都幸福，我们要将幸福的小事儿做大……我们玉田二小（伯雍小学前身）的办学思想就是创设适合人发展的教育环境”时，台下响起了雷鸣般的掌声。

从人大附小的“创造适合于儿童发展的教育环境”，到玉田二小的“创设适合人发展的教育环境”，两校的办学思想竟然出奇的相似，两个有着同样教育梦想的人，就这样在不经意间碰撞出了思想共鸣的火花。大家隐隐感觉到，这小小的火花势必演变成为教育改革的火种，为暗夜摸索前行的人们指明前进的方向。

此时坐在台下听汇报的教育局孙局长，猛然间发现了千载难逢的契机，心里顿时豁然开朗起来，一个点子闪现在脑海之中，两所学校都经历了校舍的搬迁，办学思想惊人的相似，为什么我们不联起手来共谋发展大计呢?

听完汇报，孙局长就迫不及待地找到周校长，他说："文清啊，听了今天的汇报，我有了一个新的想法，必须要和你说一说啊。我发现你的办学思想和人大附小的极其相像，你也同样面临着搬迁，二小今后如何发展，人大附小不就是我们的榜样吗？玉田的教育也一定要走出去，走开放创新之路。你愿意当这个'领头羊'吗?"孙局长的一席话，让原本就有着同样想法的周校长兴奋不已。

"局长您能相信我，把这个重任交给我，我在所不辞，我一定不辜负领导的期望……"一位高瞻远瞩，一心想把玉田教育搞好；一位雄心壮志，一心想把学校办出特色。两个人谈了许久，一个事关玉田教育前景的规划就这样悄然萌发了，一个传奇故事就要从这里启程了。

暑期培训结束后，孙局长带领周校长再次去首都拜访那位以干事业为人生最大幸福的郑校长。这一次他们认真地参观了人大附小的各个角落，不时地拍照记录。就当大家都在赞叹人大附小的巨大变化和骄人成就之时，孙局长乘机说道："郑校长，人大附小真的是名副其实的优质校啊，你们就是我们的榜样，以后您有什么活动可一定得带上我们，今后我们玉田教育的发展方向，还要请大姐多多给我们指点，俗话说得好啊'先富带后富，才能共奔富裕路'……"孙局长真诚而又幽默的话语引来了大家阵阵笑声。"好，只要有梦想，想干事业的人，我都喜欢，能帮我一定得帮……"郑校长爽快的答复给孙局长和周校长吃了一颗定心丸，两个人的心里一下子踏实起来。从此，玉田教育悄悄地向名校靠近、牵手，一条全新的开放创新之路铺在了伯雍人的脚下。

2011 年 1 月 20 日，玉田二小搬迁到新的校址，更名为伯雍小学。孙局长特别邀请了人大附小的郑瑞芳校长，并诚聘她为伯雍小学的名誉校长。作为特邀嘉宾，郑瑞芳校长出席了这次活动并进行了热情洋溢的讲话，她真诚地表示愿意长期与伯雍小学保持友好的交流与合作，要将人大附小爱的种子播撒在玉田这片热土上，共育教育的七彩之花。

有了人大附小这所优质学校为友，有了局领导的支持与肯定，有了干事业的决心和毅力，伯雍人终于找到了开放创新的金钥匙。

2011 年 4 月 2 日，七彩教育同盟这个自发的组织开始筹备了。郑校长提出：为落实教育部在《国家中长期教育改革和发展规划纲要（2010—2020 年）》中提出的解决教育均衡化问题，让更多的孩子像人大附小的孩子一样，享受到优质的教育资源。一群有着同样教育梦想的人聚到了一起，伯雍小学有幸成为其中的一员。七彩教育同盟，是伯雍小学发展的迫切渴望，也正是“办好党和人民满意的教育，推进义务教育均衡发展”的战略需要。《国家中长期教育改革和发展规划纲要（2010—2020 年）》中明确指出：均衡发展是义务教育的战略性任务，是义务教育的重中之重。要率先在县域内实现城乡均衡发展。推进义务教育均衡发展，是党和国家着眼现代化建设全局和经济社会发展的阶段性特征，有利于满足群众接受更公平和更高质量教育的新期盼。

借梯也能上高楼。伯雍小学站在七彩教育同盟的青云梯上，便注定了视野的开阔，注定了攀登的高度。幸运和幸福，都降临到了这所渴望发展的小学上。参加七彩教育同盟，共享七彩阳光，这光芒为学校开放创新之路指明了方向，这光芒为教师研修学习提升带来了曙光，这光芒更为玉田教育带来了新的希望！

七彩的泪水

2012年3月30日下午1点，我们参加了人大附小的全体教师会，会议内容是观看人大校长陈雨露3月27日上午9点45分来校参观的视频，郑校长想让老师们亲身感受一下陈校长对人大附小的评价。看完后，她还给老师们留了一个二选一的作业，让老师们回去写。

1. 视频中最让你感动的一个场面、一个镜头、一个关键词、一句印象最深的话是什么？

2. 面对附小的未来，你有哪些新的思考？你还能为附小做些什么？

在大脑中回放着视频的画面，我选做了第一个作业，内容如下：

今天下午，郑校长组织我们观看人大校长陈雨露3月27日来校参观的视频，有这么一个场面让我难忘：郑校长在三楼行政厅开放会议室介绍学校的发展遇到困境时，留下了泪水。在我看来，这泪水应该是多元的，也是七彩的。

一是感动的泪水。陈校长上任不到四个月，在百忙中抽出时间来人大附小专程参观，他对人大附小的重视，令郑校长感动。

二是激动的泪水。陈校长参观时一脸灿烂的笑容，对附小给予的高度评价，令郑校长激动。

三是打拼的泪水。在学校的发展进程中，郑校长带领附小人经历的酸甜苦辣咸，是常人所不能想象的，更是常人所不能做到的。

四是责任的泪水。让教师幸福地成长，让孩子快乐地学习，为教师的发展搭台，为学生打好生命的底色，她肩上扛的是一份沉甸甸的责任。

五是压力的泪水。3 900名学生，241名教师，如何打造特色鲜明的世界一流小学？她承受着巨大的压力。

六是欣慰的泪水。她打造了一个优秀的团队，迎难而上，敬业乐业，勇于创新。

七是幸福的泪水。风雨过后见彩虹，耕耘背后有收获。3月14日，海淀区14所实验校走进人大附小参观学习，3月26日，北京市中小学德育名校观摩团来校参观，3月9日，海淀区美术研讨交流在这里举行，3月29日，方寸之中写好字——海淀区写字教学研讨交流在这里召开。

七彩的泪水承载的太多，涵盖的太多，这泪水凝聚着亲情，这泪水道出了发展历程的艰辛。我想郑校长已经把事业融入自己的生命中了。

追　梦

梦是希望的花蕾，梦是执着的坚守，梦是成功的满足。

2012 年 2 月 20 日至 4 月 13 日，怀着对教育本源的追求和向往，我踏进了中国人民大学附属小学之门，带着虔诚和崇拜开始了为期八周的追梦之旅。如果让我描绘这次追梦的心路历程，我会说，它犹如牛市的大盘走势，初期震荡（忐忑）→中期上扬（感动）→后期高点（收获）。

忐　忑

2012 年 2 月 17 日早晨，周校长找到我，对我说：淑萍，我想派你、海玉和小焦到人大附小学习两个月，我和郑校长已经沟通好了，周一我把你们送过去，她准备在升旗仪式上向全校师生隆重介绍你们。听到这个消息，我的心紧绷了一下，忐忑、纠结、不安一齐向我袭来：我属于慢热型，人大附小是全国名校、北京市一流小学，层次高、水平高，怎样才能尽快地融入他们的团队中？我能适应吗？我翻来覆去地想，压力很大。

第四节课周校长又给领导班子和将去人大附小的教师开了个会，他特别叮嘱我们：局长非常重视此事，人大附小给我们提供了这么好的平台，一定要珍惜这次学习机会，把人大附小先进的办学理念和管理模式学到手，回来后创造性地加以运用。到底该怎样做？我越发觉得沉重，有包袱。

和爱人谈及此事，他便安慰我：学习是件好事，开阔视野，不是人人都有机会的。又想想周校长对我说过的话：和高人交，你就不会平庸。我的心有了些许的宽慰。

感　动

怀揣忐忑来到人大附小，第一天，郑校长便利用升旗时间为我们举行了隆重的欢迎仪式，一股暖流立刻涌遍了全身，人大附小对我们的尊重，让我的心放松了许多。

郑校长和她的团队专门为这次活动做了翔实的培训方案，把八周的工作安排得井然有序。人大附小对我们的重视，让我的心轻松了许多。

郑校长对我们的生活照顾得非常周到，行李用具一应俱全，还为我们每人配备了泳衣、泳帽、泳镜，在百忙中抽出时间陪我们一同练习游泳，告诉我们初去游泳馆如何走，提醒我们穿上拖鞋，在垫上走避免滑倒。郑校长对我们的那份关心，让我找到了家的感觉。

郑校长和她的团队在工作上对我们毫无保留，悉心指导和帮助我们，资源无条件地为我们开放，可以说是“一路绿灯”。人大附小的义举，让我的心被暖意包围。

收　获

带着一份感动，我零距离触摸人大附小，每天忙碌而充实，面对面地与郑校长倾心交谈，和老师们真诚对接，与学生自由交流，感受着七彩理念的滋养，沐浴着七彩文化的熏陶，徜徉在七彩课程中，亲历着学校的七彩活动……一路走来，我吮吸着民主开放的气息，领略着七彩教育的精彩，分享着团队合作的快乐……可以说这次旅途着实为我的人生打开了一扇窗，让我享受了一次丰盛的精神大餐，丰富了我的阅历，使我的眼界越渐开阔。郑校长的大气、睿智、包容、博爱，朱老师的干练精明，金老师的机智聪慧，白老师的大气厚重，秦老师的沉稳内敛，老师们的敬业、乐业、合作、创新，学生的阳光、稚气、纯真、可爱……让我尽收眼底，浸染着我的身心，涵养着我的智慧。

就这样，在追梦的道路上我一路前行。

幸福三部曲

只要你有一件合理的事去做，你的生活就会显得特别美好。这就是幸福！

——题记

（一）幸运之门

“老孔，校长找你。”教室的门被推开，同组的杨老师在喊我。“好，我这就去。”

来到校长办公室，周校长正忙碌着，看我进来，忙放下手中的笔，招呼我坐下。“大姐，校领导班子经过研究，想派您带领三位教师和一个小孩去人大附小研修学习，不知道您有什么困难没有？”校长亲切地询问，既让我诧异，又使我忐忑。诧异的是，年近半百的我，还能有机会去学习，提高自己的教学技能；忐忑的是，家有年近九旬的老母无人照料，放心不下啊！再说，校长把这么好的学习机会留给我，对我是莫大的信任，更何况自己一直期待着走出去，看看外边的教育世界有多精彩。我不能放弃这个机会。我辗转着，斗争着……

“校长，说实话，我确实有一点儿问题，不过相信我，可以处理好的。”“那好，辛苦大姐了，做好准备，星期一就出发吧。”就这样，校长为我打开了一扇幸运之门。

回到家，兴奋之余，我苦苦冥想，穷尽甜美之词，哄老妈高兴，多方联系亲人，说明学习的重要性和自己的渴望，老妈的问题解决了，我踏上了幸福之旅。

（二）幸福历程

迎着朝霞，我们走进了人大附小。眼前的一幕让我肃然起敬。

矫健、坚定的步伐，严肃、庄严的面孔。这是我目睹过的最为庄严的升旗仪式。三千多株勃勃生机的小“松树”，三千多支只刷刷举过头顶的小手。一份敬畏之情溢于言表，这就是有思想的附小人，这就是有个性的附小人，这就是有特质的附小人！

要说升旗的庄重让我震惊，附小师生的生活更让我为之折服。

“你怎么能打她呢？这是你们小学生可以做的吗？”在我研修的教学班，下课分组跳绳活动中，一个男生动手打了一名女生一个耳光。我的辅导教师乔老师得知此事后，首先找当事人了解情况，弄清了事情的原委；然后找知情学生核实了情况，了解了事情的来龙去脉；接着，找两个当事人谈心。

“孩子，你当时怎么想的，怎么就举手打人了呢？”乔老师语气平和地问。

“我看她们玩，感觉很有趣，可她们是女生，又不愿和我玩。我就和她们捣乱。她们起哄我，我一生气就打了她一下。”那个男孩愤愤地说。

“你认为打人对吗？”

“那她……”小男孩还想强辩。

“打人能解决问题吗？”

“不能。”

“孩子，听说过吗？脸面，代表着一个人的尊严。你打人，伤害了别人的尊严。你认为这是小事情吗？”

…………

乔老师苦口婆心地给那个学生分析着、评判着，这样的交谈足足进行了40多分钟。那个男孩终于有所醒悟了，认识到了打人的严重后果。乔老师又和女孩交流，倾心的分析中，女孩也认识到了自己的不妥之处，主动请求那个男孩原谅自己。男孩很羞愧，红着脸真诚地给女孩道了歉，并请求女孩谅解。

事情解决到这里，一般人都认为大功告成了，可以结束了。可我发现，乔老师并没有就此停止。

乔老师又联系了家长，与家长进行了沟通，汇报了自己解决的过程和结果。家长也认识到了孩子受了诸多因素的影响，表示一定注重对孩子的后期教育。男孩家长请求女孩家长对犯错误的孩子予以谅解，并给孩子改过的机会。就这样，家校达成了育人的共识。

这一幕，持续了一个晚上的时间。乔老师的爱心和耐心让我折服。这一幕，也让我深刻地领悟到：学生的事没有小事。因为它直接影响着学生人生观的形成。动之以情，晓之以理，育人育心，才能让学生真正明白其中的道理，才会从心底悔悟，从行动改正。

“校长，我一会儿有课，我先说说我的看法吧。”

“好，你先来。”朱副校长爽快地回答。

这就是人大附小教师及领导地教学研讨情形。

我们刚从教室走出来，在走廊上，评课就开始了。

“刘老师，我觉得这个地方这么讲，效果会更好些。还能节省一些时间。”听课的郭老师说。

“这种方式学生接受了吗?”朱校长反问道。

“我认为可以，在我们班我就是这么尝试的。学生兴趣盎然。”

“孔老师，您怎么看？您在一线这么多年，一定有很多经验吧。”朱校长微笑着问我。

一股温情悄然漾入我的心，很温暖，一家人的感觉。“我讲过这篇文章，也尝试过郭老师的做法，学生们很投入。我觉得没问题。”我诚挚地回答。

“那好，小刘，你也按这个路子试试，怎么样?”朱校长说。

这里没有领导，没有权威，有的是和谐融洽的集体探讨，有的是万众一心的努力尝试，有的是成果共享的快乐，有的是众人撑大船的幸福。

“我们班会的内容一定要源于我们的生活，再服务于我们的生活。《七色花奇遇》这个内容还有些空洞，你们一起商量一下，修改一下，如何?”这是我实习班级在准备活动课时的情景。

十几个孩子紧张地围聚在一起，我从旁给予了一些指点，很快，十分钟的内容，让班会呈现出了最大的亮点，让听课者耳目一新。这就是有特质的附小人。他们不做作，真实地诚恳地面对孩子们的成长，寓真善美教育于生活中的有个性有思想的附小人。

“孔老师，这是我们送给您的礼物。”几张灿烂的小脸围住了我。我接过礼物，幸福漾于我的眉梢。

这是一幅画，一幅用各种坚果壳粘贴成的画；这也是一份情，一份孩子们对我的认可和喜欢之情，一份附小师生的珍视之情。我会小心地珍藏这幅画。

…………

每天我都被有朝气的附小人包围着，激励着，感动着，充实着。

晚上，我忙于整理笔记，记述反思和感悟。即使感冒也没能让我停下手中的笔，四大本子的记录让我格外充实。

为了表达我的谢意，我一笔笔手书并制作了《幸福之路》手书本，作为礼物送给了人大附小，以示我的感激之情。郑校长热情地为我的手书本做了题词。

（三）品味幸福

带着满心的热忱，携着满满的收获，我回到了根植的沃土——伯雍小学。见到我可爱的弟子，走进我钟爱的课堂，登上我熟悉的讲台，新的理念在鞭策着我，新的行动渗于我的教育教学之中。依据“以生为本，育人为本”的教学思想，突出教育的开放性，让学生在自主学习的基础上，发展学生思维。课堂上，我和学生一起研究了多种学习方式，我们设计了课本剧、辩论赛、讲故事等，创设了“手写书”、班级周志等拓展的学习方式。

沐浴春风，润物无声。如今，我正开心地努力着、尝试着，幸福地工作着……

手　术

“智丽，到校长办公室来一趟。”在门口值班的我接到爱杰的电话，“什么事呀?”“到了你就知道了。”我带着疑问来到校长室门口。门是开着的，校长一抬头看见了我。“智丽，快进来坐，学校想让你去人大附小学习，你有什么难处吗?”“什么？让我?”我受宠若惊，“没问题，没问题，我愿意去。”我迫不及待地答应了。

回到家里，我和爱人说明情况，他很支持我：“这两周大奇就交给我了，把刘凯航也给我送来，我一块儿带着，肯定没问题！你们就好好去学习吧!”我心里暗自窃喜，“哼，要的就是你这句话，这回让你尝尝当‘奶爸’的滋味，让你体验体验带孩子有多么不容易。”

周一早晨，我们这“四大一小”老中青三代人，踏上了去北京人大附小的学习之路。

在人大附小，我们受到了郑校长和老师们的热情接待，辅导老师和我们一点儿也不见外，如久违的朋友，没有一点儿交流的障碍，一天的学习下来，收获满满，让我们这些初次进京的学员，心里感觉暖暖的。

晚上回到宿舍，我打开手机一看，呀，有爱人打来的 9 个未接来电。我赶紧拨了回去。“喂，我听课，手机调成了震动，没听到，有事吗?”“我的医保卡和医疗本你放在哪儿了?”“我带着呢，怎么了?”我意识到不对劲儿，没事找医疗本干吗？“我在医院呢，是急性阑尾炎，一会儿要做手术，得用医疗本。”我顿时一惊，心一下子悬了起来，不知所措地说：“那怎么办呀?”“算了吧，没事，我哥在这呢，让他和大夫说说，先挂了吧!”听着爱人极力掩饰的话语，我感觉到了他此时病痛折磨着的痛苦，一下子瘫坐在床上，开始为临行前自己的那个小窃喜自责、愧疚……

听说我爱人要做手术，大家都跑了过来。

“智丽，你先别着急，要不你先回去吧，做手术要家属签字的，而且急性阑尾炎手术还很危险。”艳玲一边安慰我，一边劝说我赶紧回家。

“是啊，小张，你给校长打个电话，请个假吧!”孔姐和杨姐也在替我着急。

怎么办？怎么办？一边是难得的学习机会，一边是爱人做手术，我该怎么办？是留下来，还是回去照顾爱人？我陷入了两难的境地。就在这时爱人又来电话了，我连忙抓起手机急切地问：“怎么样了？怎么样了？”“我马上就手术，现在医生正在准备呢，不用担心我，我没事的，老婆大人放心吧，我挂了啊。”还没容我细问，电话就被快速挂断了，他越是安慰，我反而愈发担心起来。

焦急的等待煎熬着我，10 分钟，20 分钟……我紧紧地攥着手机，一遍又一遍地看着屏幕，生怕错过任何一条关于爱人的消息。姐妹们不停地安慰着我。一个半小时过去了，手术该结束了吧？我实在等不下去了，急忙拨通了我哥的电话：“哥，手术做完了吗？”“还没呢，我们在手术室外面等着呢，一会儿做完了我给你打过去。”我只能无奈地等待着……“手术做完了吗？做得怎么样？”“挺好的，已经推进病房，安排好了，放心吧。你也睡觉吧！”“嗯。”我答应着，但我的心还是放不下来。

周五晚上，我们终于回到了玉田，我直奔医院，刚进入病房，就看见爱人正一个人躺在床上输液，看到脸色苍白的他，我的眼泪一下子涌了出来。

“媳妇，你看看你，这么大人了，咋还哭了呢？不怕别人笑话啊。”爱人一边和我开玩笑，一边很吃力地坐了起来，我想上前扶他一把，他却推开了我的手。“没事了，你看看，我能慢慢起来。”

“闺女，你可回来了，这小伙子真可以，什么事都靠自己，这回，你可得好好伺候伺候他……”临床的一位大爷友善地提醒着我。

“前两天是我哥和你哥在这，我可以下床，就让他们上班了，不能总让他们请假呀！这两天多亏大爷了，大爷出去买饭就给我捎一份。”

“没事没事，这算啥呀，都是病友嘛，互相照顾照顾，没啥。”“大爷这人说话挺幽默的，我们还很聊得来。”爱人和邻床大爷你一言我一语，我却一句话也插不进去，喉咙里好像有什么东西堵住了。

“我上厕所，把拖鞋拿过来呗。”看着眼睛潮湿的我，爱人用手捅了我一下。我赶忙举着输液瓶子，扶着爱人，慢慢地蹭到了厕所里。“我没来时，你怎么上厕所呀？”看着爱人费劲儿的样子，我心疼地问。“我自己举着呗。喏，就这样。”爱人认真地给我演示了一遍。我心里酸酸的，眼泪在眼眶里打转。

就这样利用双休日，我陪了爱人两天，周一早晨，我又和姐妹们踏上了去人大附小的征程。

这次学习，是我终生难忘的一次。难忘附小校长老师们的亲切和蔼，难忘附小学生精彩的课堂表现，难忘姐妹们无微不至的关怀帮助，难忘家人对我的支持……这些，终将成为我人生旅程中最珍贵的回忆！

孔姐的三夜

这次去人大附小学习的是我们的“四大一小”老中青组合：孔祥莲、杨素艳、刘艳玲、刘凯航（艳玲老师的儿子）和我。孔老师是我们学校的老教师，有她和我们一起我心里就很踏实。

周一大清早，我来找孔老师，“孔姐，收拾好了吗?”还未进门，就被孔老师家的小狗琪琪挡在了门外，它“汪汪”地朝我叫着，似乎预感到了，我是和它来抢主人的。“马上收拾好了。”“琪琪啊，老太太搬走了，我也要去北京培训啦，家里就剩你了，在家听话啊!”孔老师一边和琪琪告别，一边迅速地背起了一个大旅行包下了楼。

我们坐上了开往北京的汽车，在车上孔姐开玩笑地说：“我们家老太太跟小孩似的，离不开我，我一说要去北京，她还不愿意呢，一会说不让我去，一会说让我带着她，唉!”“老太太多大岁数了?”素艳大姐问。“86岁了，成天稀里糊涂的，这次我没时间照顾她了，让我大姐接去了在她家住几天，她还小孩似的哭着不愿意去，唉，真没办法!”“总在你这习惯了，换个地方就不愿意去了!”

一路上大家拉着家常，旅途的寂寞被驱散了。不知不觉中，我们来到了人大附小，附小的领导和老师们对我们非常热情，在接下来的日子里，无论是在工作上，还是在生活上，我们都得到了他们非常周到的照顾。白天我们参观、听课、学习，晚上在宿舍里写总结、写感受。

“12点了，快睡觉吧。”半夜里，我迷迷糊糊地起床去厕所，看到老孔还在认真地写着什么。“孔姐，你怎么还没睡呀?”“我睡不着，我想把白天听课的感受好好总结一下，这样对我今后的教学工作，一定会大有好处的。”“这么暗的灯光你还写，对眼睛不好，再说你的眼睛不是刚刚做完手术吗? 自己还不注意! 快睡会儿吧，一会儿天该亮了。”我看看表，“4点10分了，你快眯会儿吧。”我一边劝说孔姐，一边爬上床迷迷糊糊地又睡着了。

“孔姐，你一晚没睡吧，半夜我一醒来，你就在那儿靠着写呢，我又醒来的时候，看到你又趴着写呢，你不困呀，看看你，眼睛都肿了。”还在睡梦中的我被艳玲的说话声叫醒了。我睁开惺忪的睡眼，看到了对面床上面容憔悴的老孔和满满的几页感想。

连续三天，就这样过去了，废寝忘食的孔姐身体有些吃不消了，她患上了重感冒，“孔姐，你吃完药，就在宿舍躺会儿，先别去听课了。”我们一边给她倒水让她吃药，一边劝说着。“不行啊，我和你们一起去吧，好不容易得到的学习机会怎么能在宿舍里待着呢?”“那就先和我们去，不行了你就回来，我看你这认真劲儿，在宿舍待着也是睡不着，行了，走吧!”素艳大姐边说，边帮着拿东西。接下来的几天里，孔姐大把地吃着感冒药，坚持听课学习。

两周的时间过去了，身体一直在透支的孔姐，原本圆润的脸明显消瘦了许多，但她的精气神却一点儿也不输给我这个年轻人。她的坚强时时鼓舞着我们这个小团队，这次培训不仅提升了我们的业务水平，更提高了我们的精神境界，感谢孔姐，一路有你陪伴!

我的儿子在人大附小

作为一名小学教师，平时工作繁忙。交际圈也受到了局限，频率最高的就是与稚嫩而又纯洁的学生交往。这样周而复始的工作，时间长了，我们敏锐的思维难免也退化了，因此，学习提升的机会对于我们来说尤为重要。

伯雍小学加入了七彩教育同盟，而作为同盟校的教师，我们就有了去北京人大附小学习的机会，这对我们每个人来说都是梦寐以求的。但我却从没有想过，这样的好事会落在我的身上。因为爱人的工作没有规律，带孩子的任务就由我来完成。如果外出培训，孩子就无人看管了。可当周校长准备让我去人大附小培训学习时，我谈到了自己的难处，周校长说："我考虑到了，所以准备让孩子和你一起去，也让伯雍的孩子体验一下人大附小的生活。"我震惊了，孩子只有 7 岁能适应吗？周校长看出了我的顾虑，说："孩子的适应能力比大人强，应该没问题，对于你和孩子，都是一次很好的学习机会。"在周校长的鼓励下，带着种种顾虑，我们一大一小连同其他三位老师踏上了学习之路。

在人大附小学习两周的过程中让我收获多多，感动多多。

一、家人般的温暖

2012 年 12 月 10 日早晨到达人大附小，我们受到了朱副校长的热情接待。学校在举行升旗仪式中，为我们四位教师安排了一个简短而热情的欢迎仪式，并亲自带领我们与指导教师见面，这让我们感受到家人般的温暖。更让人感动的是，学校已经提前将我儿子的班级安排好，并由朱副校长把他送进班级。刚开始儿子还有些胆怯，不想进去，但到傍晚我去接儿子时，他已经和同班的孩子很融洽了，一起值日，一起游戏。儿子的笑脸温暖着我的心。

二、生命气息的课堂

课堂应是师生共同创造奇迹、唤醒沉睡潜能的时空。离开学生的主题活动，这个时空就会破灭。学生们在小组内、班内交流资料，在动手实验，互动的同时就是学生智慧生成的过程。丰富多彩的小组活动，宽松愉悦的学习氛围，这样的课堂，是充满生命气息的课堂。

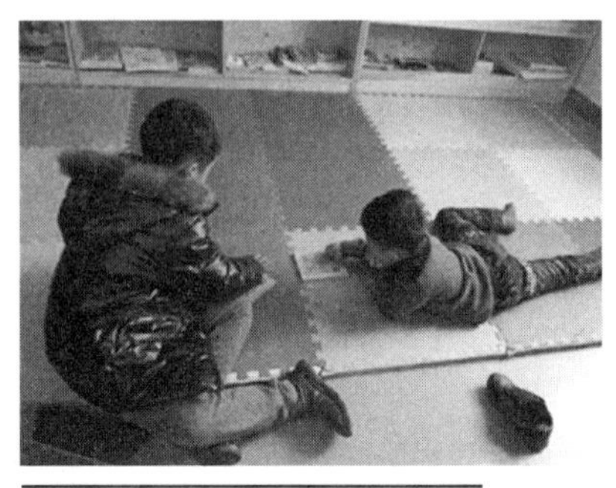

三、会说话的墙壁

人大附小的墙壁是会说话的。根据孩子年龄和心理的不同，设计了不同的内容，这些内容恰恰是孩子在该阶段应该懂得的生活常识。这让孩子们在潜移默化中学到了知识，而且省去了老师一遍遍的唠叨。制作材料坚固耐用，保持时间长久，避免了经常更换。

四、以人为本，关注细节

学校是孩子的家，人大附小把“家”的概念诠释得淋漓尽致。瞧这些细微之处：挂衣钩解决了孩子们衣服的放置，七彩椅垫解决了冬季椅子凉的问题，小小玩具桶解决了低年级孩子课下活动的安全问题……以人为本，关注细节，让孩子们在学校里感受到家的温暖。

五、有序、高效的人大附小

两节课，全校50多个班的跳绳比赛稳定、协调、高效圆满结束，让我们看到了这是怎样的一个训练有素、安排有序、追求高效的集体。

六、环保的人大附小

“学术苑”内部的装饰，学校基本上没有任何经济投入。全部由老师和学生将废物再次利用后装饰而成，给了老师和孩子充分想象、创新的空间，培养了他们的主人翁的意识，让每个人享受到了参与的快乐。

两周的学习时间很快过去了，感谢学校给予我们的这次宝贵的学习机会。通过这次学习，我们不仅学到了很多学科专业知识，同时也开阔了教育的视野，更新了教育教学理念，丰富了教育情感。两周学习时间虽然短暂，但我相信，这次体验会使每一位跟岗学习教师受益终身。

挪动的座位

2012年10月28日至10月30日，七彩教育同盟2012之起航——“学校办学理念的交流与提升”和“有效课堂研讨”活动，在山清水秀的石城小学举办。

29日上午，密云石城小学向大家展示了一节音乐课《飞飞曲》，讲课地点是在石城小学的会议室内。按照事先的布置，会议室前已经摆好了学生桌椅，听课者的座位被摆在了学生座位的后面。参加者陆陆续续地走进会议室，听课席已被占据了2/3。和以往一样，后排座位几乎满员，前排座位无人问津。提起听课，大家已经习惯了坐在后面，当个忠实的观众，看老师和学生在课堂上互动。课后的研讨交流却是很多人都犯怵的，因为都害怕被点名发言，于是后排就成了“避难所”。

随着人大附小郑瑞芳校长的落座，观摩课正式开始了。郑校长坐在了听课席的第一排，陪伴她的只有人大附小的几位教师，前排显得异常冷清。课一分一秒地进行着，大家发现，郑校长和人大附小的教师在学生小组交流讨论的空闲，也在激烈地讨论着，手还在不停地比划着。坐在后面听课的教师很是好奇，郑校长她们在讨论什么呢？出于好奇，开始有人陆续往前排挪动，渐渐地，郑校长身旁的空位子不断减少，参与讨论的人越来越多了。起初抢坐在后面的人，也开始跃跃欲试起来，于是出现了整体的前移，后排座位首次被冷落了。随着课堂高潮的到来，孩子们动起来了，他们搬开了桌凳，开始创编舞蹈，孩子们天真的笑脸，稚嫩的舞姿，仿佛一群初涉人间的小天使。看着孩子们的笑脸，郑校长提议：“我们一起到孩子们身边，去感受他们的快乐！”一开始响应号召的人并不多，寥寥的几个人来到了孩子们的身边，看孩子们跳，和孩子们一起笑。看到参与者与孩子们互动的会心笑容，有人坐不住了，搬起凳子向前挪。听见前面有人在说：“音乐是孩子们的，他们的每一个动作都有自己的理解。”孩子们是怎么理解的？不行，还得往前挪挪，孩子们在说：“我把自己幻想成蝴蝶，这样飞呀飞呀，看到了蓝天下美丽的花朵。我要它们传播花粉，于是我就蹲一下……”有意思，再挪挪。孩子们蹲下后，双手左右摆动，在干什么？上前去问问。孩子们说：“我们在采花粉，哈哈……”正当大家微笑着站起来，看孩子们舞蹈的时候，才发现空间变得越来越小了，原来几乎所有的听课者都在往前挪动，大家都来参与研讨了。

挪，代表了一段心路历程。人大附小随堂研讨风靡全场，让大家的心蠢蠢欲动，于是，大家“挪”出了自我，“挪”出了教育的新希望。

灯　光

2012 年 10 月 29 日，在北京市密云县石城小学会议室内。

暮色降临，月夜暗淡，一座山洼深处，那阑珊一角小小的极其微弱的亮点，如星星一样，为黑夜中迷茫的路人指引着方向。这里就是七彩教育同盟 2012 之起航——“学校办学理念的交流与提升”和“有效课堂研讨”活动会场。会议室内怒放的白炽灯下满满一屋子人，他们姿态万千，或听、或写、或站、或坐……大家的目光，都聚焦在一张微笑的脸上，她就是中国人民大学附属小学的郑瑞芳校长。

灯影婆娑下，郑校长激情昂扬：“天色晚了，我们大家还在这儿说呀、记呀，是有人命令我们、组织我们必须在这儿开会吗？不是的，我们都是自发的，我们都愿意在这儿交流、讨论，天黑了大家还都不愿意走，这是为什么呢？因为我们有着同一个梦想，一个七彩的梦，一个伟大的中国教育梦……”

哗然中，一个身影在前台的黑板前忙碌着，吸引了众人的目光。他就是人大附小的金立文老师，他聆听了大家的研讨，正在为郑瑞芳校长的点评做梳理总结。郑校长每说一句话，一个观点，他都能立刻在他的流程图上做下准确的记录，整个发言结束，金副校长把郑校长的发言梳理得完整而有层次。郑校长感动地说：“金（副）校长真是太有心了，我即兴的发言，自己都没什么思路，被金（副）校长这么一梳理，我都觉得自己太伟大了，怎么说得头头是道呀……”郑校长的玩笑话，让金副校长有些不好意思，他说：“我也是临时起意，看大家都在使劲地写呀记呀，跟不上还很着急，我就梳理一下，这样大家看得更清楚，也便于做笔记。”接下来，金副校长又把他的记录为大家讲解了一下，这一回，许多模糊不清的问题一下子清晰了，伴随着金副校长讲话的结束，会场中响起了经久不息的掌声。

历时两天的会议接近尾声，此时已是晚上 7 点半了，大家还在交流、探讨，有着诸多的不舍在心中……

归途中，遥看着万千灯火，原来那盏属于我们的白炽灯，是在为教育引航，在为万千家庭引航。

放 大 镜

2013 年 10 月，七彩教育同盟走进林大附小，在那次活动中，一位耄耋老人给我们留下了深刻的印象，她就是张光骆教授，海淀区原教研室主任，当时已有 82 岁了。

满头银发的她，看上去干净利落，精神矍铄，讲起话来思路清晰，声音洪亮。做过心脏支架手术的她，完全颠覆了我心目中迟暮之年老人的形象。按照常理，到了她这个年纪，本该颐养天年，过着儿孙绕膝、平淡安详的幸福生活了。可她却不服老，身上那股子钻劲儿让年轻人都望尘莫及。张老每天坚持听课，并且认真整理笔记，她说只有让她工作她那颗做过手术的心脏才会正常跳动，否则她就会觉得浑身不自在。

但毕竟岁月不饶人，由于上了年纪，张老已经没有了年轻人那样清晰的视力，可这并没有阻挡她追求的脚步。一把放大镜，一本私人特制的超大字体课程标准，成了张老随身携带的必需品。为了研究新课标与旧课标的差异和连续性，为课程改革谋划出新的思路，工作中的她总是一手拿着放大镜，一手拿着特制的课程标准，一遍又一遍地阅读，边阅读边思考着、整理着，用自己特定的符号，圈点勾画，在空白的地方认真地做着归纳。对于这个 82 岁的老人来说，完成每一页都是一项艰巨的任务。可她却从来没有把这当做一件苦差事，而是乐此不疲，那一幕让我瞬间潮湿了双眼。

从北京回来，我们在全校教师会上作汇报总结，张老的事迹成了那次活动热议的话题。她手拿放大镜的身影和动人的故事，深深感动了我们身边的每一个人。

就在会议结束的第二天清晨，一位老教师早早地敲开了校长办公室的门，她就是我们学校年龄最大的李老师。50 多岁的李老师，鬓角已经有了丝丝白发，皱纹也已无情地爬上了她的脸颊。多年的教育工作，让她落下了严重的职业病，颈椎和腰椎都出现了问题，腰身也早已不再挺拔。每次犯起病来，都让她苦不堪言。直到上个学期，她还担着一个班的语文课并兼任着班主任工作。近年来，由于白内障手术留下的后遗症，她看东西越来越不清楚，甚至连阅读教材和批改作业都有了困难。学校考虑到她的身体状况，为了照顾她，减轻她的劳动强度，暑假开学后就把她调到了学校的图书阅览室，负责图书管理工作。

今天，李老师这么早来找校长，她想干什么呢？看到急匆匆到来的李老师，周校长很纳闷。

没等校长说话，李老师急切地说："校长，今天我来找您是想让您给我换份儿工作，那工作我不想干了。"什么？这么照顾她，这么轻松的工作，她居然还不想干了？她想干什么？难道是给我出难题儿来了？周校长心里开始犯嘀咕。看到满脸狐疑的校长，一向善于言谈的李老师，突然变得有些不好意思了："我想……我想让您给我换份儿工作，就是不知道校长能不能答应我。""哦？你想换什么工作?"周校长一边给李老师倒水，一边迅速地调整着自己的思维，他要找到最佳的方法和方式来应对即将出现的难题。

"以前我也觉得自己老了，学校照顾我在阅览室工作，我也挺感激的，那个时候我就想我老了还能追求个啥？熬两年也就退休回家了。可昨天听了张教授的事迹，我很受鼓舞，人家都82岁了，依然战斗在教学一线，我刚50，怎能就此等退休呢？您还是安排我到教学一线吧！我带上老花镜，阅读教材、批改作业是没问题的……"

李老师的一番话深深地打动了周校长，看着李老师一脸的真诚，周校长关切地问："那么大的工作量，您吃得消吗？还是再考虑考虑吧!"

"我已经考虑很久啦，保证没问题！听了张教授的事迹，我觉得自己顿时年轻了许多！您就安排吧!"直到周校长答应重新安排工作，李老师才兴奋地离开了。

望着李老师远去的背影，周校长的眼睛有些湿润了。以前都是老师找校长安排清闲一点的工作。如今，反过来了！七彩教育同盟活动竟然有这样神奇的效果！看来，榜样的力量是无穷的。

几天后，学校的办公室里出现了一个温馨的角落——"老教师之家"，这是细心体贴的周校长想出来的点子。精巧的放大镜，大字号的听课笔记本，特制的教案本，不同度数的老花镜……这些与年龄抗争的"神器"，不到一个小时，就被"洗劫"一空了。

张教授手持放大镜的身影，已经成为伯雍人心里一尊神圣的雕像，永远定格在了灵魂的最高点，那把放大镜放大的不仅仅是文字，更是伯雍人心系教育的执着与奉献精神，它必将激励着奋发进取的伯雍人在追梦的路上勇往直前！

午夜吸烟人

故事发生在“人大附小上海毕业旅行”活动的过程中。

白天在外游玩了一天，学生们都异常兴奋，每天都睡得很晚。带队的谢老师查完宿，已经是夜里10点半了。疲惫的身躯，肿胀的双脚，让她一进门就躺倒在了床上。“真的太累了，真想好好地睡一觉啊!”谢老师自言自语着。可现在她却还不能休息，手里的工作必须在今晚完成。

为了避免自己打瞌睡，她一边往班级博客上传资料，给家长发飞信，一边和同宿的九班班主任聊着天儿：“刚刚回来的时候，吓了我一跳，你猜我看见什么了?”

“你看到什么了？快和我说说!”九班班主任充满了好奇。

“就在我查完宿往回走的时候，我看到黑咕隆咚的门口有个亮点，一闪一闪的，当时吓得我头皮直发麻。”

“啊？你看到啥了?”

“我大着胆子打开手电筒一照，原来是他!”

“到底是谁啊？快别卖关子了。”

“我看见白主任了，他一个人蹲在公寓外面的大石头上，神情严肃地抽着烟，好家伙，地上有一大堆烟头。我喊他回去休息，可他说再把白天发生的事情梳理一下。那样子看了真让人心疼，和刚刚在会议室里侃侃而谈的他判若两人啊!”

九班班主任叹了口气说：“唉，确实不容易啊，他的压力要比我们大得多，你想想，带这么多学生出来，身上背负的责任得多重啊，他的神经24小时都得紧绷着啊……”

上海毕业旅行的行前动员会中，白主任说了一句经典而现实的话：“安全是评价一项活动是否成功的一个重要指标。”的确如此，和谐社会，安全稳定是大事，安全出问题，所有成绩归于零，甚至是负数。解放思想，开放办学，让学生走出校园，亲近自然，融入社会这个大课堂，要实现这一目标，我们面临着巨大的挑战和风险，更何况这是一群社会阅历浅、缺乏自我保护能力和意识的孩子，这就需要决策者有胆有谋，更要有抵御风险和预见风险的能力，更需要团队协作，共同分担。谁都害怕这次旅行出现意外。

然而就在今天下午，正当孩子们兴高采烈地在草坪上放风筝的时候，七班一个孩子在奔跑中一不小心撞到了另外一个孩子的后肩膀，孩子重重地摔在了地上，眉骨部位撕开了一个两寸来长的大口子，鲜血顿时染红了孩子的小脸儿。放风筝的孩子们一下子都紧张了起来，撞人的那个孩子更是吓得手足无措。

白主任得到消息，第一时间赶到现场，将孩子送到了医院。接着了解情况，然后迅速与家长取得了联系，有条不紊地处理了此事。

谈话还在继续。“你看，小白刚才给咱们开会，还像往常一样幽默风趣。”“那是为了解除大家的思想负担。”……

两位老师简单的对话，将人大附小教师换位思考、互相理解的场景深深定格在了我的脑海中。

逛城隍庙

“人大附小上海毕业旅行”活动的 A、B 团会师后，晚上两团一起举办了完全由学生策划、主持并主演的联欢会。联欢会开得有声有色，台上台下激情洋溢、热闹非凡。孩子们多才多艺，个性彰显，整个联欢会尽现了人大附小学生的风采。这次联欢会让我亲眼见识了人大附小自主化教育的丰硕成果。

会后，两团教师按照惯例仍在“美国公寓”开会。会议由人大附小金副校长主持，白主任首先介绍了 A 团这几天的活动情况及遇到的问题。金副校长提出：“就活动情况来看，我们的这次旅行活动，仍然停在一般活动的层面上。如果真要把活动作为一项课程来实施，一定要把每项活动的目的计划和评价都细致化，全员参与，因为我们也是在摸着石头过河，大家有什么想法都提出来，总之，只要有利于孩子发展的，我们都要尝试着去做，力求使这次活动的价值最大化。”

老师们积极地参与讨论，开始研究起来。李慧然老师提出：“我在城隍庙录像的时候，感觉没什么可录的，孩子们都像逛大街一样，没有什么目的性。明天我们 B 团再去逛庙会的时候，可以提前布置任务，让孩子边逛边画地图，并标注上在具体地点都做了什么，有什么感触，这些地图我们可以保留起来，作为明年毕业旅行学生再次逛庙会的参考地图。”金副校长听了李老师的建议非常高兴：“李老师一直都是这么智慧，这个想法非常好，大家如果没有异议，就请 B 团的各位老师，写出明天逛城隍庙画地图的具体方案，12 点前交给我。”“继续完善活动细则”、“12 点前完成”，这些不可思议的字眼儿强烈地冲击着我的心灵。这是一种怎样的教育热情啊！再回想起联欢会上孩子们出色的表现，我的心被深深地震撼了。

也许正是人大附小教师们这种精益求精、严谨治学的态度，这种锐意进取、孜孜不倦的敬业精神，才造就了那么一批乐观向上、活泼自主的附小人。

体能考验

体验完军事思维电影的奇幻与惊险，我们开始参观全国唯一的一艘仿真航母。

我握着摄像机靠在舱口，记录着全班每一个学生这次别样的经历。进舱口很窄小，人需要后仰45度，半躺着下去。等全班同学都下去之后，我收起摄像机准备进舱。随身携带的很多物品，在这时倍显累赘，我的情绪开始波动。因为几天下来，活动安排都很紧凑，容不得稍微的懈怠，每天从早上6点半开始活动直到晚上10点多才能休息，紧张而忙碌的生活，让我的身体有些吃不消了。由于体能透支，我的手指一直水肿，在航母中的行进方式让我感到很不适应，“还是别下去了吧，少录一点应该没什么大碍。”脑子里突然出现了消极的信号，可转念又一想，这次学习机会实属来之不易，人大附小信任我们，才把这么重要的任务交给我，面对困难打退堂鼓，不是伯雍人的风格。于是，我整理行囊，毅然决然地下了舱。

没想到舱里比舱口还要狭窄，只能容得下一人通过，舱与舱之间的通道，都是悬在半身高的圆孔里，需要钻来钻去。不单是我，对每个参观者，都是一次体质和灵活度的测试。明明很轻的摄像机，这时候却显得异常沉重，胳膊和腿部的肌肉酸痛难忍，手里的摄像机开始摇晃，我不得不用左手托住右肘稳住镜头。

队伍一直在行进，但速度却明显慢了下来，后面班级的学生急得直嚷："前面的人别拍了，别拍了，快点走，氧气都要不够了！"前面的学生也回头喊："没拍照，一直在走，走不快，一会你们过来就知道了！"

出舱的迫切愿望支撑着我继续前行，好不容易走到了尽头，终于要出舱了，可眼前的情形却让我目瞪口呆。怪不得行进速度这么慢，原来出舱的路径是一架两米多高的悬空浮梯，而且空间狭小，身上带着东西多一点儿就爬不上去。

这时我们班只剩下我和两个女同学，我们不得不先研究一下策略再开始爬浮梯。两名学生把携带物品交给我，先爬上去，一个等在舱口，另一个留在中间，我们把所有物品先传递上去再依次爬出。这哪是毕业旅行啊，纯粹是军事训练嘛！我感慨着。以前只知道摄像工作不清闲，如今亲身体验了才真正了解了其中的滋味。

这次经历让我突破了自身体能的瓶颈，更让我懂得了在困难面前信念与协作的重要性。

第十五章　基层辐射

联手共建七彩桥

自从加入七彩教育同盟，我校取得了日新月异的变化和丰硕的教学成果，引起了县域很多学校的关注。为了取长补短，合作共赢，他们纷纷表示愿意与我校联手进行教学的交流与研讨。

应鸦鸿桥镇的朱家桥小学校长张丽娜邀请，2013 年 6 月 4 日上午，李会艳、丁柏林两位老师代表伯雍小学参加双向教研活动。参加这次活动的，除了两校教师之外，还有整个鸦鸿桥镇的教师。

刚接到这项任务的时候，恰逢唐山市中小学生运动会开幕前夕。按照上级的安排，我们学校要参加开幕式的团体操表演。那段日子里，大家正不分昼夜地进行着大型团体操的汇演排练。突然接到教研任务，让大家有些措手不及。一边是迫在眉睫的团体操汇演，一边是众望所归的教学研讨，哪一个都不能掉以轻心，时间如此紧迫，怎么办?

为了不辜负领导的期望，大家决定放弃休息时间，把教研活动的准备工作放在周日进行。那是活动开始的前一天晚上，表针已经指向了 8：30，办公楼内灯火通明，人头攒动。已经忙碌了一天的老师们，此刻依然在为明天的教研活动做着最后的准备。每一个细节都不能放过，每一段文字都需要斟酌，追求完美、力求完善的老师们已经忘记了吃晚饭的时间，大家沉浸在各自的工作之中。就在这时，数学组的丁老师突然打来了电话，他说他设计的活动还有两个小的细节没考虑好，他要马上赶来学校，让核心团队的老师稍等一会儿。

这么晚了，他怎么不在医院看护儿子啊？接到电话后，大家都很惊讶。原来丁老师的儿子这几天患了严重的感冒，由于最近一段时间工作繁忙，他和爱人都没有太在意孩子的病情，结果引发了肺炎，孩子不得不住进了医院。为了不耽误学校的工作，无奈之下的丁老师把父母从老家接了过来，让他们在医院帮忙照顾儿子。

打完电话，望着病床上儿子痛苦的表情，这个“不称职”的父亲眼里充满了歉疚的泪水。他赶忙转身擦拭掉，轻轻替儿子掩好被角，安慰着。他告诉孩子自己要出去一会儿，马上就会回来，在儿子依依不舍的目光中，他跨上摩托车匆匆赶到了学校，和早已等候在那里的核心团队的老师，共同研讨。

夜渐渐深了，办公室里依旧灯火通明，修改教学设计，制作新的教具，时间仿佛在那一刻静止了，谁也没有注意到墙上的时钟已经指向了晚上 11 点，紧张有序的特殊“彩排”仍然在继续着……

汗水没有白流，心血没有白费。由于课堂注重了情境的创设，以“用”为切入点，联系生活实际展开教学，课堂上孩子们如同玩游戏一样，欢声笑语，兴高采烈，快乐地感受着伯雍特色课堂的魅力。师生的精彩表现着实让老师们耳目一新、惊喜万分。课堂结束，虽已近正午，老师们却热情不减，继续对这两节课进行了理论和策略上的探讨与交流。

朱家桥小学校长张丽娜表示，她们非常愿意与伯雍共建一座七彩桥，携手教研，为教育事业作出自己的贡献。

活动结束，大雨骤降，为我们的活动洗净了昨日的尘霾，也洗掉了大家紧张筹备的疲倦。雨后的窗外，风儿轻轻，柳丝翩翩，空气中弥漫着醉人的气息，一道绚丽的彩虹飞架南北。

正是：交流研讨，结同心盟；城乡共进，架七彩桥！

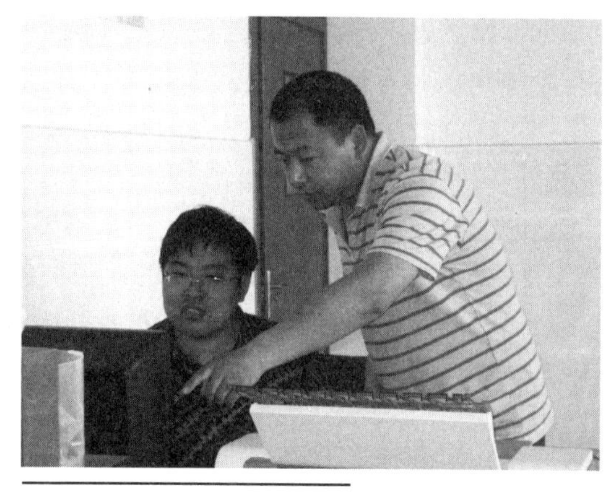

捍卫钓鱼岛主权

2012年，日本不顾中国一再的强烈反对和严正抗议，强行推进“购买”钓鱼岛进程。新闻几乎每天都在报道事态的发展，在这样的大背景下我去船窝小学讲了一节数学课。

我早就接到了送课下乡的任务，开始准备的是一年级的一节数学课。可到最后，船窝小学要求讲一节四年级的数学课《垂直与平行》。周一傍晚，学校把新任务派给了我。已经期末复习了，送什么课好呢？我一筹莫展。晚上，校长、全体核心教师和我商量了半天，决定让学生欣赏世界各国的名胜设计，在美的享受中体验“垂直与平行”的美，最后利用“垂直与平行”画出自己心中理想的设计造型。没想到第二天在学校试讲，却是相当失败，学生都觉得没意思，不愿意参与，课堂气氛异常沉闷。周二晚上接着教研，还有老师建议我，带着学生到操场和体育老师学画跑道线，或者制作车的模型，这样就能用到平行与垂直的知识。我一听急了，这是啥课？咋上啊？我愁眉苦脸地趴在了桌子上。

到了周三，时玉芳老师突然来了灵感，学生不是不感兴趣吗？来个感兴趣的！当今最热门儿的话题都是关于钓鱼岛的，咱们就围绕“保岛演习”展开教学。于是，时玉芳、贾卫忠、胡颖娜和我共同商量出了一系列教学环节。原则就是学生已掌握了垂直与平行的知识，我们就把所学知识用到“保岛演习”中去。

这节课具体教学环节：

1. 谈话引入。
2. 捍卫钓鱼岛演习。
3. 出动作战武器。
4. 参与保岛。
5. 最新战报。
6. 研究作战计划。
7. 展示作战计划。

（1）海军展示。

（2）空军展示。

（3）潜艇组展示。

（4）障碍 1。

（5）障碍 2。

（6）障碍 3。

8. 数学健身操。

9. 总结垂直、平行的知识。

本节数学课以“钓鱼岛事件”为载体，将“垂线和平行线”的数学知识、德育、体育与数学整合，极大激发了学生的学习兴趣，学生的积极性一下就被调动了起来，教学效果非常显著。本班班主任在评课中说：“我带了他们两年，真没想到这些孩子思维这么活跃，看来学生的潜力很大。”

在交流研讨中，参与观摩的板桥教师，纷纷对这堂课给予了高度评价，他们认为这样的课堂，出发点立足于学生的终身发展，非常符合现代教育理念，“捍卫钓鱼岛主权”的课堂，真是一次教学改革的实战性演练！

“眼泪教研”

永远不会忘记那次教研，因为它让我流下感动的热泪，也许你会问，教研怎么会流下眼泪呢？下面就由我来告诉你。

2012 年 12 月 6 日，我来到彩亭桥小学，执教《老人与海鸥》一课，参加了他们的区域教研活动，共同探讨开放的语文教学模式的教法。

在这次教研活动中，我以学校文化为引领，大胆改革教学模式，将传统的语文课程采用“生生互动，无师课堂”的方式，生动地展现给彩小的师生。具体做法是：我校的学生以小老师的身份参与了这次研讨课堂。在学习过程中，两校学生互相学习，合作展示，自主的创意得到了与会教师的高度赞扬。其教学流程是这样的：

（1）导入：首先让学生对第一课时的内容进行简单的回顾，教师简要介绍本节课新的教学模式——无师课堂。

（2）小组讨论交流：在这一环节，让两校的学生进行交流，让他们在互动中学习、提高，形成和谐的学习氛围。

（3）展示交流：学生通过绘画、朗读、表演、讲故事的形式进行展示。在展示的过程中，让学生的语文素养得到多方面的提高。

（4）教师小结让学生懂得：“人与自然的和谐是最崇高的境界。”

一堂课下来，我真正做到了以学生为主体，以教师为主导，极大地提高了学生的学习积极性。另外，我也觉得这节课充分体现了伯雍文化课堂四要素：课堂设置情境化、课堂人物角色化、学习方式活动化、成果展示多样化。这节课是伯雍自主创新理念的充分体现，指明了伯雍小学文化课堂的发展方向。

讲完课后，我们进行了激烈有效的教研。

一位教师说：“我班的学生胡倩在我上语文课的时候从来不发言，可是她今天表现得特别积极，在表演的过程中也出乎我的意料。所以我认为这种语文教学模式很值得借鉴。”

又有老师说：“这节课的教学重点是让学生体会老人的神态、动作、外貌的描写方法，学生在表演中就领会了。”

王老师站了起来，说："学生在表演的过程中已经将老人的动作、语言、神态展示得非常形象，说明学生已经将这些知识理解得很到位，否则，他们的表演不可能这样生动逼真。"

其他在场的教师也纷纷表示赞同这一点。他们特别喜欢这种教学模式。他们一致认为：这样的教学模式学生喜欢，教师容易把握。

我们的车已经开出学校一段距离的时候，回头一看，彩小的师生们还在向我们挥手告别，短短几个小时的相处，竟然令这里的老师和学生如此不舍，看到此情此景，我的泪涌了出来……

“倒数第一”

回想2000年，我们学校在周校长的带领下，在全县率先进行了课堂教学改革。我们打破常规课堂的传统做法，教师走下讲台，与学生围坐在圆形桌周围，营造小组合作学习的氛围；我们将教室布置成情景化的环境，四面墙上，都是关于孩子养成良好生活习惯和学习习惯的图画；我们的课堂率先引入情景化教学，学生自主化学习、合作探究问题、课本剧的表演都成了当时教学改革的标志。我们的创举在当时引起了很大的轰动，伯雍小学的课堂改革一时间成了教育界热议的话题。

踏入改革的深水区，很多无法想象的困难更是摆在了眼前：很多家长把孩子转到了其他学校，学校的教学成绩被质疑，我们的自主学习课堂被否定。

就这样，我们依然坚持着，外界的质疑声越来越大。我们的教师参加教学比赛，大家精心设计的数学课《长方体的体积》，采用“猜想——实验——验证——结论”的方式，先由学生猜一猜体积与什么有关系？然后分组进行实验，验证，最后得出结论，学生的探索过程充满了魅力，有动手实践能力的培养，有实验的失败与成功的情感历程，有知识获得的切身体验……就是这样一节课，在评优课中成绩竟然倒数第一，被淘汰出局了，凝聚了教师的创新智慧和汗水的劳动付之东流……周校长不甘心，把这节“倒数第一”的课堂设计，写成实录，向杂志社投稿，竟然被教育权威性极高的《中国小学数学教育》刊登了，这也算在我们教改最艰难的时刻，给予了我们莫大的安慰、鼓舞与鞭策。

这节课给我们带来的思考，关键还不是比赛的名次，而是教改的举步维艰。一个先进的思想在一个相对封闭的地区要生根、开花，是何等的曲折，要想做第一个吃螃蟹的人，就要付出点代价！

如今，教育工作者对新课程了解越来越多，我们的教学改革也得到了上级领导的认可、家长的支持、社会的肯定，我们不仅走出了原来的困境，而且大踏步地走在了教改的前列！

“两连冠”

“陶老师，我们得全县第一啦！第一名耶！”

“老师，看！我们的奖状！黄家铺小学在玉田县小学英语情景剧比赛中荣获一等奖！”

黄家铺小学的学生能够在全县获得一等奖，那可是破天荒的大喜事！因为黄家铺小学是我县南端偏远的农村小学，不要说在县里取得名次，在我去那里支教之前，那里就没有英语教师，也就从来没有参加过任何校外的比赛。黄家铺小学和伯雍小学是“手拉手”学校，我就是学校派去那里支教的教师，在那里一干就是两年。

看着孩子们举着胜利的手势跑过来抱住我的样子，我禁不住喜极而泣。在黄家铺小学支教的两年多的日子里，这一幕定格成永恒的温暖与幸福，使我永生难忘！

记得在比赛前夕，我听说镇上没有让我们报名参赛，因为按照“惯例”，黄家铺小学没有专业英语教师，参赛是没门儿的事情！于是，我主动和领导申请，要去参赛！领导带着疑虑默许了，我虽然激情有余，但是事后也有担心，怕得不到好名次。

自从主动请缨之后，我亲自写剧本《狼来了》，修改了几十次；在编排并指导情景剧时，我指导示范每一幕演出，手把手地教学生每一个动作、眼神应该怎么表演；我还亲自去买需要的道具，当我买不到大灰狼与小羊们的服装时，周校长毫不犹豫地说：“只要为了孩子成长，买不到咱们就量身定做，我们自己家里节省，也要给黄家铺小学的孩子买上服装，费用咱们学校负责，不给黄小增加经济负担。”有了坚强的后盾，有了我和孩子们的辛勤付出，我们终于在第一届小学生英语情景剧比赛中荣获了一等奖！

来年第二届比赛临近，镇里将这个艰巨的任务分派给了黄小。周校长为了帮我分担压力，请王懋征老师提前写好了剧本《摩登老太学英语》，剧本只需要11个孩子演出，由于有了去年的成绩，学生们信心满满，孩子们说英语的热情空前高涨，报名的孩子就有40个，我有喜也有忧，那些没有被选上参赛的孩子个个哭得像泪人，甚至有的家长找到学校和我“吵架”。索性，我先在校内分组，分了四个小组，校内竞争，最后选拔优秀小组代表学校演出，这无形中增加了我的工作量，但是看到孩子们学习英语的热情高涨，我却感到无比的喜悦！果然，这次比赛我们再次荣获了全县第一名，喜获“两连冠”！

在黄小的日子艰苦又温暖，想起和老师们在办公室里围炉而坐，促膝长谈，充满了欢声笑语，想起和孩子们在一起学习玩耍的无忧无虑，我似乎又回到了几年前。

我的思绪回到了2008年12月，那是个寒冷的冬日，我接到了学校通知要到离家60里地外的黄家铺小学支教两年。听到这个消息，我的心比那时的天气还要冷。想想丈夫是独生子，又在外地工作，婆婆体弱多病、孩子年仅7岁，不禁眉头紧锁。但是支教学校的困难同时摆在眼前，黄小远离县城，师资力量薄弱，全校没有一名专职英语老师，那里的孩子更需要我。终于我说服了家人，离开了熟悉的单位与同事，离开了家，来到了黄家铺小学工作。

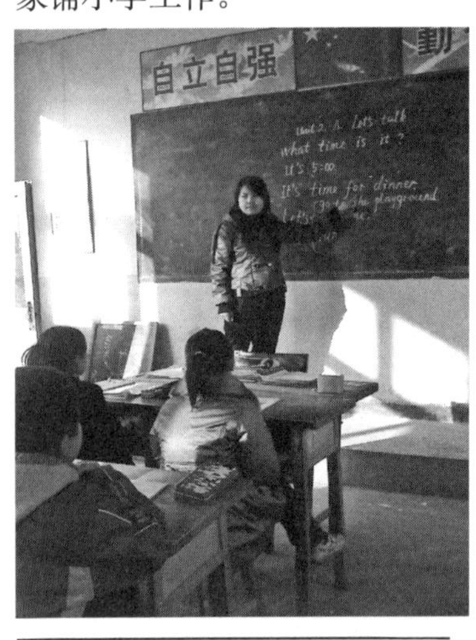

□ 陶砚秋老师在黄家铺小学支教，给孩子们上英语课

在黄小的两年里，我担任三、四、六年级的英语教学，我把全部精力都倾注在了这三个年级的孩子们身上。尽心尽力，尽职尽责，风雨无阻。但是，每当我回到家，看着刚上一年级的儿子成绩一再下滑，我却无暇顾及，60多岁的爷爷承担起每天接送孩子、辅导孩子做作业、照料孩子吃穿等重任，多病的婆婆血压一次次上升，望着老人无助的眼神，看着儿子离开我时留恋难舍又委屈不甘的表情，想到婆婆犯血压高时的痛苦，想到我没有好好照料他们，真是满心愧疚。可是一想起黄小孩子们期待的目光，想到周校长的叮嘱，我把这些心里的矛盾与纠结都抛在脑后，继续留在黄小，和老师们在办公室里围炉而坐，共同研讨交流教学心得，和孩子们一起学习。时光荏苒，看着孩子们一点点进步的成绩单，觉得我的付出都是值得的！

在支教的日子里，我所教的班级英语成绩平均分从原来的镇排名最后一名提高到第一名，上升了 5 个名次。我所教的毕业班成绩在全县总排名也由原来的 106 名上升到 45 名，进步了 60 多个名次。周校长还鼓励我多次为全校老师做引路课，伯雍小学的其他老师也多次到黄小举行送课下乡活动，两校教师共同教研交流，共同提高。同时，我还被散水头教育办任命为区域教研组长，负责组织全镇的英语区域教研工作。黄小渐渐摘掉了落后帽子，荣获了教育局 2009—2010 年度“教学先进单位”、“教学进步奖”、“体育工作先进单位”，这在黄小是史无前例的，用黄小校长的话来说：“自从有了伯雍小学这个好亲戚，我们不仅得了第一个全县第一，教学成绩还节节攀升，伯雍真是我们的福星啊!”

三角形的稳定性

学校的送课下乡活动开展得如火如荼，我也准备了一节数学课，我选的是《三角形的稳定性》一课。为了能够更好地传达我们的教学理念，我们做了多次试讲。

本节课的重点是理解三角形的概念，掌握三角形的特性，难点是理解三角形的稳定性。采用什么方法来突出重点解决难点呢？一个又一个方案在我的脑海里闪现，又一个个被我推翻。冥思苦想之后，我突然想到：既然数学来源于生活，又是解决现实问题的实用科学，本课教学何不联系生活实际呢？考虑到学生对三角形的已有认识，我设想：通过“什么样的图形叫三角形”和“为什么做成三角形”的提问，来引出三角形的各部分名称、定义以及稳定性等一系列的教学内容，这样的逻辑顺序学生一定易于接受。梳理出教学思路，我抓紧着手准备了起来。为了能更好地上好这节课，我让班里的孩子们特别邀请了我校的“数学专家”周校长来听课。

还有一分钟就到上课时间了，我提前走进了教室，环视四周，找寻周校长的身影。“咦，周校长怎么没有来？怎么回事？一向提前候课的校长今天是怎么了？”

“铃铃铃，铃铃铃——”上课的铃声响了，还是不见周校长的身影。“同学们，看来周校长一定是有重要的事情，他不会来听我们的课了。”我轻轻地关上教室的门，心情失落地走上讲台。就在这时，教室的门突然被推开了，一根废弃的墩布棍子伸了进来，孩子们的目光一下子从我身上移到了教室门口，他们好奇地瞪大了眼睛，只见周校长拄着墩布棍子满脸歉意地缓缓走了进来。周校长怎么拄着“拐”来了？我和孩子们都很奇怪，我连忙迎上去：“校长您怎么了？”“不好意思啊，我迟到了，嗨，我的脚痛风病又犯了，站不稳，走路也挺费劲。这不，我是靠这根墩布把儿做支点才走过来的，我是提前出来的，但还是迟到了，同学们，对不起呀！”说完他又幽默地笑了笑说：“听你们上课真不易呀，我得好好珍惜这次机会啊！”孩子们不约而同地鼓起了掌。

看到拄着“拐”的周校长，我忽然捕捉到了教学的契机，“孩子们，咱们给校长的墩布棍儿和两条腿在地上画一个图形，做个纪念吧，看看是什么样的？谁来画呀?”

话音刚落，后排的王强“嗖”地跑了过来，“老师，让我来画”。“左脚，右脚，墩布棍，连在一起……”王强嘴里一边念叨着一边在地上认真地画着。同学们也都伸长了脖子，猜测着即将要出现的形状“啊！老师，是三角形，三角形……”同学们一起兴奋地喊了起来。“那谁来告诉我三角形有几条边？几个角?”我乘机提问。“我知道，我知道!”学生们把小手举得高高的，争先恐后地回答着我的问题。“那又有谁知道今天周校长拄的这根棍子能起到什么作用呢?”我赶紧切入主题。

孩子们你一言我一语地议论了起来。有的说省劲，有的说省着脚疼，有的说起到支撑作用，免得校长脚一疼，栽跟头……学生们的“小宇宙”一下子爆发了，各种奇思妙想一瞬间都迸射了出来。

我被这种热烈的课堂氛围感动了，“大家说的都非常好，今天你们的表现可真棒，我们今天的课就是要研究三角形的稳定性，”我顺势导入，“请大家仔细想一想，生活中还有哪些东西具有这种特性?”课堂再一次热闹起来。

真没想到，为了之前的课堂设计大伤脑筋的我，却被一根墩布棍子一下子点醒了。更没想到原本枯燥乏味的数学课堂，会一下子变成孩子们智慧比拼的竞技场。

我事先所有的备课准备今天竟然一点儿也没用上，可课堂效果却出人意料的好，我自己都觉得奇怪了，难道这是“数学专家”故意设计的？我的脑海里出现了一个问号。

下课铃声响了，周校长站起身，笑眯眯地看着孩子们：“今天看到你们的精彩表现，让我非常感动，你们把我的病都治好了。看来我要经常来听课才对呀。孩子们一定要多邀请我来呀！再见!”说完，提着那根棍子慢慢走了。望着他远去的背影，我心中充满感动。

“阴转晴”

2013 年 9 月 24 日，已经到了中午时分，等待孩子的家长早已静候多时了。

这时，学校门口传来一阵激烈的争吵，走近一看，原来是二（1）班李珊的爷爷，因为没有接到孙女，正和班主任大声理论呢。面带微笑的刘老师想解释，却一句话也插不进去。

“别的孩子都回家了，我家的孩子去哪儿了？大中午的孩子不见了，谁不着急啊？”

“老师你啥也别说了，以后学校有什么活动也别找我家的孩子，我们不同意！”情绪激动的爷爷不由分说，就要往学校里面闯，保安急忙拦住了。

这时，李珊蹦蹦跳跳地走了出来，脸上洋溢着幸福的笑容，看到了爷爷，她兴高采烈地大声说：“爷爷，今天我当小导游啦！外校参观团的人都夸我了呢！”孩子抑制不住兴奋的心情，激动地和爷爷讲述着她的导游经历。

今天上午，伯雍小学迎来了遵化市实验小学全校教师，以“学校文化建设”为主题，开展交流活动。伯雍小学周校长分别通过伯雍精神文化、伯雍开放文化、校园文化环境等多方面的介绍，向遵化市实验小学教师展现了独特的伯雍文化。周校长精彩、幽默的介绍博得大家阵阵掌声。

接下来的环节是参观校园，这是我校首次启用学生作为“小导游”。二年级七个可爱的孩子，向客人详细介绍了他们的班级文化。贾林潮虎头虎脑，说话爱笑；胡浀一本正经，讲起来头头是道；郝梓惟童真童趣，天真可爱；丁一桐人小鬼大，机灵活泼；李佳琦声音洪亮，富有感染力……

李珊一出场，萌翻全场——她指着室外一处关于污染的统计图，大声地讲：“你们知道什么是食品污染吗？妈妈对我说，黑心的商人利用地沟油做成食物，就是食品污染。您去饭店吃饭可要小心啊，有的饭店就用地沟油做菜！”小家伙流利的演说、礼貌的用语，配合憨态可掬的动作，引得客人哈哈大笑，纷纷与她合影留念。小导游们精彩的表现博得了客人一致的好评："太精彩了！太有创意了！这是我们第一次听到这样的解说，接受这样隆重的接待!"

此时，在爷爷面前，珊珊眉飞色舞地讲述这次难忘的经历，俨然一位凯旋的小英雄。爷爷阴沉的脸，终于露出了笑容。他满怀歉意地走到刘老师面前说："老师，刚才是我不好，你们这样做都是为了孩子，以后，再有这样的活动，我家孩子还要参加，我一定支持!"

看着一老一小的背影渐渐远去，我们才发现，这次两校的联谊，不但是今后加强交流、合作，促进双方共同发展的起点，更是孩子和家长们又一个成长的舞台!

来自讲座会场的“三声”

2013 年 5 月 28 日这天，从很远的地方，就能听见玉田县研训中心的多功能厅里，不时地爆发出阵阵笑声和雷鸣般的掌声。容纳上千人的会场里，座无虚席，观众们个个伸颈侧目、神情专注。原来是周校长正在给全县校长和一线教师讲述“美国教育见闻”。

2013 年 5 月，在人大附小郑瑞芳校长的带领下，七彩教育同盟一行人带着教育梦想，开始了美国考察之旅。他们参观了美国的大学、中学、小学、幼儿园，了解了美国各个州的教育情况，有关教师的、家长的、学生的，还有学校的组织、学生的活动，以及“美国式”的课堂，等等。

在考察队伍中，一个人显得尤为忙碌，无论走到哪里，手机、相机不离手，录像、录音、拍照……他就是伯雍小学的周文清校长。周校长历时两周的美国之行，见识了许多，也思考了许多。他是个有心人，每到一处，都会拿起相机把异情异景拍摄下来，晚上坚持写日记。

两周的美国之旅，满载而归。在踏上国土的那一刻，“览异域观瞻，塑飞熊入梦”，周校长做起了中国教育梦。

周校长的讲座被研训中心的领导安排要讲四次，分别是给全县校长、副校长、中学和小学做讲座。

周校长兴致勃勃地和大家分享着他的生态梦、宇宙梦、和谐梦、复兴梦……周校长讲道：“松鼠、小鹿和狐狸是家里的常客，小鸟、梅花鹿和鸽子，毫无顾忌地出没于人丛中，闹市里、乡村间，无处不见它们悠闲的身影……”“我们生活在暂时的雾霾中，美国人生活在氧吧里……”“美国家长支持学校的工作，每年要给学校做足 100 小时的义工……”在座的校长老师们都知道美国是世界上先进的国家，但却不清楚它先进的原因究竟在何处。周校长从细微之处剖析了这个问题，他的讲解通俗易懂，数据对比鲜明，语言风趣幽默，说的都是大家十分感兴趣的话题，台下的观众听得入了神，不时传来阵阵笑声。讲到中国的复兴，周校长更是慷慨激昂，情绪高涨，阵阵自发的掌声在会场上空久久回荡。

不知不觉表针已经指向了 11 点 30 分，到了散会就餐的时间了。可在场的老师们依然意犹未尽，听得异常认真。研训中心的王老师向大家宣布："今天上午周校长的讲座到此结束！下午是北京专家的讲座……"话音未落，只见会场里一片哗然，不时地传出起哄的声音，本来秩序井然的会场一下子乱了起来。突然发生的状况让周校长和研训中心的王老师一下子懵了。到底发生什么事情了？就在这时，北排中间位置上的一位年轻的男老师突然站了起来，说："周校长，我们有个不情之请，大家都知道您很累，但您讲得太好了，我们都还没听够呢，下午能不能继续给我们讲呢?"周校长对这突如其来的请求也不知所措，这时会场里的老师们又喧闹了起来，大家纷纷嚷着："周校长下午接着讲吧，大家都很期待啊……"研训中心的王老师赶紧接过话筒解围："很理解大家的心情，我得向领导请示重新安排，尽量争取好吗?"老师们这才安静了下来。

经过与研训中心领导的协商，最后决定满足老师们的请求，周校长的讲座由原定的半天变成了一天。到了下午，讲座还未开始，老师们都早早地来到了会场里，大家唯恐迟到了漏掉讲座的精彩之处。讲座开始了，会场立刻安静了下来，大家继续津津有味地听着周校长带来的新鲜、生动、有趣的美国故事。和以往不同的是，平时老师们随意走动的没有了，爱说闲话的、小声议论的没有了，有的是哈哈的笑声和阵阵的掌声，会场的气氛空前和谐。

周校长幽默诙谐的语言，美国趣味见闻强大的吸引力，令人深省的美国教育，让大家听得如痴如醉。就在这时候，有细心的人发现，会场的人数在不断地增加，掌声、笑声的分贝越来越高了，不知什么时候会场后面的空地处站满了人。这些人是从哪里来的呢？难道是下午安排听讲座的人数又增多了吗？直到会后大家才知道，原来他们是在其他会场听讲座的人，中场休息的时候听到这里笑声掌声不断 ，都跑过来看热闹，谁知道来了就被周校长的精彩演讲吸引住了，和我们一起搭乘上了这列开往异域的"美国之旅"列车。

会场上的和谐笑声、自发的掌声，以及听讲教师为了挽留周校长的"起哄声"，成了这次讲座最大的亮点，这"三声"是实现中华民族伟大复兴梦的响亮号子声！

延长半日听讲座

2013 年 7 月 28 日，正值酷暑，我们在玉田研训中心培训学习。

今天天气格外热，一天下来，汗水湿透了衣衫。晚自习结束后，刚回到宿舍，我校的王志华老师来找我。

“东梅，打扰你了，明天周校长要来培训班，做‘美国教育见闻’的讲座，安排你给放课件，我给你送来了，你尽快熟悉一下，保证明天的讲座顺利进行。”

翻开校长制作的课件，我惊呆了。原来他的每一次讲座内容都不一样，每次他都是根据不同的听众，准备不同的讲稿。不但顺序有别，连引用的实例都是那么富有针对性。我用了整整两个小时才看完，可想而知，周校长制作课件得花费多长的时间呀，难怪他消瘦得那么快，他这是在超负荷工作啊！

第二天，我早早就来多功能厅等候。讲座开始了，我小心谨慎，生怕因为我的疏忽搞砸了校长精心准备的演讲。时间一分一秒地过去，或许是因为我的专注，感觉今天的时间过得飞快，讲座从早晨 8 点开始，不知不觉已经到了 11 点 50 分。按照预定时间，11 点 30 分就是就餐时间了，可今天早就超时了，演讲依然进行着。估计大家都饿了，奇怪的是，大家都还津津有味地听着，会场里不时地发出阵阵开心的笑声和如雷般的掌声，也许大家都忘记了开餐时间。

演讲进行了将近 4 个小时，周校长也足足站了 4 个小时。周校长有个习惯，从来不坐着演讲，他认为那是对观众的不尊重。即便不说话，光是站着，4 个小时就难以让一般人承受得了，更何况是身体严重透支的周校长呢？看到这种情景，研训中心的杨校长走到了台前。“周校长，您先歇会儿，我说两句。今天大家听得怎么样？”“好！”大家异口同声。“还想不想听？”“想！”回答竟然出奇地一致。“那下午我们就暂时取消其他课程，继续听周校长讲座怎么样？”“太好了！”大家兴奋地回答着。会场中响起了热烈的掌声。

走出会场，我和周校长一起来到食堂打饭，周校长边走边说：“杨校长的意思，事先我并不知道，这是临时安排的，中午吃完饭，我们就不休息了，需要改课件，加些例子，今天辛苦你了！”

从 12 点 30 分开始，周校长一直改稿子，加视频。改完了就先放一次，检查是否正确，播放是否顺畅。下午 2 点 30 分讲座准时开始了，会场中座无虚席，大家和周校长一起继续开始了“美国之旅”。

台上的演讲还是那样的激情四射，台下的观众还是那样的聚精会神，笑声还是那样的爽朗，掌声还是那样的热烈。

延长半日的演讲，给大家带来了终生受益的财富！

老夫妻听讲座

2013年4月22日，天色越来越晚了，张鑫的奶奶早已坐不住了，饭菜热了一遍又一遍，还是不见老伴回家的影子，不就是去开个家长会吗？五点半就出门了，怎么八点了还不回家啊？拨打手机，一直处于无人接听状态，前段时间，老伴心脑血管出了点小问题，不会出什么事吧？张奶奶赶忙锁好家门，急匆匆地向学校走去。

张奶奶怀着忐忑的心情，一路走一路四下里搜寻着老伴，找了大半天却连个影子也没有看到，难道……她不敢再往下想，脚步在焦急中显得愈发沉重了。终于到了伯雍小学的门口，张奶奶跌跌撞撞地来到门卫室，仔细一打听才知道，原来所有的家长都在多功能报告厅，聆听周文清校长的“美国教育见闻”讲座呢！老奶奶一听，悬着的那颗心才终于放下了。但是一路的担心与紧张使得她有些生气：“这个老伴儿，饭都不吃了，中国的事还没弄明白呢，听什么美国讲座啊！还不赶紧回家，我腿脚又不好，吃个饭还得来请……”张奶奶嘴上一边埋怨着，一边往多功能厅走去。

来到了多功能厅，老远就听见里面传来一阵阵的笑声，她伸颈侧目，只见周校长正绘声绘色地为大家讲着，多功能厅里人山人海，座无虚席，连过道都挤满了前来听讲座的家长。“真有那么好听咋的？咋都不回家呢？”张奶奶有些好奇地也挤进了人群。不一会儿，张奶奶就被周校长风趣幽默的讲座吸引住了，她不由得踮起了脚尖，伸长了脖子，聚精会神地听了起来……

不知过了多久，有人突然温柔地拍了拍她的肩膀：“快坐下来听吧！”回头一看，正是自己的老伴：“你刚才在哪里啊！我找了你半天了！”看到满脸笑意的老伴，张奶奶之前的怨气一下子消散了，她一屁股坐在了老头儿腾出的椅子上，她的确累坏了。

老两口一会儿你坐他站，一会儿他站你坐，眼睛却一直没有离开前面讲座的周校长。“从没听说过，给学生上课还能这样上？家长能为学校做这么多事？鸟跟人能这么亲近？在自家院子里都能看见梅花鹿？他们的博物馆里怎么有许多咱们老祖宗的珍宝？……”大家不断地发着感慨。

时间一分一秒过去了，不知什么时候，学校的老师为老人们搬来了椅子，多功能厅里的人越聚越多，精彩不断，掌声不断，激情不断!

谁也不知道，前面激情演讲的周校长在下午五点半的时候，刚拔掉输液的针头；他唯一的女儿还有一周就要结婚，一切都还没准备好；为了让全校的家长都有机会分享美国教育见闻，他连续一周利用晚上讲座，每次都到十点半；他每天讲座后都会根据现场效果，不断地修改稿件直到深夜；因为过度劳累，身体透支，导致他的血糖升高，医生多次建议他住院休息，可他却一点儿也没放在心上。

为了伯雍的发展，为了家长素质的提高，周校长早已忘了自我，他把学校当成了自己的家，吃住在学校，60 多岁的老妈妈放心不下，每天亲自到学校给他送饭；妻子默默操持着孩子的婚事，不让他因为家事分心；懂事的女儿贴心地为父亲准备了常用药和一个爱心水壶……

讲座结束时，室外夜幕垂下，表针已指向晚上十一点！张奶奶和老伴互相搀扶着离开了，一路上，老伴大声地为张奶奶讲述她没听到的部分，不时地传出老两口开心的笑声……

雨　巷

我说的雨巷，既不是江南恬静如画的小镇，也不是新月派诗人戴望舒的名作，更不是春晚上意境幽远的舞蹈，而是伯雍小学教师用心编织的梦想。

2014 年 6 月 6 日下午 3 点半，伯雍小学承办的“京冀川鄂杯”青年教师课堂风采展示活动即将开幕，这是由人大附小郑瑞芳校长的精心谋划，由伯雍小学主办的一次七彩教育同盟大型学术交流活动，将有 54 位青年教师展示 8 个学科的研究课，活动的规模绝不亚于全国青年教师大赛。

下午 2 点，伯雍小学周校长正在全面检查大会开幕式的一切准备工作，一切正常，准备就绪。突然“轰、轰、轰……”的雷声由远及近，晴朗的天空风雨突变，凉飕飕、湿漉漉的空气在传递着暴雨到来的信息。周校长果断拨通后勤的电话，“马上备齐 30 把雨伞，所有男教师 3 点前到校集合”。

3 点前，十几位男教师齐刷刷地全到了，淅淅沥沥的雨点也如期而至。校长临时决定，把室外承担接待任务的女教师全部换成了男教师，“两个人要在室外引导车辆，两个人要负责引导领导来宾入场，其余全部撑着雨伞，一个连一个排成两行，两行中间就相当于一个小巷，让每一个嘉宾从伞下的‘小巷’走过，身上不能够被一滴雨点淋湿”。任务安排得滴水不漏，说完，他第一个拿起雨伞，站在雨中，大家在校长的带领下各就各位。两排男教师撑起的雨伞在校园中搭起了一条遮雨的通道，俨然是雨中的小巷，这道风景不知比江南的“雨巷”要美多少倍。

3 点后，雨点越来越密，雨中的周校长在凝眉深思，也许他在想，如此大的活动巧遇大雨，嘉宾会按时来吗?

“预祝活动成功!”玉田县教育局黄副局长和郭副局长一起赶到，两位领导不仅前来督战，更是带来良好的祝贺，校长的脸上多了几分自信。随后乡镇的嘉宾陆陆续续地到来，有的开车，就被雨中的引导员带到学校后院停车位，引导员手里提前准备的一把雨伞就递给嘉宾，嘉宾撑着雨伞走到“雨巷”后，就收伞放心穿过；有的嘉宾路近，就挽着裤脚撑伞步行而来，当走进雨巷时，都急忙点头致谢、嘘寒问暖。

3 点 10 分，玉田县教育局的孙桂生局长给周校长打来电话："我已经在高速路口接到市教育局的刘少辉局长一行，马上到学校。"周校长目不转睛地望着大门口，终于，一辆黑色轿车驶来，车上下来一位慈祥的长者，"欢迎刘局长"，不知谁喊了一声，"大家辛苦了"，长者挥手致谢。原来这位长者就是刘局长，周校长和孙局长在刘局长两侧，一左一右地与刘局长手拉手走进"雨巷"。

"刘局长呀，这大雨天让您不便了。"周校长不好意思地说。

"我早听说了伯雍小学，伯雍不是以水而闻名的吗？今天的雨水就是伯雍的水，来得太及时了！"随从的人员被刘局长风趣幽默却意义深远的话逗乐了，此时，周校长的脸上也乐开了花。

"郑校长来了！郑校长来了！"顺着一片欢呼声望去，只见郑瑞芳校长步态轻盈地走下车，周校长已经在车门口早早地撑起了紫色的雨伞恭候，郑校长下车后，两位校长在雨伞下紧紧地握握手。

周校长说："大姐带来的是七彩的福气，什么样的天气都是吉祥的。"

郑校长下意识地手搭凉棚，仰望一下天空："风雨之后未必一定有彩虹，但是彩虹一定在风雨之后。"

"好！我们共同期待彩虹！""雨巷"中响起了一片掌声。

穿过"雨巷"，来到大楼的门厅，刘局长已经等候了片刻，郑校长和刘局长也是第一次相见，几句问候之间，带着些许相见恨晚的感觉。

刘局长说："郑校长比我们想象得还要高雅，还要活力四射，您今天一袭七彩的裙装，真不愧为七彩教育同盟的领头人！"

郑校长说："希望伯雍小学在七彩教育同盟中尽快提升和崛起，并能够带动玉田乡镇教育的发展。"

刘局长说："七彩教育同盟辐射的范围能再大些吗？能不能给我们整个唐山市的教育都带来活力呢？"

郑校长一边点头，一边说："七彩教育同盟的使命就是为教育均衡发展作出贡献。去年我们还和美国的学校签约，互派教师和学生交流，将来我们七彩教育同盟还要有更广泛的国际视野，让七彩的教育享誉世界，共圆我们的中国伟大复兴之梦！"自发的掌声热烈无比，响彻整个大厅。

参加七彩教育同盟活动的所有人，都围在郑校长和刘局长周围，一边听着他们对七彩蓝图的描绘，一边缓缓地走进会议大厅，没有人回头，没有人担心室外的天空中是不是真的有彩虹出现，因为彩虹早已升起在七彩教育同盟人的心中！

附录1

伯雍小学大事记

（以时间为序）

1988年始建，为玉田实验小学北分校，校长许景昌。

1993年7月，经玉田县政府和教育局研究决定，玉田实验小学北分校独立，校名定为“玉田县城内第二小学”，属县直国办小学，校长张淑敏。

1996年，与郭桥乡手拉手教研活动。

1998年7月，张淑敏校长退休离任，原副校长周文清继任校长，提出学校发展的第一个“十二年规划”，实施四大工程。

第一项：1998—1999年，绿化工程，荣获“河北省绿色学校”。

第二项：2000—2010年，“教改工程”，荣获“河北省素质教育示范校”。

第三项：2002—2008年，“现代技术工程”，在全县率先实现网络联通课堂。

第四项：2004—2010年，特色校工程，荣获“玉田县英语特色校”。

1999年，与城关镇北白塔中心小学进行教研活动。

2002年3月，市教委小学教研室主任王锦平带领丰润新区教师来学校观摩。

2002年9月，承担玉田县“外来务工及农民工子女”的教育任务。

2002年11月，县作业改革研讨会在我校召开。

2002年11月，河北省教学评估团来学校检查，评估成绩为优秀。

2004年11月，学生齐天阳荣获“全国青少年英语风采”大赛，河北赛区第三名。

2005 年 4 月，玉田县城内第二小学与玉田黄家铺小学结成帮扶单位。

2005 年 6 月，学生姚佳宁荣获“全国青少年英语风采”大赛金奖。

2005 年 10 月，玉田县教育局在我校举行“特色校”建设现场会，我校被授予“特色校建设先进单位”。

2006 年 1 月，玉田县政府授予我校“诚信、平安校园”。

2010 年 9 月，周文清校长提出学校发展的第二个“十二年规划”。

第一，三年后成为地域知名学校。

第二，八年后成为全国知名学校。

第三，十二年后成为世界知名学校。

2011 年 1 月，学校更名为“伯雍小学”，玉田县政府聘中国人民大学附属小学郑瑞芳校长为名誉校长。

2011 年 4 月，伯雍小学周文清校长一行 4 人，赴北京参加七彩同盟筹备会。

2011 年 5 月，周校长联合玉田乡土史学家、教师、学生家长等各界人士，挖掘、整理伯雍文化体系。

2011 年 6 月，唐山市城市规划专家程云瑞来校指导伯雍文化建设。

2011 年 10 月，加入由中国人民大学附属小学发起，牵手一市三省七所学校组成的七彩教育同盟。

2011 年 10 月，迁安市第五实验小学来我校交流校园文化。

2011 年 12 月，我校参加北京市海淀区在人大附小举办的“三级课程改革”现场会。

2011 年 12 月，中国人民大学附属小学郑瑞芳校长携其团队来我校指导。

2012 年 2 月，“首届创新节”将电视节目引入教学。

2012 年 2 月，与中国人民大学附属小学共同启动“名师研训”工程。

2012 年 6 月，我校参加七彩教育同盟在四川国人小学开展的“减负增效研讨”活动。

2012 年 9 月，与澳大利亚教育专家交流“西方文化与教育”。

2012 年 10 月，遵化市教育局来我校交流开放教育。

2012 年 10 月，我校走进北京密云石城小学，开展“七彩教育同盟校办学思想梳理”活动。

2012 年 10 月，遵化四小来我校交流研讨课程改革。

2012 年 10 月，玉田县职业教育中心来我校交流校园文化。

2012 年 10 月，我校通过省级图书馆验收。

2012 年 11 月，我校走进玉田县于桥中心小学交流语文教学。

2012 年 11 月，玉田县于桥小学领导教师来我校交流学校管理。

2012 年 11 月，玉田县石河小学来我校交流文化课堂。

2012 年 12 月，玉田县散水头小学来我校交流文化管理。

2013 年 1 月，我校举行首次“玉质人才节”，将考试升级为“评价”。

2013 年 1 月，我校首次举行“伯雍节”，为“感动伯雍人物”颁奖。

2013 年 4 月，校长周文清随七彩教育同盟赴美国考察。

2013 年 6 月 21 日，伯雍小学师生与家长一行 60 余人，到树仁小学和北京科技馆开展“六一亲子献爱心、亲子爱科技”活动。

2013 年 7 月，玉田县第一幼儿园来校聆听“美国教育之旅”讲座。

2013 年暑假，周文清校长 6 次受玉田县教育局之邀，进行“中美教育”系列讲座。

2013 年 9 月，遵化第一实验小学来我校交流创新教育。

2013 年 10 月，我校参加七彩教育同盟北京林大附小开展的“高效课堂研讨”活动。

2013 年 10 月，我校参加七彩教育同盟树仁小学开展的“班主任沙龙”活动。

2014 年 4 月，玉田县教育局选派优秀教师 22 人，来我校参加“七彩教育同盟课堂风采展示活动”。

2014 年 6 月，成功承办了“七彩教育同盟青年教师成长展示活动”。

附录 2

伯雍小学首创之举

1. “创新节”的设立。每年的寒暑假教师的创新作业。
2. “寻找伯雍”故事会。每次周末会有两位教师讲教育故事。
3. “伯雍故事大赛”。学期末教师工作总结。
4. “学校核心领导团队”。能上能下的领导集体。
5. “同点异构”教研方式。以课堂焦点和转折点为研究对象。
6. “心智作业”。学生写学习过程、方法、情感态度和价值观等。
7. “识用课堂”。依据课型设立相对固定的教学方法。
8. “创新社团”。学生动手实践活动。
9. “童子功操”。学生良好行为习惯培养。
10. “诚信考试”。无人监场。
11. “自主过关考试”。学生分级自主命题，可多次考试直至过关。
12. “家长参与阅卷”。
13. “三维评价活动”。依据三维目标设计活动，家长参与。
14. “教师每日安全巡视制度”。
15. “中学教师为小学毕业班提前指导活动”。
16. 成立“家教委员会”。
17. 成立“学生七彩团队”。

后记

一部写不完的传奇

当初，我们的作品取名为《伯雍传奇》，大家有些顾虑，担心名字起得言过其实了，后来经过反复思量，也没有什么不妥。原因有二：第一，世上并不存在天生的传奇者和传奇故事。传奇源自普通人对美好梦想的追探，是普通人自我挑战的成果，在创造了成果之后，普通人才成了传奇者，他们所做的事情就是传奇故事；第二，成果有大小之分，并没有一个固定标准衡量什么水平的成果可以称作传奇。因此，只要我们奋斗了，追梦了，哪怕是在追梦的路上，也可以说在创造着传奇，事实上，传奇只有起点，没有终点。我们一直在创造传奇的路上。

传奇，离奇又不离奇，每个人都能创造，这就是我的理解。

许多事情，如果条件与结果的反差很大，大家就会感觉离奇。但是，在生活中，很多看似不可能的事都成为了现实，所以又不离奇。例如：张爱玲的小说集《传奇》倾诉了自己的"人生传奇"，明朝剧作家汤显祖的《牡丹亭》讲述了"爱情传奇"，东晋干宝的《搜神记》也讲述了许多"生活传奇"，其中著名的就有伯雍"种石得玉"的传奇，如今，我校被命名为伯雍小学，把 2 000 多年前的传奇人物名字赋予我校，也许"注定"我校要在 2 000 年后续写新的传奇，那就是"教育传奇"。

由于本书呈现的是学校的整体发展历程，我们成立了写作组，参加第一编写组的有：么英娟、王晨霏、王新瑜、刘艳丽、齐学正、张晓龙、张淑杰、李爱艳、陈艳凤、唐淑萍、陶砚秋、裴键。参加第二编写组的有：

丁薇、王金辉、刘秀娟、刘焱、许丽霞、张艳平、杨云霞、杨春青、杨素艳、陈桂平、郑芙蓉、郭杰、高宏、曹玉英、薛桂君。参加第三编写组的有：丁柏林、王凤云、刘凤红、张春伶、李会艳、李爱杰、李翠杰、杨金环、陆晓新、陈永生、孟庆英、胡颖娜、贾卫忠、龚艳玲。参加第四编写组的有：孔祥莲、王红艳、王志华、王海玉、石东梅、刘丽艳、刘金艳、刘艳玲、张智丽、时玉芳、杨淑良、郭爱辉、焦春艳。

回顾写作成本书的心路历程，我自己、我们的团队和学校，无不是一路峰回路转，一路功败皆拾，一路酸甜苦辣，堪称一幅梦睡梦醒的人生风景画。

小小的我

我仅仅是个中等师范学校的毕业生，能够进大学学习，是我年轻时候的梦想，在参加工作后，我感觉美梦无望了，然而组织使我圆了这个梦，我先后在清华大学和东北师范大学脱产学习；我在教书时，做特级教师是我的梦想，曾主要任教数学学科，教学中面对那一双双求知若渴的眼睛，自觉知识贫乏，唯恐不能给孩子全面充足的给养，后来先后自学了中文、英语、法律、教育管理和课程管理专业，如此多专业领域的学习，占用了我所有业余时间，却积淀了我的教育涵养，虽尚未成为特级教师，但我自感具备甚至超越了一个特级教师该有的教育素养。我是个平民家庭的孩子，毕业时就被我的许景昌老校长选作“弟子”，后师从曹飞羽教授和马云鹏教授，在工作上，又得到了郑瑞芳校长和孙桂生局长等领导的心口相传，可谓一路贵人相助，一路高人指点，我真是个幸运儿。参加七彩教育同盟后，我的体重从 90 千克降到 65 千克，坚强和博爱的郑瑞芳大姐嘱咐我要工作和身体两不误。由于各种原因，我曾三次分别被银行和政府机关选中，他们想把我从教育领域“挖走”，我也想过要离开，但是，我渐渐由一个想脱离教育的人，成长为专心做教育、并且想把教育做大的人。有许多名校曾向我抛来“橄榄枝”，我由于“保守”而留在了家乡，不仅留下，而且大胆尝试新课改，饱尝教改给我带来的痛苦与喜悦，我深感：在哪里都是为国家教育作贡献，能够在家乡培育英才，得其所哉，倍感欣慰。

小小的我，从自己想成为特级教师的小梦，渐渐开始做了“土生土长”的教育家的大梦！

强大的团队

伯雍小学教师团队，1988 年初建，当时我校属于玉田实验小学的分校，因为地处远离县城中心的一片地势低洼的沙土地——北大洼（现在由于城市扩建，此地带已经属于县城中心了），我校就叫北分校，那时只有一到四年级 8 个班，20 多名教师，我们自嘲为“孩子落在了后娘手里”，由于校址偏远、校舍简陋，没有教师主动来这里教学，学校就从总部划出一部分人，鉴于总部经常有对外展示活动，来北分校的教师，几乎没有当时被称为“骨干”的教师，但是来这里的肯定都是“服从领导”的，因此，团结一致、互敬互爱就是我校优良的传统，这种良好的校风，至今也是最值得我们骄傲的，有的领导曾经戏称我和我的团队，像“一只狼带领一群羊”奋斗在教育一线，远远胜过“一只羊带领一群狼”的战斗力。我校教师经历过两次大变动，一次是 1994 年，教工队伍由 80 人裁减到 40 人，第二次是 2011 年，增加了 20 名教师，他们来自乡镇，师资数量增加了，但也给团队的融合带来了新课题，于是我们通过“传帮带”，开展凝聚力量的学校文化活动，逐步形成了一个共进的新团队。尽管增加了师资，但是与学生的骤增相比，那只是杯水车薪，有时一个学期就要变换几次课表，依据师生的变化重新安排课程，如果用一个比喻来形容，我们的学期目标就像射击比赛的“移动靶”，打“移动靶”比打“固定靶”的难度不知要高多少倍！我校原来没有骨干教师，更没有名师，我们就借助人大附小的资源，轮流培训，人大附小为我们提升教师素质提供了全方位的保障，不仅提供免费食宿，而且给每位培训教师配备一位名师指导，目前，我们的团队工作从低层次的教研提升到高层次的科研，从满足现状到有新的教育梦想，我最欣慰的就是我们的教师团队变了，变得更有凝聚力、更有朝气，更有承担名校建设的能力！

加入七彩教育同盟的短短三载，我校先后涌现出了全国优秀教师、河北省骨干教师和河北省名师多人。

多彩的学校

伯雍小学从 1988 年建校至今，短短的 26 年间，经历了两次易名：1988 年叫做“玉田实验小学北分校”，2003 年改称为“玉田城内第二小学”，2011 年更名为“伯雍小学”。还经历了两次校址变化：最早占地 40 亩，后来从中割去一部分给特殊教育学校，两个学校在一个院子里，我校就只剩 28 亩了，现在的学校占地还是 40 亩，校名和校址在短时间内频繁更变，可见，当初是不在重点规划之列的学校，但是，这也磨炼了我们吃苦耐劳的良好品质，在默默无闻中奋进的精神。昔日旧校，一座三层小楼和两排平房教室，如今新校，四层大楼，高标准的现代设备设施，居省内领先水平，条件好了，我们求进步的愿望也强烈了，知不足而后进的勇气也增强了。建校之初，在校生 300 多人，目前已经超过 2 000 人，最初的生源主要来自县城北部的几个农村，目前，农村孩子和农民工子女以及县城内干部职工子女各占 1/3，生源构成的复杂多元，给教育管理带来了巨大的挑战，来自不同家庭的孩子，需要用不同的方式方法，尽管我们倾其所能，也总是“羊羔虽美，众口难调”，但是，逆境培养了我们教师的耐心，提升了我们教师的能力。最初，由于校舍简陋和偏远，很多学生不愿来我校就读，后来我们连年考试成绩全县第一，各项比赛名列前茅，前来求学者络绎不绝。自从我们尝试课改实验后，家长一时的不理解，特别是接收农民工子女后，学生考试成绩下滑，学生“转学成风”，“另寻高就”，如今，我们加入七彩教育同盟，家长对新课程慢慢理解，生源又回来了。然而，生源的起伏并不与教师的增减呈正比，目前我们一个教师的工作量是国家标准工作量的两倍，在这种状况下，我们能够完成基本教学任务，就已经是传奇了，超负荷的境况也锻炼了我们超强的工作能力，体现了教师崇高而伟大的奉献精神。

历经近 30 年的发展，我校已经由城内普通国办小学发展成区域内的知名学校，我校先后被评为河北省普九先进单位、唐山市素质教育示范学校、唐山市教研先进集体，省市内许多学校纷纷慕名来我校交流学习。

学校的发展史，宛如一道彩虹。登高望远，同盟搭台，柳发花开，春映古城，伯雍小学已成为七彩教育同盟中的一枝奇葩。展望未来，我们将秉承伯雍美德，铭记国家育人方针，办党和群众满意的教育，探绩敢为天下先，六艺相依而益彰，揽四海英才而育之，铸千秋万载之辉煌！

图书在版编目（CIP）数据

伯雍传奇/周文清等著. 一北京：中国人民大学出版社，2014.11
（七彩教育同盟系列丛书）
ISBN 978-7-300-20205-1

Ⅰ.①伯… Ⅱ.①周… Ⅲ.①小学-学校管理-成就-玉田县 Ⅳ.①G627

中国版本图书馆 CIP 数据核字（2014）第 243217 号

七彩教育同盟系列丛书
伯雍传奇
周文清 等 著
Boyong Chuanqi

出版发行	中国人民大学出版社		
社　　址	北京中关村大街 31 号	**邮政编码**	100080
电　　话	010－62511242（总编室）		010－62511770（质管部）
	010－82501766（邮购部）		010－62514148（门市部）
	010－62515195（发行公司）		010－62515275（盗版举报）
网　　址	http://www.crup.com.cn		
	http://www.ttrnet.com（人大教研网）		
经　　销	新华书店		
印　　刷	涿州市星河印刷有限公司		
规　　格	160 mm×235 mm　16 开本	**版　　次**	2014 年 12 月第 1 版
印　　张	21.25 插页 6	**印　　次**	2014 年 12 月第 1 次印刷
字　　数	346 000	**定　　价**	46.00 元

人大版
检